高等师范院校系列教材
安徽省高等学校"十二五"规划教材
学前教育专业核心课教材 吴玲/执行总主编

学前教育管理学

程志龙 程志宏 主 编
向小英 副主编

Xueqian Jiaoyu Guanlixue

北京师范大学出版集团
BEIJING NORMAL UNIVERSITY PUBLISHING GROUP
安徽大学出版社

图书在版编目(CIP)数据

学前教育管理学/程志龙,程志宏主编. —合肥:安徽大学出版社,2015.8(2022.4 重印)
高等师范院校系列教材.学前教育专业核心课教材
ISBN 978-7-5664-0617-0

Ⅰ.①学… Ⅱ.①程…②程… Ⅲ.①学前教育－教育管理学－师范大学－教材 Ⅳ.①G61

中国版本图书馆 CIP 数据核字(2013)第 112807 号

学前教育管理学

程志龙　程志宏　主编

出版发行：	北京师范大学出版集团 安 徽 大 学 出 版 社 (安徽省合肥市肥西路 3 号 邮编 230039) www.bnupg.com.cn www.ahupress.com.cn
印　　刷：	安徽省人民印刷有限公司
经　　销：	全国新华书店
开　　本：	170mm×240mm
印　　张：	15.75
字　　数：	295 千字
版　　次：	2015 年 8 月第 1 版
印　　次：	2022 年 4 月第 3 次印刷
定　　价：	38.00 元

ISBN 978-7-5664-0617-0

策划编辑:谢　莎		装帧设计:李　军　金伶智	
责任编辑:谢　莎		美术编辑:李　军	
责任校对:程中业		责任印制:赵明炎	

版权所有　侵权必究

反盗版、侵权举报电话:0551—65106311
外埠邮购电话:0551—65107716
本书如有印装质量问题,请与印制管理部联系调换。
印制管理部电话:0551—65106311

前 言

2010年,《国家中长期教育改革与发展规划纲要(2010～2020年)》的颁布和《国务院关于当前发展学前教育事业的若干意见》的出台,促进了我国学前教育的大发展。为适应学前教育改革和幼儿园管理的需要,促进学前教育良性发展,构建科学性与应用性相统一的学前教育管理学科体系就提上了学前教育理论研究与实践工作者的议事日程。这既是一项紧迫而又艰巨的工作,也是每一位学前教育工作者义不容辞的责任。

本书编者总结了长期的教学经验和研究成果,以培养学生的综合素质和实践能力为目标,本着"理论与实践并重"的编写原则,努力将学前教育管理的基本规律、基本知识的学习与提高学生运用学前教育管理学基本原理解决实际问题的实践能力有机地结合起来,尝试改变已有的同类教材的框架模式,以适应应用型人才培养的新要求。本书主要由学前教育管理基本理论、学前教育行政体制与园长工作和幼儿园管理实务三个部分构成。本书在编写过程中力求突出以下四个特点。

第一,基础性。作为学前教育专业的专业课教材,本书努力将学前教育管理学的基本概念、基础知识和基本原理较全面、准确地反映出来,使读者对学前教育管理学的内容有比较全面、清晰的认识。

第二,实用性。为了增强学前教育管理学的应用性,本书密切了学前教育管理理论与学前教育管理实际之间的联系。作者在编写过程中,尽可能做到语言平实、易懂。各章均有案例和推荐阅读材料,便于读者联系实际和拓展视野,加深理解。每章设置的"内容提要"和"学习目标"板块,旨在帮助读者了解学习内容和重点;"思考与探索"板块帮助读者深入思考。

第三,时代性。本书编者密切关注学前教育管理实践与理论研究的动态,有效汲取国内外最新研究成果,增加了幼儿园危机管理、民办学前教育机构的创办和管理等相关内容,以反映学前教育管理的时代特征。

第四,创新性。与同类教材相比,本书在借鉴传统学前教育管理学著作或教材体系的基础上,大胆探索,与时俱进,尝试构建新的学前教育管理学理论体系。

本书是学前教育专业"学前教育管理学"课程的教材,适用于本科、专科学前教育专业的教学,亦可作为幼儿园教师和园长培训的教材,还可作为广大学前教育工作者和研究人员的参考用书。

参加本教材编写的主要单位有:蚌埠学院、安徽师范大学和淮北师范大学和西南大学。编写人员有:程志龙(上篇第一、二、三章;中篇第一、二章和第三章第四节;下篇第九章)、向小英(中篇第三章第一、二、三节;下篇第三章)、程志宏(下篇第一、二章)、褚福斌(下篇第四章)、王芳(下篇第五章)、张相蓉(下篇第六章)、邵义仙(下篇第七章)、王成刚(下篇第八章)。宗爱华、赵洁协助收集了大量资料。

本书在编写过程中广泛吸取众多专家、学者的研究成果,并得到蚌埠学院、安徽师范大学、淮北师范大学等学校领导与同仁的大力支持与帮助,安徽师范大学吴玲教授也给了悉心指导,在此,谨致以衷心而诚挚的感谢。

本书的编著还得到了安徽省哲学社会科学规划项目"花鼓灯艺术资源融入幼儿园音乐课程开发研究"(AHSKY2014D31)和"'产教融合'视野下学前教育专业教学改革研究(2014jyxm394)"的资助。

程志龙　程志宏
2014 年 8 月

目 录

上篇　学前教育管理基本理论

第一章　学前教育管理学概述 …………………………………… 3

　第一节　管理概述 ………………………………………………… 3
　第二节　学前教育管理与学前教育管理学 …………………… 11
　第三节　学前教育管理学的研究内容与研究方法 …………… 18

第二章　幼儿园管理原则和方法 ………………………………… 26

　第一节　幼儿园管理原则和方法概述 ………………………… 26
　第二节　幼儿园管理的基本原则 ……………………………… 30
　第三节　幼儿园管理的基本方法 ……………………………… 43

第三章　幼儿园管理过程 ………………………………………… 54

　第一节　幼儿园管理过程概述 ………………………………… 54
　第二节　幼儿园管理过程的运行 ……………………………… 56
　第三节　幼儿园管理目标与目标管理 ………………………… 69

中篇　学前教育行政与园长工作

第一章　学前教育行政 …… 79
　　第一节　教育行政与教育行政体制概述 …… 79
　　第二节　学前教育行政与学前教育行政体制 …… 82
　　第三节　幼儿园管理体制 …… 88
　　第四节　学前教育行政体制改革 …… 94

第二章　幼儿园组织机构与规章制度 …… 97
　　第一节　幼儿园组织机构 …… 97
　　第二节　幼儿园规章制度及其建设 …… 102

第三章　园长工作 …… 111
　　第一节　园长的职责与角色 …… 111
　　第二节　园长的基本素养和能力要求 …… 114
　　第三节　园长工作艺术 …… 119
　　第四节　幼儿园领导班子的优化 …… 122

下篇　幼儿园管理实务

第一章　幼儿园保教工作管理 …… 127
　　第一节　幼儿园保教工作概述 …… 127
　　第二节　幼儿园保教管理的组织和实施 …… 130
　　第三节　幼儿园教研工作的组织与管理 …… 137

第二章　幼儿园后勤管理 …… 143
　　第一节　幼儿园后勤管理概述 …… 143

第二节　幼儿园资产管理……………………………………… 145
　　第三节　幼儿园事务管理……………………………………… 147
　　第四节　幼儿园膳食管理……………………………………… 149
　　第五节　幼儿园卫生保健和安全管理………………………… 152

第三章　幼儿园危机管理……………………………………… 157
　　第一节　幼儿园危机与危机管理……………………………… 157
　　第二节　幼儿园危机管理的原则与流程……………………… 161

第四章　幼儿园人力资源管理………………………………… 167
　　第一节　幼儿园保教队伍的选聘与任用……………………… 167
　　第二节　幼儿园保教队伍的考核与激励……………………… 170
　　第三节　幼儿园保教队伍的职业发展及培训………………… 175

第五章　幼儿园班级管理……………………………………… 180
　　第一节　幼儿园班级管理概述………………………………… 180
　　第二节　幼儿园班级管理的环节……………………………… 181
　　第三节　不同类型班级的管理工作…………………………… 185

第六章　幼儿园科研管理……………………………………… 192
　　第一节　幼儿园科研概述……………………………………… 192
　　第二节　幼儿园科研的任务、原则和选题…………………… 194
　　第三节　幼儿园科研的方法…………………………………… 197
　　第四节　研究成果的撰写……………………………………… 201

第七章　幼儿园公共关系管理………………………………… 204
　　第一节　幼儿园公共关系管理概述…………………………… 204
　　第二节　幼儿园与家长工作的管理…………………………… 207
　　第三节　幼儿园与社区工作的管理…………………………… 212

第八章 学前教育工作评价 ………………………………………… 215

第一节 学前教育工作评价的含义、功能与类型 …………… 216

第二节 学前教育工作评价的原则与内容 …………………… 221

第三节 学前教育工作评价方案的设计与实施 ……………… 224

第九章 民办学前教育机构的创办和管理 ………………………… 228

第一节 民办学前教育机构概述 ……………………………… 229

第二节 民办学前教育机构的审批与管理 …………………… 233

参考文献 ………………………………………………………………… 241

上篇 学前教育管理基本理论

第一章
学前教育管理学概述

【内容提要】 本章主要介绍管理学的产生与发展,学前教育与管理的发展概况、研究意义和任务;阐述"学前教育管理"及"学前教育管理学"的概念,学前教育管理学的学科性质,学前教育管理的基本职能、研究内容与研究方法,以及近年来我国学前教育管理研究的主要成就、问题与发展趋势。

【学习目标】 明确管理的重要性、管理理论发展脉络和各阶段的代表人物及其主要管理思想,以及近年来我国学前教育管理研究的主要成就、问题及发展趋势;理解"管理""学前教育管理"和"学前教育管理学"的概念,学前教育管理学的研究意义、任务、内容和学科性质;掌握学前教育管理学常用的研究方法。

第一节 管理概述

一、管理的含义

管理是一种非常普遍的社会现象。它伴随人类活动的出现而产生,也随人类社会的发展而发展,具有永恒性。

中国是世界上历史最悠久的文明古国之一,早在5000多年前就出现了部落和王国,部落首领、国王就是管理者,他们进行着人类历史上最古老组织的管理活动。国家形成后,为适应诸侯国之间政治、军事活动的需要,统治者设立驿站制度,形成全国性的信息网络,它被称为世界上最早的信息管理系统;在土地管理方面则实行了著名的"井田制"。古中国还拥有许多世界历史上的伟大工程,如秦兵马俑、长城等。在科学技术尚不发达的古代,要完成这些浩大的工程,其管理活动的复杂程度是难以想象的。

在科学技术管理方面,美国的"阿波罗"登月计划具有代表性。"阿波罗"登月计划动员2万多家工厂、120所大学、400多万人参加,生产了300多万个零部件,耗资250亿美元。这个计划的每一个主要步骤都要经过周密的计算,而每个主要步骤又要获得次级计划和第三级计划的支持,这都需要对人力、财力、物力进行周密的组织。为了顺利地完成设计、制造、发射、回收,参与人员要进行精确无误的合作,这一切工作又都要有一个机构进行强有力的领导。如果管理工作搞得不好,就很难保证计划顺利实施。

其实,在日常生活中也存在着多种多样的管理现象:幼儿园园长管理幼儿园,教育行政部门管理学前教育工作,交通部门管理公共交通,各级政府机关管理城市和农村等。

管理在人们生活中的作用随着人们对自然、社会及自我认识的不断深入而日渐增强。人们现在不仅要思考"做事",还要思考"怎么做事",即如何通过最佳方式,取得最好的效果。管理不仅影响着我们的生活,还更大地影响着各种组织——管理水平的高低决定着组织工作质量的优劣和效率的高低。组织不同于个体,它是由许多个体组成的具有共同目标的集体,比如幼儿园、学校、医院等都是具有不同功能的组织。这些组织自成立之日起就一步也离不开管理,管理渗透在其工作的各个方面。

管理是有目的、有组织的活动,它对人们的实践活动有着极其深远的影响;同时,这些实践活动为管理提供了大量的感性材料及客观依据,丰富了管理理论。

在与自然的斗争中,人只有依靠集体的努力才能生存和发展,才能实现自己的目标,满足自己的愿望。正是在与自然的斗争中,随着社会生产的发展,人们为了实现生存的目标,建立了生产组织,为了实现社会目标,又建立了不同的社会组织。因此,组织是人们为了实现某种目标而形成的群体或集合,这种目标是个人无法实现的。

人们之所以要加入一个组织,是因为这个组织能帮助他们实现自己的目标,这是所有组织存在和发展的根本原因。人们有许多目标要实现,如基本的生存目标、一定的政治目标、某些复杂的社交目标等,但又没有一个让他们能同时实现自己所有目标的组织,所以通常人们会同时加入几个组织。

在实际生活中,组织成员的个人目标不完全相同,组织的目标与组织成员的个人目标之间也会有某些差距。如果每个组织成员都按照自己认为的最好的方式去实现自己的目标,那么这个组织就成了一大群个人的简单集合体,组织的力量就被分散和削弱。在这种情况下,组织既无法发挥它的效率优势,也无法满足组织成员实现个人目标的愿望。因此,在任何组织中,只要是多数人在一起行动,就需要对这些人进行管理与指挥,以保证大家的行动有统一的方向和步骤。管理是社会组织的职能,管理的目的是使组织成员投入最少的时间、精力、资金来实现组织的目标。一句话,管理的实质是追求效率。马克思曾经说过,一个单独的提琴手是自己指挥自己,一个乐队就需要一个乐队指挥。对于组织来讲,管理所起的作用就像乐队指挥对乐队的作用一样。

管理是一种复杂的社会现象,它具有多个层面和侧面。因此,人们从不同的方面给管理下了定义,这些定义涉及管理的性质、管理的职能及管理的作用。简单地说,管理就是人们运用一定的科学原理和方法,合理组织和充分运用各种资源,提高工作效率,实现共同目标的活动。这个定义有三个要点。

第一,明确的目标。管理工作必须围绕一个明确的目标来展开,它不仅是管理的开始,还是管理的结果。管理者首先要思考把组织办成什么样的——这是目标的确立,是管理的开始,然后要组织力量为实现目标而努力——这是管理的过程,最后达到预先确立的目标——这是管理的结果。其中,目标是管理的核心。

第二,资源的有效运用。资源分为不同种类,有人力资源,也有物质资源;有有形资源,也有无形资源。管理就是运用科学的方法和手段,将这些资源合理地搭配,使其发挥最大的效能。

第三,提高效率。管理的最终目的就是最大限度地提高工作效率,这是管理的实质。提高管理水平就是为了提高工作效率。

二、管理理论的形成与发展

管理思想源于人的管理实践,是在管理实践中逐渐萌生的。虽然管理实践与人类历史一样悠久,但几千年来,管理只是一种零散的经验和某种闪光的思想,不成体系。管理学作为一门独立的科学,也只是近百年的事。

随着人们对管理的日益重视和管理实践的不断深入,管理理论得到发展。人们在复杂多样、千变万化的管理现象之间,发现了一些本质的联系和必然的趋势,即管理的规律。因此,管理以管理现象为研究对象,逐渐形成一门科学。管理学即是专门研究管理活动及其规律的科学。了解管理科学的发展脉络,对学习学前教育管理是十分有益的。

一般认为,管理学的产生和发展经历了早期管理时期、科学管理时期、成长时期和大发展时期四个时期。

（一）早期管理时期

早期管理时期是指从手工业生产向机器生产转变的初期,管理靠的是老板的个人经验,老板采用延长工作时间和加大劳动强度的管理方法追求最大的利润。没有科学的劳动量定额,没有固定的劳动时间,工人的技术培训就是师傅带徒弟。严格地说,这还不算真正的管理。

18世纪中叶后,欧洲发生工业革命。新的技术、新的生产手段要求新的管理制度和管理思想的诞生。最早对经济管理思想进行系统论述的学者是英国的经济学家亚当·斯密。他研究过劳动分工对生产率的影响,认为分工协作的主要优点是容易掌握技能,熟练程度提高得快,便于培养新工人。这种思想成为后来现代企业组织劳动分工和传送带生产的一种重要指导思想。

英国人查尔斯·巴贝奇发展了斯密的论点,提出了许多关于生产组织机构和经济学方面的带有启发性的问题。他重视人在组织中的作用,认为工人同老板之间存在共同利益,并竭力提倡所谓的利润分配制度。他重视对生产的研究和改进,主张实行有益的建议制度,鼓励工人提合理化建议。他还提出制订按生产效率的不同来确定报酬的具有激励作用的制度。

空想社会主义者罗伯特·欧文,在一系列实验的基础上,率先提出在生产中要重视人的因素。他主张缩短工人的工作时间,提高工人工资,改善工人的住宅条件。他的实验证明,重视人的作用和尊重人的地位,可以使企业获得更多的利润。因此,有人称罗伯特·欧文为"人事管理的创始人"。

早期的管理思想实际上是管理理论的萌芽。在早期管理阶段,资本的所有者也是管理者,资本家直接从事管理。管理工作的成败主要取决于管理者个人的经验、个性、特点和作风。管理的重点是解决分工与协作的问题。这个时期的管理思想是随着生产力向前发展、为适应资本主义工厂制度发展的需要而产生的,尽管它还不系统、不全面,没有形成专门的管理理论和学派,但它对于促进生产及科学管理理论的产生和发展,具有积极的影响。

（二）科学管理时期

19世纪末,由于生产技术日益复杂、生产规模快速发展和资本日益扩张,企业的管理职能逐渐与资本所有权相分离,资本家将管理职能委托给以经理为首的由多方面管理人员所组成的专门管理机构承担。从此,专门的管理阶层出现了,管理也成了有人专门研究的领域。管理理论是在19世纪末20世纪初比较系统地建立起来的,该阶段形成的管理理论被称为"古典管理理论"或"科学管理理论"。在这一时期出现了一批有影响的管理专家,其中的代表人物是美国的泰罗、法国的法约尔和德国的韦伯。

1. 泰罗的管理思想

泰罗出生于美国宾夕法尼亚州的费城,他曾做过技工、工长、维修组长和总工程师,他在生产第一线系统地研究劳动组织和生产管理问题。泰罗提出科学管理的理论和方法,他被称为"科学管理之父"。

泰罗认为当时的企业管理者没有科学的方法,他们不懂得工作程序、劳动节奏和劳动力疲劳等因素对劳动生产率的影响,工人没有正确的操作方法与合理的工具,从而大大影响生产率的提高。于是,泰罗冲破重重阻力,系统地研究、分析工人的操作方法和劳动时间。泰罗的科学管理从"动作研究"开始。1900年他在伯利恒钢铁公司进行了著名的"搬铁块"实验,他测定工人的活动时间与休止时间,观察并分析工人搬运生铁块的动作,用时间动作分析技术来比较几种不同的工作方式,并设计出一套最有效的标准动作。他的研究一方面提高了劳动生产率,一方面又为确定合理的工作定额提供了科学的依据。"动作研究"在美国曾风靡一时。

泰罗认为传统的计件工资制不足以刺激工人努力工作,因而提出差别计件工资制。这一制度规定一个工人如生产出标准数量的产品,他的收入则按某一计件率计算,如果工人的产量超过此标准,则用较高的计件率来计算他所生产的产品。

泰罗还提倡在企业建立职能制,即建立与各车间平行的各种科室,去执行各种管理工作职能。通过分工,每个管理者只承担特定的管理职能,以提高管理的效率。

1910年,美国机械工程协会通过决议,正式使用"科学管理"这个名词。1911年,泰罗出版著作《科学管理原理》,他的研究和理论成果开创了一个科学管理的新时代,对当时和后来的企业管理及管理理论的发展产生了很大影响。后人将他及与其同时代的福特、甘特、杰布雷斯等人的理论和实践称为"泰罗制",并将以泰罗为代表的学者所形成的学派称为"科学管理学派"。

2. 法约尔的管理思想

泰罗制主要注重于研究企业内部作业方面的问题,研究的是低层管理者经常碰到的生产管理问题,范围较小,内容较窄。法约尔从高层管理者经常遇到的组织经营问题出发进行研究,奠定了古典组织理论的基础。

法约尔出生于法国的一个资产阶级家庭。在1888年至1918年间,法约尔担任法国一家公司的总经理,他凭借其出色的管理才能,将即将破产的公司转变成成功的企业。他还担任过法国军事大学管理学教授。他以总经理的目光关注和研究管理,由此形成了一般管理理论的框架。他的理论详细地阐述了管理职能、管理原则及管理五要素,并首次提出了"管理教育"的概念,即人的管理能力可以通过教育实现。他在退休后创办管理研究所,并于1925年出版其代表作《一般管理与工业管理》,被人们尊称为"现代经营管理之父"。

法约尔提出经营的六个方面的职能:技术、经营、财务、安全、会计、管理职能;管理人员解决问题时要遵循十四条原则:分工、权力与责任、纪律、统一命令、统一领导、员工要服从整体、员工的报酬要公平、集权、等级链、秩序、平等、员工保持稳定、主动性、集体精神。法约尔的管理范畴、组织理论、组织原则等方面的新观点,为后来管理理论的发展奠定了基础。

3. 韦伯的管理思想

韦伯出生于德国,他以社会学家的视野对行政组织理论进行了较系统的研究,代表作是《社会和经济组织理论》。韦伯认为,在现代社会中,最理想的组织就是"科层组织"。科层组织的基本特征包括:分工和专业化;非个人取向;建立职权等级体系;建立正式的规章制度;职业导向等。韦伯认为,具备这些特征的组织是最有效率的组织,一切组织均应依此设计并进行管理。韦伯对科层组织的基础与管理制度进行了深入的研究,其理论得到了当代管理界的普遍认可,他被后人称为"组织管理之父"。

将管理作为科学来研究是该阶段的最大成就。泰罗、法约尔、韦伯三人从不同层面研究了管理学问题,为科学管理学的创立奠定了基础。他们对管理职能的划分,为现代管理的研究指明了方向。他们提出的许多管理的技术方法,如时间动作分析、奖励工资制、职能制等至今还被广泛应用。

(三)管理理论的成长时期

"二战"前后,世界政治、经济情况发生了极大的变化,这种变化对企业管理提出了新的要求。社会学家和心理学家认为管理是一种复杂的社会现象,他们发现,尽管金钱、物质可以在一定时期内激发人们的工作积极性,但不可能使人们发挥全部的智慧和积极性,还必须重视环境、人与人之间的关系对工效的影响。因此,一些管理者另辟蹊径,从人类行为的角度,对管理进行研究。20世纪20年代末,科学管理从对"动作与时间"的研究转入对人际关系学的研究。这种研究从两个方面展开,一是研究如何通过改善组织成员间的关系来激励他们努力工作,其研究成果被称为"人际关系学说";二是研究如何通过满足组织成员的个人需求来激励他们努力工作,其研究成果被称为"行为科学理论"。这两方面的研究构成了"行为科学"学派的内容。

1949年,美国芝加哥大学召开了一次有哲学家、精神病学家、心理学家、生物学家、社会学家等专家参加的跨学科的科学会议。会议讨论了如何应用现代科学知识来研究人类行为的一般理论,并给这门综合性的学科命名为"行为科学"。1953年,芝加哥大学成立了"行为科学研究所"。行为科学是一门研究人类行为规律的科学,管理学家试图通过对行为科学的研究,发现人们行为的规律,寻找对待职工的新方法和提高工效的新途径。

人际关系学派强调人的因素,盛行于20世纪40年代末和50年代初。行为科学学派从20世纪50年代开始,强调科学分析组织中人的行为。同期,行为科学在教育领域普遍运用,它注重情感因素在教育管理中的作用,实效明显。

人际关系理论的建立是行为科学发展的开始,其代表人物是美国行为学家、哈佛大学工业管理教授梅奥。1924年,有人在西方电器公司霍桑分厂进行有关科学管理的实验,研究工作环境、物质条件同劳动生产率的关系。按照科学管理的理论,工作环境与物质条件应该与劳动生产率成正比,也就是说,前者越好,后者越高。但是实验的结果却无法证明这一点。这件事引起了梅奥的极大兴趣,梅奥参加了霍桑实验。通过实验,梅奥得出的主要结论如下。

第一,生产效率不仅受物理、生理因素的影响,还受社会环境、社会心理的影响。人不仅是"经济人",还是"社会人"。梅奥认为,人不是单纯追求经济利益的,工作条件和工资报酬等并不是影响劳动生产率的第一原因,人与人之间的合作关系、上司的态度、个人的情绪和其对工作的满意程度等社会因素和心理因素是影响职工积极性的主要因素。企业职工是"社会人",满足工人的社会欲望、提高工人的士气是提高生产效率的关键。

第二,企业中存在着"非正式组织"。非正式组织是人们在共同劳动和相互交往中,出于各种社会需要而自然形成的某种群体,处于非正式组织中的人们之间有特殊的相互信任和隐秘的共同行为准则。梅奥认为,非正式组织的存在是十分必要的。正式组织的成员为提高效率而保持正式的协作关系,非正式组织则通过成员间的感情融合维持非正式的行为标准。组织者要充分重视非正式组织的作用,使正式组织与非正式组织互为补充,将形式上的协作变为自觉的协作,发挥每个人的作用,从而提高工作效率。

第三,改"奖惩"领导模式为"提高职工满意度"的领导模式。人际关系理论认为,调动工人积极性的关键,首先在于提高其对工作与组织的满意度,其次才是提高其经济利益和工作条件。

行为科学理论的最大贡献是,它提出了以人为中心来研究管理问题。这一理论认为,人是组织中最重要的资源,组织中的任何工作都需要人来做,所以管理者要学会激励和领导职工,学会理解人际关系。同时,人际关系理论提倡建立民主的管理模式,反对专制的管理模式,主张职工参与管理,从而建立起组织中各层次人员间的有效沟通,使他们之间能够及时交流信息。这些观点补充并发展了古典管理学理论,明确了人在管理中的作用,改变了以往管理理论见物不见人的倾向,将管理理论向前推进了一大步,对现代管理理论有极其深远的影响。然而,行为科学对人的解释带有推测的性质,与其在实际生活中验证的结果也很不一致。行为科学对"经济人假设"的过分否定,对"非正式组织"的过分偏重,对感情逻辑的过分强调等暴露出其理论的局限性。

在这个阶段还有一个学派就是"管理科学学派",它实际上是泰罗制的继续和发展,但它运用现代最新的科学与技术成就解决生产和作业管理中的问题,研究的内容比泰罗广泛。管理科学学派在科学管理基础上突出经营决策的地位,推广电子计算机等现代管理手段与工具,在管理中广泛运用运筹学、数学、统计学的原理与方法,用现代自然科学和技术科学的成就达到组织的最佳决策。但它不注重对生产中人的研究,因此,其适用范围受到了很大的限制。

(四)管理理论大发展时期

管理学从它产生之日起就处在不断发展之中,20世纪70年代后更是呈现出"学派迭起,百家争鸣"的局面。这一阶段不再是某种观点一统天下的局面,而是多种观点层出不穷,有人将这一阶段比喻为"管理理论丛林"。比较有代表性的理论有系统管理学派、权变管理理论、Z理论、学习型组织理论等。

1. 系统管理理论

该理论的创始人是美国的巴纳德。该理论认为,组织是一个由许多相互关联的部分组成的系统,某一部分的活动一定会影响其他部分。管理者不能孤立地处理某一部分的问题,而应该把组织作为一个整体来对待。组织还是一个开放的系统,它与周围的环境条件之间存在着动态的相互作用,并且具有内外信息反馈网络,能够不断地自我调节,以适应环境和本身的需要。

系统管理理论为管理者提供了一种思维方式,即管理者对工作要有较宽广的视野,从组织的全局以及组织与外界的关系的角度来考虑管理问题,使组织中的各部分更好地配合,实现组织的目标。

2. 权变管理理论

权变又被译为"随机制宜",就是对具体问题进行具体分析、具体处理。权变管理理论认为不存在一种一成不变的,适用于各种条件、各类组织的最好的管理方法,任何组织的管理,都应该根据组织所处的内外条件而随机应变。

权变管理是依据环境条件的自变量和管理思想、管理技术的因变量之间的函数关系,确定一种最有效的管理方式。因为作为因变量的管理思想和技术是随着环境条件的自变量的变化而变化的,所以权变管理把自变量与因变量之间的函数关系解释为"如果—就要"的关系,即如果某种环境条件发生变化,就要相应地采用某种管理思想与技术来实现组织的目标。因此,一个优秀的管理者必须能够用多种方法去完成计划、组织、指挥、控制的职能,必须找到适用于不同环境条件的不同的管理方法。

3. Z 理论

美国管理学教授威廉·大内提出 Z 理论。这个理论的基本思想是:①企业对职工的雇佣是长期的;②企业的管理者采取下情上达的方式进行管理;③基层管理者对上级命令不是机械地照办,可以发挥主观能动性;④上下级关系比较融洽;⑤企业管理层使职工在工作中得到满足;⑥对职工进行长期而全面的考查。Z 理论重视人的因素,强调管理上的民主和职工参与管理的重要性。

4. 学习型组织理论

学习型组织理论是知识经济时代的必然产物,是对科学管理理论强调职能分工及"金字塔"式的等级权力控制型组织结构的挑战。1972 年,联合国教科文组织向各国提出了"向学习化社会前进"的目标。20 世纪 80 年代,美国、日本等发达国家提出由学历社会向学习型社会过渡的策略。建立学习型政府、学习型幼儿园等组织管理理念应运而生。学习型组织是通过培养整个组织的学习气氛,充分发挥员工的创造性思维能力,而建立起来的一种有机的、弹性的、符合人性的、能持续发展的组织。这种组织具有持续学习的能力,具有高于个人绩效的综合绩效。学习型组织理论主要由以下五部分构成:自我超越、改善心智模式、建立共同愿景、团队学习、系统思考。

学习型组织理论适用于各种组织,并有了许多成功的范例。创建学习型组织,就是建立一个不断学习和自我改造以便能充分利用新机会的组织。它根据知识经济社会的特征,创造一种成功文化,使得组织的每个成员都能充分认识组织目标,为达到组织目标而负起责任,作出奉献,并不断吸收新技术和新知识。

第二节 学前教育管理与学前教育管理学

一、学前教育管理的形成与发展

在近现代意义上的公共幼儿教育机构出现之前,对幼儿的养护和教育是在家庭中进行的。17 至 19 世纪,资本主义制度在确立和发展时,也推动了近代学前教育的前进,出现了公共学前教育机构。幼儿园从诞生至今,大致经历了萌芽期、发展期和普及期等几个阶段,与其相对应的学前教育的管理也日益规范化和科学化。

(一)萌芽期

18世纪60年代,第一次工业革命推动了生产力的迅速发展,它突破了体力的限制,使妇女成了劳动力。一些慈善家开办了一些幼儿学校、婴儿学校或苦难儿童保护所,以解决妇女照看子女的后顾之忧。

1802年,欧文在苏格兰创办了世界上第一所幼儿学校,开创了近代史上对6岁以下儿童实施公共幼儿教育的先河。1837年,福禄贝尔在德国勃兰恩堡建立了一所幼儿教育机构,并在主要的资本主义国家掀起了影响广泛的幼儿教育运动。英国在19世纪出现了持续30年之久的"幼儿学校运动"。19世纪下半叶,随着西方资本主义国家经济的发展、初等义务教育的普及,社会对幼儿教育的需求日益加强,人们也越来越认识到幼儿教育的重要性,一些国家开始制定有关政策来发展幼儿教育并给予管理。自此,幼儿教育的社会地位逐渐得到确立。这一阶段的幼儿教育主要以工人及其子女为服务对象,主要任务是看护和生活照料,带有慈善和福利性质,管理相对松散,较少规范,相对应的理论也不完善。

(二)发展期

19世纪末到20世纪上半叶,社会公共幼儿教育进入"发展期",英国、法国、美国等国都完成了第二次产业革命,生产力出现了质的飞跃。新的生产方式在很大程度上改变了人们的思想,使人们更加深切地认识到科学技术对经济发展的促进作用,认识到教育的经济价值。

"二战"后,在一些资本主义国家,由于国家的重视和直接介入,幼儿教育成为一项国家制度和公共事业。伴随着学校教育体系的建立,幼儿教育被纳入国民教育体系。幼儿教育机构的服务范围扩大到全体儿童,并设有专门或非专门的行政机构加以管理,有了一定制度和规范,如1944年英国政府颁布了《巴特勒法案》。此后,幼儿教育在国家和地方的双重管辖之下稳定发展。这一时期,新教育运动和儿童研究运动在西方国家蓬勃开展,促进了幼儿教育的科学化,幼儿园管理也逐渐完善与规范。

(三)普及期

20世纪60年代以来,科学技术的迅速发展及广泛运用,促进了世界经济的繁荣与发展。各国都越来越重视教育的作用,认识到教育必须从基础抓起,必须加强和改进学前教育。因此,世界上一些发达国家都根据各自的社会、经济、文化等特点,改革和发展学前教育。这个时期,社会公共幼儿教育的教育功能得到了重视,幼儿园教育兼具了保育和教育的双重功能。

这一时期,幼儿园管理形成了系列的规范和要求,如英国在1966年发布了《普洛登报告书》,规定了保育集体的规模,主张3个保育集体组成一个保育中心,规定了教师和保育助理的配备及资格等制度。英国政府同意了这个报告并制定了实施计划。其他欧美国家也采取了多种措施使幼儿教育的发展和管理进一步合理和规范。

普及期的幼儿教育机构规模扩大、发展速度加快、类型日益多样化,教育管理的水平逐步提高。

二、中国幼儿教育机构的诞生和发展

尽管学前教育是相对于学校教育而言的,在学校教育产生前不可能有学前教育,但是这并不意味着在学校产生以前没有对幼儿童实施的教育。古代幼儿教育的实践,积累了对儿童实施保教的经验,为正规幼儿教育的出现奠定了基础。

1840年第一次鸦片战争后,随着外国文化的侵入,中国传统的封建社会教育发生了根本的变化,各种各样的教育机构也应运而生了。

中国第一所公共幼儿教育机构——湖北幼稚园,是1903年湖广总督张之洞在湖北创办的。创办伊始,办园方针和方法均采用日本模式。清朝末期至民国初期,我国逐步明确了设置社会性幼儿教育机构的宗旨和相关管理办法,如1904年颁发了《奏定蒙养院及家庭教育法章程》,提出了蒙养院的办学宗旨,规定了教育对象、教师资格、保育目标、课程设置以及有关房屋、图书、器具和管理人事务等方面的内容。章程涉及幼儿园教育的各个方面,是一套完整、系统的幼儿园教育和管理章程。

由于统治者的文化教育思想还很落后,中国初期的幼稚园在夹缝中生存,幼儿教育发展得极为缓慢。中华人民共和国成立之前,全国仅有1300余所幼儿教育机构,当时幼儿教育机构主要是为官僚和富裕家庭的儿童服务,也有少数是慈善机构。在半封建半殖民地的中国,幼儿教育带有明显的外国化、宗教化和小学化的倾向。

在中华人民共和国成立初期,我国政府首先收回了幼儿教育的自主权,确立了幼儿教育面向工农大众和为社会主义建设服务的发展方针。然后做出了改革学制的决定。幼儿教育成为我国学制的第一个阶段。国家陆续出台了一系列有关幼儿园任务、设置和领导、课程内容与教育活动原则、管理职责等方面的文件,推动了幼儿教育的迅速发展,形成了我国幼儿教育的完整体系。

伴随着不同时期社会经济、政治、文化的发展需要,我国建立起相应的幼儿教育政策,幼儿园的管理也日益规范化和科学化。目前,幼儿教育是中国基础教育的组成部分,幼儿教育的发展正在从城市走向农村,并逐渐辐射到弱势儿童。

《国家中长期教育改革和发展规划纲要(2010～2020年)》指出:"积极发展学前教育,到2020年,普及学前一年教育,基本普及学前两年教育,有条件的地区普及学前三年教育。重视0至3岁婴幼儿教育。"

教育领域的改革正不断深化,学前教育管理作为一门独立的学科也在逐渐完善,进而促进学前教育又好又快地发展。

三、学前教育管理的概念及其基本职能

(一)学前教育管理的含义

随着学前教育改革的不断深入和管理理论研究的发展,管理理论也逐渐渗透到学前教育管理领域。人们越来越认识到,要想办好学前教育,仅凭经验是不够的,还必须对其进行科学管理,不断探索学前教育管理的规律。

教育管理是教育行政人员与管理人员遵循一定的教育方针,利用管理手段,通过组织、指挥、协调教育人员的活动,高效、优质地完成国家下达的教育任务,实现国家规定的培养目标,从而达到通过教育促进社会发展的目的的活动过程。我国的学前教育管理是学前教育行政人员和托幼园、所等学前教育机构管理者,为了实现教育目标,按照党的学前教育方针政策,遵循保教工作的客观规律,运用科学的手段和方法,极大地发挥社会和各类学前教育机构人、财、物等因素的作用,组织和领导全体学前教育工作者协调一致、高效地实现预期目标的活动过程。学前教育管理主要包括两大方面:一是托幼园、所(主要是幼儿园)等学前教育机构的内部管理,二是学前教育行政管理。

幼儿园管理是幼儿园管理人员遵循一定的教育方针和保教规律,采用科学的工作方式和管理手段,将人、财、物等因素合理组织起来,调动各方面的积极性,为优质、高效地实现国家所规定的培养目标和幼儿园工作任务所进行的各种活动,诸如幼儿园的保健工作、保教工作、总务后勤工作等。这是学前教育管理中的微观管理。

学前教育行政管理包括幼教专业人员的培养规划与管理、幼教事业的发展规划与计划管理、幼教机构与分布管理等。这是学前教育管理的宏观管理。

对幼儿园园长而言,管理工作更侧重于幼儿园内部,要对幼儿园的各方面资源进行统筹,以发挥其最大的效能。同时园长也应该关注教育行政部门对学前教育管理的政策、规划及发展目标,从而确定本园的发展方向。因此,考虑到本书主要阅读对象,编者把阐述重点放在幼儿园管理上。

（二）学前教育管理的基本职能

学前教育管理的职能是多方面的，可以简要概括为以下五个方面。

1. 计划和决策

决策是领导的主要和重要职能，在计划中需要决策，在计划前和执行中也都需要决策。计划是一切学前教育管理活动具体实施的前提，是在办园目标、方针等指导下制订的。

2. 组织和指导

组织工作是学前教育管理的基础性的工作，是实施管理目标、完成计划的保证。组织工作不仅包括建立组织机构，还包括完善组织网络系统，建立和完善各组织机构、个人的职责范围和岗位职责，建立健全各项规章制度等一系列常规管理体制。指导是指在管理过程中，管理者指示教导下属完成工作任务。

3. 协调和控制

在组织机构和人员工作中，难免有互相牵制、干扰和职责不清的情况，管理者要进行协调，以保证群体工作的整体性。控制则是指对各级组织、人员工作中偏离计划、目标的活动加以制止和纠正。

4. 评价和革新

评价即评定鉴别。在学前教育管理工作结束之时需要评价，在开始、进行之中同样需要评价。它既可保证计划切合实际，也可促进工作沿着既定方向发展，还是根据最终目标而修订局部计划的依据。革新是指学前教育管理过程不断变革，以更好地为教育目标服务。

5. 领导激励

即领导以激励的方式调动人的工作积极性，它是管理工作尤其是人员管理的最重要内容之一，是衡量领导艺术水平高低的重要指标。

四、学前教育管理学的概念、学科性质、意义及幼儿园管理任务

（一）学前教育管理学的含义

学前教育管理学是一门从教育管理学中分化出来的新兴学科，它是以科学理论为指导，运用管理学、教育管理学以及学前教育学的基本理论研究如何实现对学前教育事业和各类学前教育机构的优质、高效的管理的一门科学。它是以学前教育管理现象及其规律作为研究对象的。

(二)学前教育管理学的学科性质

现代管理学、普通教育学和儿童管理思想对学前教育管理学影响深远,共同构成了学前教育管理学的主要理论基础。

普通教育学是学前教育理论的母体,我国早期的幼儿园教材、教法和课程设置就直接脱胎于普通教育学。现代教育理论认为,终身教育的起点是学前教育阶段,构建学习型社会、培养可持续发展人才必须重视学前教育;现代课程理念内涵的拓展为学前教育课程变革提供了理论基础。因此,普通教育学的发展成为学前教育管理研究的根本依据。

现代学前教育管理思想的形成与社会发展的要求、信息科技的进步以及全球化的学前教育发展潮流紧密联系。首先,我国的社会经济文化发展形势对新时代的人才提出了更高的要求。儿童早期智力开发的重要性使学前教育的价值充分凸显。整齐划一的行政命令式管理模式不再适合学前教育发展的需要。随着教育体制改革的深化,办园主体多元化,不同办学模式的幼儿园呼唤与之相适应的新的管理方式。其次,信息技术在学前教育管理中的运用越来越广泛。再次,20世纪末的全球化浪潮席卷世界,世界各地都积极开展学前教育改革,频繁的国际学术交流和相互了解促进了学前教育管理思想的繁荣。联合国教科文组织等相关组织召开了一系列的国际儿童会议,出台了大量有关学前教育的文件,对我国学前教育的价值取向和管理思维产生了极大影响。这些因素综合作用,推动着学前教育管理这门学科从萌芽走向成熟。随着学前教育管理研究范围的不断扩大和深度的增加,作为原先的母体学科的普通教育学已经无法容纳了。因此,教育管理学从教育学中脱胎而出,成为教育科学体系中的一门独立的分支学科。

管理学为学前教育管理学提供了强大的理论基础和系统的研究方法。作为在学前教育活动和学前教育管理活动基础上产生的学前教育管理学,一开始就得到管理学的滋养,成为管理科学体系中一门独立的分支学科。

儿童管理思想是教育机构制定儿童发展目标与管理儿童的主要依据。在学前教育发展史上,重要的教育变革从来都以儿童发展取得的新进展为重要理论支持。20世纪多国兴起的"儿童研究运动"让儿童在社会上的地位发生"哥白尼式的变革"。由重视儿童的被动接受到尊重儿童主体建构,由重视教师的教学到重视游戏和儿童的自发活动,学前教育的关键——师幼关系因此发生巨大改变,学前教育的评价也因之有了新的标准。

学前教育管理学是教育管理学的分支学科,也是学前教育专业课程体系的重要组成部分。学前教育管理学是介于教育科学与管理科学之间的一门边缘学科，基本上属于社会科学的范畴，同时也是一门实践性很强的应用科学。

（三）学前教育管理学研究的意义

1. 丰富和发展了学前教育管理理论，促进了对学前教育依法管理

理论来源于实践，学前教育管理理论是在实践的基础上形成和发展起来的。实践不会自然地生成理论，理论源于人们对感性经验的不断抽象与概括。大量的学前教育管理研究成果丰富了学前教育管理理论，促进了学前教育管理学的发展。

依法管理学前教育是世界学前教育发展的一个重要趋势。在学前教育有关的法律、法规及相关政策的学习和研究中，增强学习和运用法律、法规及政策的自觉性和主动性，增强依法办园、依法管理的意识，是学前教育尤其是学前教育管理工作者的基本职业意识。这也是不断提高我国学前教育管理水平的希望所在。

2. 为学前教育管理的改革和发展以及教育行政部门的决策提供理论支撑

我国的学前教育正处在改革和发展的新时期，学前教育管理实践需要学前教育管理理论的指导。学前教育管理研究是人们揭示学前教育管理客观规律的有效途径。人们通过学前教育管理研究将感性认识上升为理性认识，然后为学前教育管理实践提供理论指导。没有正确的学前教育管理理论指导的实践，是盲目的实践。从这种意义上说，学前教育管理的改革和发展是一个学前教育管理研究不断深入的过程。

现代教育行政部门面临的问题日益复杂，单凭教育行政人员的个人经验和主观判断，往往不能妥善解决。采用科学的工作方法、实行科学决策，是国际教育行政管理发展的趋势。因此教育决策不能离开对学前教育管理的研究，实现科学的学前教育管理决策必须以学前教育管理研究为先导，这是学前教育行政领导素质和管理水平提高的重要标志。

3. 促进学前教育科学管理，提高学前教育管理效能

学前教育管理学是一门与学前教育管理实践紧密相关的科学，一方面，它是现代管理科学在学前教育领域的运用和发展；另一方面，它是学前教育管理实践的理论提升和经验总结。学前教育管理学揭示了学前教育管理的特点和规律，展现了管理科学在学前教育管理领域的功效。因此，学习学前教育管理学，对于科学地进行学前教育管理，把握学前教育管理的基本特点和规律，具有十分重要的意义。当然，科学的管理实践本身也必然会产生更具科学意义和理论意义的

经验,有利于发展学前教育管理理论。

学前教育管理学是一门应用性学科。学习并应用学前教育管理理论,有利于提高管理的效率,而这也是学前教育管理的一个重要目标。因此,要充分地、最大限度地发挥学前教育管理中各个因素的作用,减少管理过程中的矛盾,使各项管理工作真正指向管理目标,就必须学习现代学前教育管理理论。从这个意义上说,高效的学前教育管理就是自觉地以管理科学理论为指导的管理。

4. 提高学前教育管理者的自身素质

学前教育管理者在学前教育管理研究中,学习学前教育管理理论,提高理论水平,形成科学的态度,掌握学前教育管理的方法与独立思考、独立工作的能力,从而促进自身整体素质的提高。在学前教育管理的研究者队伍中,无论是普通教师、管理人员,还是专家,都是研究成果的享用者、受益者。可见,学前教育管理研究是以一种特殊的方式改善学前教育管理过程,改善学前教育管理者的管理行为。

(四)幼儿园管理的任务

幼儿园管理的任务是通过组织机构发挥组织、指挥、协调、控制等管理职能,合理地组织利用各种教育资源,实行保育与教育相结合的原则,对幼儿实施体、智、德、美诸方面全面发展的教育,促进其身心和谐发展,确保保教质量的提高,较好地完成达到预期的教育培养目标和服务家长的双重任务。在为幼儿服务的同时,也为家长工作、学习提供便利条件。

第三节 学前教育管理学的研究内容与研究方法

一、学前教育管理学的研究内容

"学前教育管理学"是学前教育专业开设的一门重要课程,近年来,有一批相关教材和译著陆续出版;很多学前教育专业的杂志开辟了"管理研究专栏",相关研究论文和报告的发表率逐年上升;从事学前教育管理研究的人也越来越多;学前教育的研究队伍空前壮大,研究日渐丰富。

学前教育管理的研究范围十分广泛,学科框架还没有完全定形。为研究方便,编者选取较有代表性的10本学前教育管理教材,对其涉及的内容进行分类统计,结果如下(按照研究内容的多少排列):

序号	章名或相关章名	讨论的著作数	所占比例(%)
1	组织文化和师资队伍建设	10	100
2	幼儿园保教工作	9	90
3	幼儿园和家长、社区工作	9	90
4	幼儿园的组织机构和规章制度	8	80
5	幼儿园工作评价	8	80
6	幼儿园管理的目标与过程	7	70
7	幼儿园管理任务与原则	7	70
8	总务工作	7	70
9	管理概述	6	60
10	卫生保健及安全工作	5	50
11	幼儿园与教育行政	4	40
12	决策与规划	3	30
13	学前教育管理体制	2	20
14	办学理念与实践	2	20
15	托幼机构的类型和特征	2	20
16	学前教育管理方法	1	10
17	学前教育法规与立法	1	10
18	学前教育研究的管理	1	10
19	学前教育环境管理	1	10
20	效益与经费	1	10
21	危机管理	1	10
22	实习生和志愿者	1	10

由此可知，学前教育管理学研究最多的内容是组织文化和师资队伍建设，然后依次为幼儿园保教工作，幼儿园和家长、社区工作，幼儿园的组织机构和规章制度，幼儿园工作评价，幼儿园管理任务与原则，幼儿园管理的目标与过程，总务工作，管理概述，卫生保健及安全工作和教育行政等。

学前教育管理理论虽然在横向上不断拓展、纵向上不断深入，但是学前教育管理基本理论应当始终是学前教育管理研究的主要内容。基于这种考虑，编者尝试建立一个以学前教育管理理论为主、以学前教育管理实践为辅且两者有机结合的体系框架，其内容由学前教育管理基本理论、学前教育行政与园长工作和学前教育管理实务三部分组成。

二、幼儿园管理活动的构成要素

幼儿园管理活动是由管理者、管理手段和管理对象三要素构成的。

1. 管理者

管理者是幼儿园管理基本要素中最活跃、最重要的因素,是管理的主体,决定着学前教育管理的成败。它主要由园长、教师、职员和幼儿组成。

2. 管理手段

幼儿园管理手段主要包括幼儿园管理体制和幼儿园规章制度。

领导体制是幼儿园管理的根本制度,它规定了园长在幼儿园的地位和作用、党政关系等有关组织和管理的根本问题。

幼儿园管理的规章制度是幼儿园管理的"法",它包括岗位责任制、会议制度、作息制度、课堂常规、财务制度和各部门职责等。

3. 管理对象

幼儿园管理对象就是幼儿园管理的客体,包括人、财、物、事、空间、时间和信息等。

人包括教职工和幼儿。人既是管理的主体,又是管理的重要对象,幼儿园的一切活动都要通过人来进行。由于人是有个性、有感情、会思维的,所以对人的管理尤为复杂,既要强调科学性,又要强调艺术性。管理的中心任务就是对人的管理,调动人的积极性、主动性和创造性,协调幼儿园管理内部与外部的各种关系,做到人尽其才、才尽其用、各得其所,最大限度地开发和利用幼儿园人力资源。

财包括资金的筹集、使用和分配等。在管理过程中,生财是根本,聚财是保证,用财是关键。幼儿园经费,包括预算内、预算外资金,都是重要的管理对象。幼儿园管理者要遵循财务制度,通过正确、有效的组织和协调,广开财源,科学聚财,合理分配和使用财力。

物包括幼儿园校舍、场地、设备、图书等生产、生活资料和装备在内的物质资料。能否做到物尽其用,提高幼儿园的社会效益和经济效益,是衡量幼儿园管理水平高低的重要标志之一。要开发自然资源、计划分配物力、有效利用物力资源,做到物尽其用,防止大材小用、优材劣用,杜绝浪费。

事是人与人,人与财、物等的关系在信息的作用下所形成的复杂活动。如保教、体育、卫生、总务等。

空间是指管理系统存在的规模、范围、组合方式等空间形式,也指管理系统中各要素之间、管理系统与周围事物之间的距离、方位、排列次序等空间关系。

时间也是资源,而且是最宝贵的资源。幼儿园管理活动都是在一定的时间内进行的,正确地树立时间价值观念,提高时间的利用效率,把握管理决策的时机,是提高幼儿园管理工作成效的关键因素。

信息是反映事物在管理过程中的活动特征及其发展变化情况的多种消息、

情报和资料等的统称,它对于现代幼儿园管理工作起着越来越重要的作用。管理对象的所有活动各自产生着信息,这些信息通过接收、传递和处理,反映、沟通了各方面的情况和变化,使管理者能借此进行控制,实现各管理环节之间的联系和协调。从某种意义上讲,人类认识世界和改造世界的过程,也就是开发信息、利用信息的过程。

三、学前教育管理学的研究方法

研究方法是学科建设和发展的钥匙,不同性质的学科有不同的研究方法。由于学科的不断分化和综合,某一种研究方法可适用于多种学科,而综合性学科的研究也需用多种研究方法。

学前教育管理学是一门综合性较强的学科,常用的研究方法主要有以下几种。

(一)经验总结法

经验总结法是研究学前教育管理的根本方法,也是学前教育管理理论建设和发展的根本途径。学前教育管理应用价值的体现主要靠这一方法。

总结经验法可采用不同的形式进行,既可以由个人进行,也可以由集体进行;既可以研究自己的成功经验,也可以研究他人的先进经验;既可以由幼儿园自行组织,也可以由教育行政部门、教育研究机构组织。最有效的组织形式是领导、专家和群众相结合。

经验总结首先做好准备工作,确定题目,选定对象,组织人力,阅读有关材料,拟定计划;其次搜集反映全面情况的材料;再次将搜集到的材料及时加以分类,使之系统化,再进行必要的加工整理。

(二)调查法

调查法是指对学前教育管理中的某个课题、某项工作,通过谈话、问卷、调查会等方式获得第一手材料,并把这些材料进行整理、分析和加工,获得某些规律性、结论性知识的方法。如果调查对象的数量较大,就可根据调查目的进行抽样调查和典型调查。调查结论的正确与否往往取决于手段运用得是否科学。

首先,调查要有计划,目的明确、具体,调查方法确定,调查对象的选择或范围的限定要有代表性。其次,要实事求是,调查时要做全面记录,力求全面、系统、深入地掌握实情;再次,对掌握的第一手材料进行核实、深入透彻地分析研究,以得出切实可靠的结论。

(三) 文献法

文献法是一种间接研究方法，是指依据研究的目的、任务，通过查阅文献资料，并对之进行整理、分析，从而找出事物本质和规律的研究方法。文献法虽然不直接接触现实的幼儿园管理，但是通过对文献资料的比较、归纳和数据的统计，易于发现学前教育管理中的规律。历史文献研究是一种常用的文献法，它通过对历史上幼儿园管理状况的文献进行研究，揭示规律，发现学前教育管理中某个方面发展的趋势。另一种是横向比较的文献研究，它通过国际间、地区间、幼儿园间不同管理状况的文献的对比研究，找出学前教育管理成败的因素，分析不同研究对象之间的共性和差异，从而得出结论。

学前教育管理的文献资料可涉及很多方面，包括保教、总务后勤、人事行政、党务活动等诸多方面的文件、表册、数据、会议记录、工作日志、计划、总结，以及有关著述、论文、通讯报道等。

使用文献法，要针对研究目的和任务尽可能地做到资料齐全、可靠，整理资料的方法科学、规范，分析研究全面、客观，从历史文献产生的时代背景和客观事实出发，最后形成结论。

(四) 实验法

实验法是研究者按照研究目的，合理地控制或创设一定条件，或者人为地变化研究对象，以验证研究假设、探讨保教及其管理现象的因果关系、揭示学前教育保教工作或管理规律的一种研究方法。

教育实验应用的范围很广，诸如教育体制改革、保教模式改革、课程与教材改革、管理体制改革等，都可以通过实验掌握数据和资料，探寻规律，以使管理工作合乎规律，避免长官意志和主观主义。许多著名教育家都是用这种方法实践其教育思想和理论，并取得了显著成就，如苏霍姆林斯基、陶行知等。

实验法的步骤依次是：确定实验课题与方法；拟定实验计划，确定实验对象；准备实验设施和进行人员培训；实验中排除干扰，控制实验因素；记录实验过程；处理实验结果；得出结论，撰写实验报告。

(五) 行动研究法

行动研究法是指由学前教育管理者与科研人员共同参与，从学前教育管理工作的实际需要出发，寻找课题，在学前教育管理工作中进行研究，共同解决实际问题的一种研究方法。

行动研究是学前教育管理实践活动和学前教育管理研究的有机结合，它包含为行动而研究、对行动的研究和在行动中研究等诸多成分。这种方法为学前教育管理者"在行动中研究,在研究中提高"创设了条件,是近年来受到广泛关注和普遍欢迎的研究方法。

这种方法共分发现问题、分析问题、查阅文献、初拟方案、收集资料、试行修正、总结评价等七个步骤。由于这种研究是在不断变化着的实践中进行的,所以需要在不断的尝试和调整中,逐步加深对问题的认识,积累解决问题的经验。在研究的一定阶段恰当使用行动研究法,有助于取得客观可靠的普遍性结论。

（六）案例法

案例法是指通过调查研究和资料收集等途径,把已经发生的、典型的学前教育管理事件,撰写成描述性的文字材料,供学习者进行讨论与分析,以培养研究者分析问题与解决问题的能力。这种方法是美国哈佛大学工商管理研究生院于1908年首创的,哈佛大学教育管理学院把它作为一种基本的教学方法加以运用。

学前教育管理学的研究方法很多,科学、有效地选择恰当的研究方法非常重要。一般来说,选择学前教育研究方法的主要依据有两个:一是研究内容的性质。对不同性质的研究内容进行研究,所采用的方法不会完全相同,比如对幼儿园课程的研究,较为理想的方法是行动研究法和经验总结法。二是研究对象的特点。研究对象不同,就会对研究方法有不同的要求。比如对超常儿童的研究,因其数量少、分布广,需要对其进行长期的跟踪观察研究,就不宜采用常态儿童研究方法。

四、近年来我国学前教育管理研究的主要成就、存在的问题与发展趋势

（一）近年来我国学前教育管理研究的主要成就

1. 学前教育管理研究逐步系统化

学前教育管理作为一门独立学科的学科框架渐渐明晰,各项研究不断深入。有关学前教育管理的性质、意义、目标和任务、管理过程以及借鉴其他学科相关经验的文章很多,学科的理论思维和实践探讨十分活跃。学前教育管理研究日益呈现系统化、科学化趋势。

2. 学前教育机构发展迅速

学前教育机构无论在数量还是质量上都出现繁荣发展的局面。一方面,园所数量飞速增加,幼儿入园率显著上升;另一方面,幼教机构的办园规模更加合理化,行政管理更加体系化,经费来源更加多样化。学前教育管理明确了地方负

责、分级管理的基本方针。民办学前教育机构发展迅猛,民办学前教育管理也有了长足的发展。

3. 学前教育管理中的人力资源管理凸显人文关怀

人力资源管理是学前教育管理研究中的一大亮点,从中折射出古典管理思想和"以人为本"思想的深远影响。

4. 后勤等实务管理更加规范

社会各界高度关注幼教机构的设施是否配备齐全、饮食是否安全卫生、有关制度是否落实到位。因此,相关管理部门积极改善后勤保障工作,相关法规相继出台,有力推动了园、所后勤管理的规范化。

(二) 我国学前教育管理研究中存在的问题与发展趋势

1. 我国学前教育管理研究中存在的问题

第一,政策和法律建设方面呈现出的结构性失衡状态十分突出。我国学前教育管理正在从"人治"走向"法治"。相关的教育行政法规和相应的地方管理条例已经出台,但没有学前教育的单行法律。第二,各级政策与实际措施错位的现象在实际管理过程中时有发生。《关于幼儿教育改革与发展的指导意见》规定:社会力量举办的幼儿园,在审批注册、分类定级、教师培训、职称评定、表彰奖励等方面与公办幼儿园具有同等地位。但是在实际管理中,私立园与公立园相比,教师的待遇存在相当大的差距,这些现象的发生与学前教育管理的倡导者和实际承担者割裂有关。第三,学前教育管理的研究主要借鉴了教育管理的研究方法。记录、参与、对话、反思等研究方法,已经引起学前教育研究的重视,总体而言,现有的研究经验总结较多,而科学研究较少。

2. 学前教育管理研究发展的主要趋势

第一,理论研究与应用研究相结合。学科的成熟必然要求理论和实践紧密结合。学前教育管理研究具有很强的应用性倾向,多以经验分析为基础,指向实际问题。今后,其研究的理论性必将不断加强,对实践的指导作用将越来越大。第二,信息化手段将对学前教育管理研究产生深远影响。20世纪末发生的以计算机和信息技术为核心的新技术革命已经深刻影响到人类的工作和生活,学前教育的教学管理和园务管理都发生很大改变。信息技术辅助学前教育管理成为学前教育人员培训的重要内容,随着信息技术在学前教育领域的广泛推广和应用,未来的学前教育管理研究将因此而发生重要变革。第三,研究其他学科领域的管理经验在学前教育管理上的应用和实践,以期提高管理的科学性。如何恰当借鉴其他学科的经验,努力发掘适合当前体制的学前教育管理方式,将成为学前教育管理研究发展的一大方向。

▶阅读推荐◀

陈国钧,陆军.管理学.南京:南京师范大学出版社,1997

▶思考与探索◀

1. 管理思想经历哪几个发展时期?各阶段的代表人物及其主要思想是什么?
2. 学前教育管理与教育科学、管理科学之间是什么样的关系?
3. 幼儿园管理活动有哪些基本要素构成?
4. 学前教育管理的内容有哪些?
5. 幼儿园管理的任务是什么?
6. 与幼儿园园长和教师座谈,了解他们对学前教育管理重要性的认识。

第二章
幼儿园管理原则和方法

【内容提要】 本章主要介绍幼儿园管理原则和方法的基本含义;阐述幼儿园管理原则体系及其内容,幼儿园管理的常用方法及其在幼儿园管理中的有效运用。

【学习目标】 正确理解幼儿园管理原则和方法的概念;明确幼儿园管理原则体系和幼儿园管理的常用方法;理解幼儿园管理基本原则的含义及其贯彻要求;联系实际领会如何在幼儿园管理中有效运用幼儿园管理的方法。

第一节 幼儿园管理原则和方法概述

一、幼儿园管理原则概述

(一)幼儿园管理原则的含义

原则又称为"基本的行动准则""指导思想""基本要求"等。幼儿园管理原则是学前教育管理理论的重要组成部分,它是对幼儿园管理的基本要求,是指导幼儿园管理的一般原则,是进行幼儿园管理的依据,是幼儿园管理者对幼儿园管理的指导思想和行动准则。幼儿园管理原则在总体上全面指导幼儿园管理过程的各环节、各种管理方式,以及各项组织制度的建立、各项具体工作的管理活动等。

(二)幼儿园管理原则是主观与客观的统一

幼儿园管理原则是通过幼儿园管理实践而形成的对幼儿园管理的理性认

识。幼儿园管理规律是客观存在的,不以人们意志为转移的,而幼儿园管理原则是人对幼儿园管理客观规律的认识。

幼儿园管理规律是客观的,人们可以认识它并利用它为自己服务。按照客观规律办事,就能如愿以偿,实现目标;如果违背客观规律,就必然会受到惩罚。

在特定的历史阶段,人们不可能穷尽对幼儿园管理客观规律的认识。恩格斯说,我们只能在我们时代的条件下进行认识,而且这些条件达到什么程度,我们便认识到什么程度。只要真正掌握幼儿园管理客观规律,就可能提出科学的幼儿园管理原则,更好地指导幼儿园管理。

人们对规律的认识可能是正确的,也可能是错误的,在特定时期提出的原则可能是科学的,也可能是不科学的。所以,幼儿园原则在这个意义上说,具有主观性。随着幼儿园管理实践的深入,人们将不断发现新规律,并提出新原则,或对已有原则进行修订。因此,幼儿园管理原则是在不断变化、丰富和发展的,是主观与客观的统一。

(三)制订幼儿园管理原则的依据

幼儿园管理原则是人们通过实践总结出来的。

1. 学前教育的性质、目的和任务是制订幼儿园管理原则的重要依据

学前教育的性质、目的和任务是我国国情和中国特色社会主义学前教育的反映。因此,幼儿园管理原则的确立必须与教育方针、政策、法律和法规的基本精神一致。

幼儿园管理要全面准确把握相关的政策与法规。我国的教育方针、政策、法律和法规,是幼儿园管理原则的法律和政策依据,具有方向上的指导和行为上的规范意义,能够保证幼儿园管理的合法性。目前,幼儿园管理可依据的法律、法规主要有《幼儿园管理条例》《幼儿园工作规程》(1996年)《国家中长期教育改革和发展规划纲要(2010~2020年)》《国务院关于当前发展学前教育的若干意见》(国发[2010]41号)等。这些法规和规定从不同方面规范了幼儿园管理的目标、方式、方法。

幼儿园管理者一方面要依法管理自己的行为,把幼儿园管理纳入法制化的轨道上,另一方面要学会用法律保护幼儿园的合法权益,使幼儿园在市场竞争中立于不败之地。这既是新形势对幼儿园管理者的要求,也是幼儿园管理发展的趋势。

2. 幼儿园管理的客观规律是制订幼儿园管理原则的重要依据

幼儿园管理客观规律是幼儿园管理诸因素之间内在的、必然联系的反映。幼儿园管理者对幼儿园管理客观规律的认识越深刻,其管理就越有效。正确的

幼儿园管理原则应该建立在对幼儿园管理客观规律的深刻认识上,应该是幼儿园管理客观规律的具体体现。

3.现代科学管理的基本原理是制订幼儿园管理原则的重要依据

管理科学的基本原理是人们在长期的管理实践中总结出来,并且被管理实践证明是行之有效的,是对管理客观规律的理性概括,它适用于不同领域的管理。管理科学的原理是制订幼儿园管理原则的理论依据,具有普遍指导意义,能够保证幼儿园管理的合理性。幼儿园管理原则的确立应该借鉴和参考管理科学基本原理,但不能生搬硬套,必须和幼儿园管理实际相结合。

4.现代学前教育理念是制订幼儿园管理原则的重要依据

幼儿园管理者要与时俱进,用现代学前教育理念武装头脑,形成正确的儿童观、教学观和评价观。

儿童观是指对儿童的认识、看法以及与此有关的一系列观念的总和。不同的儿童观会导致不同的教学观和评价观。随着社会的变化,儿童观也应不断地变化和发展。从20世纪至今,儿童的地位与价值,逐渐以法制的形式得到了保障。现代儿童观决定了现代教育观,即儿童与成人一样具有独立的人格。由于儿童年龄小,其身心发展具有自身特点,尊重儿童的人格首先要遵循儿童身心发展规律,并以此作为教育和管理儿童的依据;同时每个儿童具有不同的特点,个体间差异的表现是多方面的。幼儿园管理者要尊重儿童间的差异,不能用同样的标准要求他们,更不能用一个模式培养他们。

5.幼儿园管理的实践经验是制订幼儿园管理原则的重要依据

幼儿园管理原则是幼儿园管理实践经验的概括和总结。幼儿园管理的正反两方面经验教训是确立幼儿园管理原则的现实基础。因此,确立幼儿园管理原则时,要研究国内外幼儿园管理工作的先进经验,从中总结出带有共性的因素并加以借鉴。

(四)幼儿园管理的原则体系

俗语说:没有规矩不成方圆。做任何事情都要依据一定的准则,只有这样才能将无序变为有序,才能提高管理的绩效。由于人们的认识和体验的差异,人们对幼儿园管理原则的提法和规定也不尽相同。本书介绍的是多数人比较认同的原则,也是在幼儿园管理过程中始终起作用的原则,是幼儿园管理中的基本原则。它主要有方向性原则、保教为主的整体性原则、民主性原则、管理育人原则、社会协调性原则、效益原则、安全至上原则等。

第二章　幼儿园管理原则和方法

二、幼儿园管理方法概述

（一）幼儿园管理方法含义

幼儿园管理方法是在幼儿园管理活动中为实现幼儿园管理目标、保证幼儿园管理活动顺利进行所采取的工作方式。

幼儿园管理方法是幼儿园管理规律、管理原则的自然延伸和具体化，是用幼儿园管理规律和管理原则指导幼儿园管理活动的桥梁，是实现幼儿园管理目标的途径、手段，它的作用是一切幼儿园管理规律、管理原则本身无法替代的。

要实现幼儿园工作目标，完成学前教育的任务，就要采用一定的方法。正如毛泽东所说，我们不但要提出任务，而且要解决完成任务的方法问题。我们的任务是过河，但是没有桥或没有船就不能过，不解决桥或船的问题，过河就是一句空话。不解决方法问题，任务也是瞎说一顿。可见，方法对于解决问题是非常重要的。

然而，在实际工作中，并不是所有方法都能起到预期的效果。有的方法事半功倍，有的方法事倍功半，甚至是劳而无功。如为改革教学内容，有的幼儿园采取下达统一命令的办法，强制教师执行；有的幼儿园则发动教师展开充分讨论，还允许保留不同意见，其效果就大不一样。领导找教职工谈心，有的领导使人心悦诚服，帮助教职工消除了思想上的"疙瘩"；有的领导却令人情绪低落，加重了教职工思想上的负担。运用经济方法，如实行绩效工资，在有的幼儿园起到激励人心的作用，在有的幼儿园却造成人与人之间的矛盾，甚至影响了工作。因此，我们不仅要重视方法，还要考虑怎样有效运用这些方法。

（二）幼儿园管理的基本方法

幼儿园管理的基本方法主要有行政方法、经济方法、教育方法和法律方法等几种。

幼儿园管理者运用管理方法的效果，主要取决于其对管理方法的选择和运用是否恰当。如何选择幼儿园管理方法，没有一套刻板的公式，必须结合管理目的、任务，管理对象的年龄特征、个性特点，幼儿园的实际情况及管理者的影响力等诸多因素综合考虑。不同的管理方法既相互区别又相互联系，必须精心选择，结合使用，形成一个动态的最优化的幼儿园管理方法体系。

幼儿园管理方法是幼儿园管理实践和理论中的一个既复杂又重要的问题，幼儿园管理者不仅要学好和用好前人已经发现的方法，还要解放思想、勇于探索、大胆实践、善于创新,在工作中总结出符合幼儿园管理规律的科学方法,使幼儿园管理方法不断推陈出新、与时俱进,适应不断变化的幼儿园管理实践的新需要。所以说:管理有法,但管无定法。

第二节 幼儿园管理的基本原则

一、方向性原则

(一)方向性原则的含义

管理的性质是指管理所具有的属性。管理的性质决定了教育的性质。管理具有两重性,即管理的自然属性和社会属性。管理的自然属性反映人与自然的关系,它与生产力相联系,受到生产力和科学技术的制约,是一系列科学方法的总结。其自然属性是一切社会化生产所共有的,与生产关系无关,具有共同性和永恒性。管理就其自然属性来讲,只有现代管理与传统管理、先进管理与落后管理之分,而没有阶级、社会形态、民族和意识形态之分。因此,各种社会化生产的先进管理方式和方法,都是人类的共同财富,相互之间完全可以借鉴、继承。

管理的社会属性反映人与人的关系,是一定生产关系的体现。管理受社会制度、社会生产关系的制约。在一定的社会形态中,它反映了统治阶级的要求和利益。因此,管理的社会属性具有社会的特殊性和历史的暂时性。

正确理解管理的两重性,一方面对于建立和发展社会主义学前教育管理、吸取国外先进的管理思想和管理方法有重要意义;另一方面,对于正确理解并遵循方向性原则,具有十分重要的意义。

幼儿园管理方向性原则是指幼儿园管理工作必须坚持学前教育为社会主义现代化建设服务的方向,坚定不移地贯彻党和国家的学前教育方针、政策,从方向上保证社会主义人才的培养。学前教育坚持社会主义方向,为社会服务,为幼儿和家长服务,这是我国幼儿园管理要遵循的首要原则。

(二)贯彻方向性原则的要求

1.坚持贯彻党的路线、方针、政策,包括教育方针、政策和法规,保证党的领导

学前教育活动的社会主义方向是党对学前教育工作的基本要求,坚持党的领导,是学前教育体现社会主义方向的根本保证。党对学前教育的领导,主要是在学前教育工作中落实党的路线、方针、政策,并在园长负责制条件下,发挥党的

基层组织的监督职能,确保学前教育的社会主义性质。

2. 确立正确的幼儿园管理指导思想

教育要为社会主义现代化建设服务,为幼儿和家长服务,并以此作为管理的出发点和归宿;幼儿园管理要把社会效益放在优先的位置,不以赢利为目的。

"一切为了孩子"是办园的重要指导思想。这也反映了管理者与教育者对幼儿园工作的深刻理解及诚挚情感。"一切为了孩子",从管理角度而言包含三层意思。第一,管理要建立在尊重幼儿、遵循幼儿身心发展规律的基础上。如管理幼儿的一日生活,不要只考虑成人工作的安排、设备使用的情况,应该更多地考虑幼儿的年龄特点。幼儿天性好动,注意力易分散,因此在安排幼儿一日生活时要动静结合,多采用游戏的方式组织活动。幼儿桌椅的选择要根据其身高,不能照搬小学生桌椅的尺寸及样式。第二,管理是为了促进幼儿园教育目标的实现,幼儿园的教育目标是对幼儿实施体、智、德、美诸方面全面发展的教育,是对幼儿综合素质的培养。为了提高幼儿素质,幼儿园管理要转变教师的观念,避免一味向幼儿灌输知识的做法。第三,幼儿园管理的关键在于抓好教育与服务,不能以赢利为目的。

3. 要遵循学前教育规律和管理规律,树立现代学前教育和现代管理观念

幼儿园管理者要拥有国际视野,具有开放、竞争意识;面向未来,敢于开拓、创新;面向现代化,树立现代教育和现代管理理念,实施素质教育,及时控制、纠正保教和管理中的错误倾向。

4. 要将方向性原则贯穿于整个幼儿园管理的各个方面和全过程

我国正处在社会主义初级阶段,学前教育要与之相适应。幼儿园的性质和任务,在培养人才的要求和各项工作的要求、标准等方面,都反映出社会主义性质和初级阶段的要求。要将方向性原则渗透到整个幼儿园管理之中。

二、保教为主的整体性原则

(一)保教为主的整体性原则的含义

《幼儿园工作规程》(1996 年)明确指出:"幼儿园是对三周岁以上学龄前幼儿实施保育和教育的机构,是基础教育的有机组成部分,是学校教育制度的基础阶段。"幼儿园的任务就是"实施保育和教育相结合的原则,对幼儿实施体、智、德、美诸方面全面发展的教育,促进其身心和谐成长。"保教为主的整体性原则是办园的指导思想,也是开展幼儿园管理活动的核心内容和要求。

幼儿园是一个系统,是由相互作用、相互依赖的多个部分结合而成的具有特

定功能的有机整体。保教工作处于整个系统的中心,管理上要从实现组织目标出发,全面规划,统一指挥,合理组合各个部门、各种因素、各个层次的力量,充分发挥整体效能,以达到最佳的管理成效。

保教结合是我国幼儿教育的一大特色,也是我国幼儿教育一贯坚持的原则。我国幼儿教育几乎没有像西方那样经历一个单纯重视保育的历史阶段,在兴起之初就是保教兼顾、以教为主。保教结合原则是根据幼儿的特点提出的,体现了幼儿阶段教育的特点和规律。幼儿教育坚持正确的教育观念,就要坚持保教结合的原则,并以之作为指导幼儿教育工作的根本原则。

(二)贯彻保教为主的整体性原则的要求

1. 树立全局观念,强化整体意识

幼儿园是社会系统的组成部分,其工作要服从并服务于国家的目标和利益。幼儿园本身也是一个相对独立的整体,有着自己的目标和利益,因而幼儿园各部门、各项工作都要服从和服务于本园的目标和利益。幼儿园一切工作要从全局出发,明确总体目标,强化整体意识,正确处理整体与局部利益、主要矛盾与次要矛盾、中心工作与其他工作、保教与管理等多种错综复杂的关系。

2. 幼儿园管理工作要以保教为主

在幼儿园各项工作中,保教工作是中心工作,也是完成教育任务的基本途径。

(1)幼儿园管理者要使幼儿园工作真正体现以保教为主的精神,就要做到既深入保教第一线,又跳出保教第一线。

首先是了解保教工作。幼儿园管理者对幼儿园保教工作的过去和现实情况,对教学基础、保育状况、进展程度,对教师的思想业务水平和实际保教能力,对幼儿的身心发展水平,对现有的保教设备条件和利用效率,要了然于胸。了解保教情况的方式很多,如召开座谈会和个别谈话、查阅教师保教工作的相关书面材料和幼儿的作业、听取汇报和有目的的调查研究等。其中,听课是幼儿园管理者了解保教工作的一种最具有现场直觉性的方式。通过听课幼儿园管理者不仅可以了解保教工作的实际情况,向教师学习,还能帮助教师提高保教业务水平,进行保教研究,也可以推广和传播优秀的保教工作经验。因此,经常出入保教活动场所,广泛接触师生,是有效领导和管理保教工作的前提。

其次是参加保教工作。管理者要想真正深入了解保教工作,就要亲自参与保教工作,尤其是需要亲自上课。幼儿园管理者上课既可以摸索保教工作规律,对他人提供指导,又可以体验教师的工作和生活,减少工作中的主观性,密切干

第二章 幼儿园管理原则和方法

群关系,开展思想政治工作。

再次是指导保教工作。指导保教工作是指幼儿园管理者在了解和参加保教工作的基础上,研究保教工作中的问题,以此来推进幼儿园保教工作的开展,不断提高保教质量。这就是"跳出保教第一线"的主要含意。指导保教工作是指把握保教工作的方向,发现倾向性的问题,确定研究课题,改革保教内容和方法。

幼儿园管理者了解保教工作要经常化,参加保教工作的形式要多样化,指导保教工作要有研究性和创造性。这是三个不同层次的活动,在深度和广度上有区别。

(2)建立保教工作指挥系统,组织保教工作全过程。在幼儿园保教指挥系统中,园长是总指挥,保教主任或园长助理是园长的参谋和助手,年级组长、班长和教师是执行者。这就构成了幼儿园保教工作指挥系统。

幼儿园管理者要通过一日活动,了解保教工作开展情况,具体落实工作计划,同时,关注倾向性问题,及时发现薄弱环节,总结经验。这就是人们常说的"经常抓"。此外,幼儿园要利用开学、期中、期末等重要时机,抓好幼儿园工作计划、教学检查、总结、评比和表彰等工作,这就是"集中抓"。幼儿园要把"经常抓"和"集中抓"结合起来,以重点带一般。

3. 树立保教结合的管理观念,落实保教结合的工作原则

苏霍姆林斯基认为,学校管理主要是教育思想的管理。教育思想的管理是管理工作的关键。作为幼儿园保教管理的主体,管理者的理念和管理水平直接决定幼儿园保教工作的质量。幼儿园管理者要引导教师在思想上充分认识保教结合的内涵,并且把保教结合的原则作为指导保教工作的根本原则。保教结合原则应该贯穿于幼儿园整个管理全过程,幼儿园管理者可以从以下几个方面去落实这一原则。

首先,要将保教结合理念渗透到全园的工作计划中。幼儿园管理者在制订全园工作计划时要充分体现保教结合原则,同时要引导教师在制订班级工作计划时,将保育工作与教育工作紧密结合起来,通过一日活动完成幼儿园的保教任务,实现幼儿园的保教目标。

其次,在具体工作安排、人员配备上要做到教中有保、保中有教,使二者紧密结合、相互渗透。幼儿园各班有保育员和教养员,保教结合的实施离不开班级的教养员和保育员。保育员和教养员的工作各有不同的侧重点,但这并不意味着保育员和教养员的工作是截然分开的,因为教养员和保育员面对的教育对象是一致的,因此两者的工作应该是同一的、密切协调的。因此,保教人员必须坚持保教结合、保教并重的原则,做到既有分工,又有合作,真正将保教结合落实到班

级工作中。

再次，要强化培训，提高幼儿园保教人员的综合素质。保教人员的素质直接影响着保教质量，幼儿园教师的主要服务对象是身心迅速发展的幼儿，教师职业实践的载体是师幼间的交往，师幼双方都具有能动性、主体性及个别性，所以，教师职业实践一直处于复杂多变、不可预测的情境中，这决定了幼儿园教师需要在实践中不断进行学习和研究，提升专业水平。因此，建立一支高素质的保教队伍是落实保教结合原则的保证。

保教人员的学习培训，既可以在园内以教研的方式进行，结合解决工作中的实际问题；也可以拓宽渠道，加强与高校、学前教育师资培训机构的联系，或与儿童医院、妇幼保健机构建立合作关系，采取定期的专题学习、不定期的短期培训等灵活多变的形式或现场指导、观摩、答疑等不拘一格的培训方式，力求通过培训，保育员的素质和保育质量同步提高。

最后，建立保教人员工作评价机制。对保教人员的评价要以促进幼儿身心健康发展和保教人员专业成长为目的。通过评价让保教人员真正感受到自身在幼儿成长、发展中的价值，并发现自身工作的不足，从而调动他们工作的主动性、积极性和创造性。每年对照保教工作目标进行自评和他评，并根据评价结果及时对目标规划加以修正、调整，使之更符合幼儿园的园情和发展方向。

4. 家园共育，巩固保教结合工作效果

幼儿园保教工作人员要与家长沟通，促进家园共育。保教人员要积极做好家访、家长座谈等工作，及时将幼儿在园的情况与家长进行沟通，争取家园配合，达成共识。保教人员还可以为家长开展专题讲座，指导家长做好幼儿心理和生理卫生保健工作，使幼儿园与家庭树立一致的教育目标。

5. 全面安排和协调幼儿园的各项工作

幼儿园管理者既要抓教师的保教工作，又要研究幼儿的学习；既要抓书本知识的学习，又要抓游戏和活动；既要抓户内，又要抓户外；既要抓园内，又要抓园外。所以，幼儿园工作既要以保教为主，又要防止"保教唯一"的倾向。在抓好保教工作的同时，幼儿园管理者还要抓好思想政治工作、体育卫生工作、安全保健工作和后勤工作，要处理好各个方面的关系。保教工作是和幼儿园其他工作联系在一起的，没有其他工作的支持和配合，保教工作也是搞不好的。幼儿园管理者要从幼儿园的全局考虑，以保教工作带动全局工作，最大限度地保持幼儿园工作的整体性。

三、民主性原则

（一）民主性原则的含义

民主性原则就是在幼儿园内部实行民主管理，这是由我国的国家性质所决定的。幼儿园的民主管理主要指教职工充分行使民主权利并参加幼儿园的管理活动。幼儿园管理者要充分发扬民主，调动全园教职员工的积极性和创造性，发动和组织大家参与幼儿园管理。

幼儿园的民主管理就是集中群众智慧来管理幼儿园；就是在幼儿园内部坚持社会主义民主，保障教职工参与管理幼儿园和监督幼儿园各级管理人员的权利；就是充分发挥全体教职工的工作积极性，使其真正成为幼儿园的主人。一个幼儿园，如果只靠少数几个管理者的积极性，而不能发挥全体教职工的积极性，就不可能有很高的管理效率。

（二）贯彻民主性原则的要求

1. 调动好领导班子集体的积极性

幼儿园领导班子成员之间应各有分工，各司其职，相互配合，形成合力，互相补台而不拆台，否则就有内耗。

2. 幼儿园管理者要有强烈的民主管理意识

幼儿园管理者要随时随地地虚心听取群众的意见，接受群众的监督，不搞一言堂，切忌家长制作风。幼儿园管理者发扬民主管理的形式和途径主要有以下几种。

（1）重要工作要通过会议决策落实，尊重多数人的意见。如研究日常行政工作，要开好行政会议；研究保教工作，要开好教研组长会议；讨论幼儿园的重大问题，要开好教工代表大会和园务委员会。通过召开会议来集思广益，尽可能减少工作中的失误。

（2）创造条件，让有特长的教师充分发挥自己的聪明才智。成立多种委员会，如课外活动指导委员会、教改实验委员会、伙食管理委员会、生活福利委员会等。发挥教职工的长处，调动他们的积极性，分担某些管理工作。

（3）采取多种形式，为教职工提供发表意见和建议的机会，多渠道地促使教职工参与管理。幼儿园管理是一项整体性的工作，管理不单是管理者的事，也是被管理者的事。任何层次的管理者都是群众的一员，离开了群众的帮助就会寸步难行。管理者和被管理者只是分工、职能的不同。现代管理理论认为，管理者的作用在于调动全体人员的积极性，谁的管理艺术高，谁就能最大限度地调动下属的积极性,最有效地开发和利用人力资源。管理者应该将管理看成全体人员的事情,要充分发扬民主作风,让大家献计献策。

充分发挥教代会、职代会、园务会、党政工团联席会的作用。教职工代表大会制度是幼儿园教职工参与幼儿园管理的基本制度。召开教代会是实施民主管理的一个行之有效的做法,它为教职工提供了一个发表意见、建议的场所和机会,使教职工能够切实地参与到幼儿园的重大事务中来。

3. 重视教师,关心教师,依靠教师

(1)正确认识和实际承认教师的崇高地位。教师在幼儿园保教活动中起着极其重要的作用,是育人的主力部队。教师不仅要精通自己所教的学科,还要有一定的组织和管理能力,有一定的教育科学素养。幼儿从入园开始,就从教师那里学习知识,学习观察世界、了解世界的方法,学习做人的道理,模仿教师的言行,把教师作为自己的学习榜样。

(2)深入研究、切实掌握并尊重教师劳动的特点。幼儿园教师的劳动是一种具有复杂性、创造性、示范性、个体性、协作性、间接性和周期性长等特点的劳动。

(3)不断创造和逐步改善教师工作、学习和生活的必要条件。幼儿园管理者要主动关心教师,要从教师的实际需要和困难入手,努力改善教师的生活、学习和工作条件。

4. 充分调动职工的积极性

幼儿园职工在工作中实现着"服务育人"的功能,他们为保教工作服务,为师生服务,理应得到尊重和重视。他们的工作内容多而杂,既要在工作中加强教育性,直接育人,又要通过多种形式的服务,保证育人任务的实现。他们是幼儿园的"无名英雄"。幼儿园管理者要支持、理解、尊重教职工的工作和劳动,也要教育幼儿尊重职工的劳动。

四、管理育人原则

(一)管理育人原则的含义

管理育人原则是指幼儿园管理工作中涉及的各类人员、各个环节、各项工作、各种政策和设施都要渗透教育因素,对被管理者起到教育作用,使整个幼儿园管理过程成为教育幼儿园全体教职工和幼儿的过程。

幼儿园管理具有两种作用:一是通过多种管理制度,约束和限制幼儿园全体教职工和幼儿偏离教育目的和管理目标的行为;另一方面是协调各方面的关系,调动全体保教人员的积极性,发挥其创造性。

(二)贯彻管理育人原则的要求

1.幼儿园管理的政策、措施和方法都要具有教育性

幼儿园管理的目的是为了实现学前教育目标,这就要求幼儿园管理符合学前教育规律,适合幼儿身心发展的特点。幼儿园管理的一切政策、措施、方法和活动,都要以幼儿的保教工作为中心,以"育人"为先。

2.贯彻以人为中心的原则

人是管理的中心,人是管理系统中最积极、最活跃、最富有弹性的因素。幼儿园管理原则的制订、组织系统的形成、管理过程的控制、管理计划的实施都离不开人。没有人,幼儿园管理活动将无从谈起;没有掌握科学管理方法的人,提高其工作效率就是一句空话;没有人的积极性和主动性的发挥,管理计划也是一纸空文。所以说,做好人的工作是管理的根本,如何调动人的积极性是管理的核心问题。

3.言传身教是幼儿园管理教育性的基本要求

幼儿园管理者要通过自己的品德修养、行为作风等为教职工和幼儿做好榜样。不仅如此,幼儿园所有教职工还要时时刻刻注意自己的言行,要为幼儿作正面的示范,起到表率作用。

4.高度重视幼儿园文化建设

幼儿园文化是幼儿园全体教职工和幼儿在学习、工作和生活的过程中共同形成的价值观、工作态度和作风、学习态度、行为准则等。幼儿园文化主要是通过幼儿园的历史、幼儿园的标志、幼儿园建筑、办园思想、管理理念、管理制度、教职工的工作态度、行为方式、幼儿园的活动和仪式、师生关系、幼儿园绿化等方面体现出来。幼儿园文化建设要重视幼儿园物质文化、制度文化和精神文明建设三个方面工作。

(1)高度重视幼儿园物质文化建设。幼儿园物质文化包括幼儿园建筑、设施、设备、幼儿园标志、绿化及相应环境等物质要素环境。幼儿园物质文化是幼儿园保教活动的物质基础,是显性的幼儿园文化,是幼儿园文化的外在形式。幼儿园管理者要做好幼儿园总体规划,创造一个良好的环境,把幼儿园的大小空间巧妙结合起来,使幼儿园室内外互相渗透,共同构成富于变化的庭院空间。幼儿园要有自己的园服、园徽、园报和雕塑等,这不仅能体现幼儿园的文化,还能激发教职工和幼儿的集体荣誉感、责任感和归属感。

幼儿园要重视绿化、美化和净化,努力把幼儿园创造成幼儿的"花园"和"乐园"。

要重视幼儿园的装饰和布置。幼儿园的装饰要有较高的文化品位,要富有

教育意义,同时还应能适应幼儿的心理特点。正如苏霍姆林斯基所强调的,要让每一面墙壁都说话。通常做法是悬挂名人名言、名人和科学家的照片、幼儿的作品、自然风光图片等。

我们不仅要搞好幼儿园的环境卫生,保持幼儿园的整洁,还要培养幼儿维护公共卫生、保持整洁的好习惯。良好的幼儿园环境的基本标志是:教室无纸屑,地面无痰迹、墙壁无污染、课桌无笔迹、厕所无臭味、花木无折损。良好的环境不仅有利于教职工和幼儿的身心健康,还能体现幼儿园集体的精神风貌,并对教职工和幼儿起到潜移默化的教育作用。

(2)建设良好的幼儿园制度文化和精神文化。制度是幼儿园文化建设的抓手,要发挥制度在幼儿园文化建设中的教育功能,必须加强幼儿园规章制度建设,使制度建设和执行的过程成为教育广大教职工和幼儿的过程。同时,要通过合理设置幼儿园组织机构,发挥其组织保证作用。

幼儿园文化包括幼儿园的办园理念、价值观、园风、教风、学风、人际关系等。其中,园风是幼儿园在发展过程中,由特定的文化演变而成的特有的文化品格。它是幼儿园全体成员在拥有共同目标的基础上,经过长期努力所形成的一种行为风气。园风的形成既是教育的结果,也是教育的力量。它具有激励、陶冶道德情操、激发求知欲、深化审美认识和维护心理健康的作用。园风形成以后,能引起幼儿园全体成员思想上和情感上的共鸣,主动使自己的行为与园风相和谐,自觉抵制和改变那些不符合幼儿园规范的言行,使幼儿园良好的风气得以继续保持和发展,从而达到真正的育人目的。

幼儿园人际关系会直接影响教职工和幼儿的心理状态,进而是影响到幼儿园秩序,它是一种不可忽视的教育力量,幼儿园要发挥它的积极作用。

充分发挥各类典礼和文化活动在幼儿园文化建设中的作用。幼儿园常见的文化活动有文化学术活动、文体活动、社会实践活动等。幼儿园常见的典礼活动有幼儿园开学典礼、毕业典礼及其他仪式等。

五、社会协调性原则

(一)社会协调性原则的含义

社会协调性原则是指在幼儿园管理工作中,要通过内外协调,正确处理幼儿园与社会的关系,以不断提高教育质量,增强幼儿园、家庭、社会教育作用的一致性。

幼儿园是社会的一个基本单位,它要同社会方方面面打交道,与之发生多种联系。因此,幼儿园的管理不仅是对内部事务的管理,还包括对外部事务的管理。

幼儿园外部事务的管理,实际上就是幼儿园的公共关系管理。这种公共关系错综复杂,多种因素交织在一起。纵向来看,它包括同上级教育主管部门、行政领导部门的联系,以及同这些部门进行的信息交流;横向来看,它包括同所在社区、相关单位、教育机构、家长的联系等。

幼儿园的建立和发展是社会的需要,其人力、财力和物力都是由社会提供的,幼儿园的全体成员生活在社会中,接受社会的影响,并对社会发生作用;幼儿园培养的学生要向社会输送,服务社会。总之,幼儿园管理活动是在同社会多个方面的交往中进行的,幼儿园管理者不能回避或摆脱和社会的联系,相反,要认识它、利用它,来提高管理的效率。

(二)贯彻社会协调性原则的要求

1. 正确认识幼儿园与环境的关系,树立面向社会的办园思想

现代管理学不是孤立地研究管理现象,而是注重把管理置于一定的环境和社会文化背景之中,考察其间的相互制约、联系与影响,强调组织的效率取决于组织与环境的适应性。幼儿园管理者要注意分析园、所内外的动态和矛盾,主动了解社会环境的变化,有意识地自我调控,与环境保持平衡。

学前教育要为社会主义建设服务,这是我国教育方针的要求,是幼儿园的社会功能。要实现这一目标,不仅需要全园教职工的努力,还必须调动和协调社会多方面因素,开放办园。幼儿园管理者要关注社会政治、经济、文化的发展状况,了解改革的趋势,要对所在社区政治、经济、文化的发展以及社区居民对教育需求的变化做认真的分析研究,并结合园、所实际,确定正确的办园思想。

2. 增强联系,搞好协调,实现双向互动

幼儿园要充分认识并处理好园、所内部与外部的各种关系。对内要处理好各部门各类人员及各项工作之间的关系,使管理有秩序地进行,搞好育人工作,不断提高保教质量。

同时,要注重对外联系,搞好社会协调,处理好幼儿园与方方面面的关系。内外协调是园内外双方的事,但幼儿园要主动。一是要利用一切机会向社会宣传和展示幼儿园的特色和特点,树立幼儿园的形象,引起、激发社会和家长的认同感,实现幼儿园教育资源与社会共享。二是要主动向上级行政部门汇报情况、反映问题,提供信息并争取其支持。三是要注重建立良好的公共关系,理顺幼儿园同外部社会的关系,密切幼儿园与家长和社会的联系和沟通,为家长和家庭教育提供帮助、指导,更好地发挥家长和家庭教育的作用,实现配合一致的教育,同时接受社会的监督,变封闭式管理为开放式管理,促进幼儿园管理的科学化,为办好幼儿园创造一个良好的社会环境。四是要多与同行及相关研究单位交流、研讨,相互学习、支持。五是要结合所在地的自然地理环境、文化经济条件、社会

风俗、生活方式等特点,发挥地方优势,组织有利因素,避免消极因素,为幼儿园发展争取较好的社会环境。

3. 立足本职工作实际,自觉参加社会服务活动,回报社会

学前教育管理者在依靠社会力量办好幼儿园、搞好教育的同时,还要自觉参加社会服务活动,发挥幼儿园在社区精神文明阵地影响的辐射作用,促进社区文明、健康、协调地发展。

六、效益原则

(一)效益原则的含义

幼儿园工作的效益包括社会效益和经济效益。幼儿园管理的效益原则就是要求幼儿园管理者在幼儿园管理中,能合理、有效地利用人、财、物、时间等资源,以最小的消耗,高质量、高效率地完成幼儿园的保教任务,从而取得最经济、最有效的成果。

(二)贯彻效益原则的要求

1. 坚持社会效益优先原则

幼儿园管理的效益原则应该从社会效益的角度来衡量。判断一所幼儿园效益的高低,不是根据其创造经济效益的多少,而是根据其培养的人才的数量和质量。幼儿园管理要把经济效益和育人质量统一起来,并把社会效益置于优先的位置。

2. 合理配置资源

管理的手段是合理配置人、财、物、时间、空间、信息等资源。因此,幼儿园管理中存在着如何合理配置资源的问题。人浮于事、效率低下等现象的产生,主要原因之一是资源配置不合理。比如有些幼儿园班级教师的配备采用了自由组合的方式,结果一些能力较强的教师集中到几个班,而一些能力较差的教师,由于无人愿意与他们组合,只好组合在一起,出现了强强结合、弱弱相凑的局面。一般而言,资源常常处在无序的状态,只有通过合理配置,才能使其相互补充,发挥较大的效能。

合理配置资源要遵循下列原则:一要遵循资源要素优势互补和合理利用的原则;二要遵循投入、产出的市场经济原则;三要遵循适度原则,配置资源要从实际出发,坚持量力而行;四要遵循动态管理的原则,面向发展。

(1)人力的合理使用。有效的管理者不仅要发挥下级的长处,还要发挥自己的长处和了解上司的长处。所以,管理者要发挥主观能动性,知人善用,人尽其

才,才尽其用。

管理者要重视自己的贡献。贡献包括三个主要方面的绩效,即直接的成果、价值的实现、未来的发展。同时,职务有了改变,贡献的成果也一定要改变。管理者失败的常见原因之一就是管理者没有因新职位的需要而改变。着眼于贡献,就是着眼于有效性。

(2)财力的合理使用。经费的使用要讲求经济效益,管理者要树立为教学服务的意识,有限的财力要优先满足保教工作的需要。

(3)物力的合理使用。以满足保教需要为中心,加强物资管理,提高设备的利用率,物尽其用。加强保护、维修,防止损坏和丢失。

(4)时间的合理使用。要有计划,珍惜时间,提高单位时间的工作、学习效率。杜拉克在《有效的管理者》一书中提出,管理者的有效性的五要素之一就是认识自己的时间。有效的管理不是从任务开始,而是从掌握时间开始。时间是特殊的、稀有的资源。管理者要珍惜时间,管好时间,善于运用时间。杜拉克提出了寻找"可自由运用的时间"的三个步骤:第一,记录自己的工作时间,了解时间是怎样消耗的,看看哪些事情多花了时间,哪些事情可交给别人处理却由自己包揽了,哪些事情应由自己处理却没有时间去做。第二,找出浪费时间的原因,如人员过多,力量互相抵消;组织不健全;会议过多等。第三,把零碎时间集中起来加以使用。

同时,要考虑有效的工作次序。管理者要做的事情很多,而时间有限,不可能将许多工作在同一时间内完成。这就必须根据事情的轻重缓急,决定工作进行的先后次序。

3.勤俭办园,开源节流

勤俭办园是党和国家一贯倡导的办园指导思想。

开源就是通过合乎政策规定的途径,广开财路,增加幼儿园教育经费,改善办园条件和教职工待遇,稳定幼儿园师资队伍,提高保教质量。节流是把钱花在刀刃上,保证保教这一中心工作任务的实现。幼儿园管理者在园、所中要进行勤俭办园的教育,做好"节流"工作,并使之成为大家的自觉行动。

4.其他事宜

第一,经过周密研究、确实看准了的事情,就要雷厉风行地去办,切忌拖拉。第二,自己不懂或者没有看准的事情,就要进行集体讨论,以免造成失误。第三,贯彻执行政策中遇到新情况、新问题时,要及时研究,提出解决办法。第四,事关全局的重大措施在落实前,要及时向上级请示。第五,实行分级管理,各级干各级的事。领导者有检查督促下级工作的责任,但不要随便干预下一层次的工作,不能超越层次任意发号施令。

七、安全至上原则

安全至上原则是指幼儿园管理者一定要牢固树立安全第一的观念,自始至终把幼儿的安全放在重中之重的位置,确保幼儿在幼儿园的人身和心理安全。幼儿由于年龄小,缺乏安全方面的知识和经验,自我保护、自我管理、自我约束能力很差,再加上现代社会中不安全的因素和隐患也很多,所以,幼儿园要特别注意幼儿的安全,做好以下几个方面的工作。

(一)消除不安全因素的隐患,经常检查和及时维修幼儿园的房屋设施

购买物品和食品时要将安全、卫生和营养等因素放在首位考虑。有的幼儿园购买的伪劣玩具伤害了幼儿;有的幼儿园在建设时,房屋的楼梯、地面、墙面的设计都没有考虑到幼儿的特点,为幼儿的安全埋下隐患;有的幼儿园购买过期食品,造成幼儿食物中毒。这些事件都违背了安全至上原则,在幼儿园管理中应全力杜绝。

(二)加强安全教育,提高幼儿的自我保护意识和能力

防范包括消极的防范和积极的防范。消极的防范只是保护幼儿安全的一个方面,幼儿园管理者要高度重视积极的防范,即对幼儿进行安全教育,以幼儿能理解的语言告诉幼儿什么能做,什么不能做,为什么不能做以及做了会产生的后果。通过安全教育,树立幼儿的安全意识,增强幼儿积极防范危险的能力,教会幼儿保护自己,提高幼儿主动适应社会的能力。目前,教师更多注意保护幼儿的安全,较少对幼儿进行安全教育,所以要增强教师关注幼儿安全的意识。

(三)关注幼儿心理安全,提高幼儿的心理安全感

幼儿的人身安全固然重要,幼儿的心理安全更为重要。幼儿刚入园时,会因为对环境和教师的陌生,对幼儿园生活和学习的不适应等,出现情绪不稳定,甚至大哭大闹的情况,有的幼儿入园很长时间了,仍然不愿意去幼儿园,出现"幼儿园恐惧症"。这反映了幼儿在幼儿园内没有或者缺少安全感,幼儿没有改变对家人的依恋心理。要想改变这种情况,就要转变教师观念,加强师德教育,使教师能更多地关爱幼儿,在保教过程中充满爱心和耐心,关注个别适应不良的幼儿,因材施教,加强心理疏导,稳定其情绪,使幼儿尽快融入集体生活和学习中。

以上七条基本的管理原则相互之间紧密联系、相互制约,是不可分割的整体,共同作用于幼儿园管理过程中。幼儿园管理者在管理实践中,要加深对这七条原则基本精神的理解和运用,以取得良好的工作效果。

第三节　幼儿园管理的基本方法

一、幼儿园管理的行政方法

（一）行政方法的含义与特性

1. 什么是幼儿园管理的行政方法

幼儿园管理的行政方法是幼儿园管理者依靠各级组织机构和自身的权力，运用命令、规定、指示等行政手段，以权威和服从为前提，按照行政方式直接对幼儿园教职工和幼儿产生影响作用的管理手段。

行政方法是幼儿园管理工作中常用的方法，也是管理幼儿园不可缺少的一种方法，它是统一行动、提高管理效率的一种常用方法，其实质是通过职务和职位进行管理。它强调的是职责、职权、职位，而不是学识、能力和品德。幼儿园要建立若干行政机构（职能部门）来进行管理，它们之间有严格的职责、权力界限，上级指挥下级，下级服从上级。

2. 行政方法的特性

（1）权威性。行政方法是否有效，是否能得到师生的拥护，取决于行政负责人的权威。管理者权威越高，他们所发出的指令的被接受率就越高；反之，行政方法就失去应有的效用。

（2）强制性。强制性是伴随权威性而产生的一种特性，表示被管理者对管理者的命令必须服从。幼儿园管理的行政方法正是通过这种强制性来达到指挥与控制幼儿园管理活动过程的目的的。幼儿园管理中行政命令包括应该做什么、不该做什么。它强调纪律，保证管理者的指示、决定能得以贯彻执行，不允许有对抗行为。在幼儿园管理中，行政方法的强制性表现在要求幼儿园成员在对待学前教育工作的思想、行动、纪律方面有一种原则的统一。在具体做法上允许甚至鼓励管理对象有一定的灵活性和创造性。

（3）垂直性。行政方法是通过行政组织系统、行政层次来实施管理活动的，它基本上属于纵向垂直管理。行政命令的发布一般都是自上而下，通过纵向直线下达的。下级组织和领导人只接受一个上级的领导和指挥，上级领导下级，下级服从上级。

（二）行政方法的优点和缺点

1.行政方法的优点

第一，集中统一。使用行政方法需依靠行政机构的权力进行强有力的组织、指挥和协调，通过行政层次和行政手段进行强力控制，能有效地发挥管理职能的作用，使幼儿园管理者对全园工作能够集中统一地指挥，使决策和计划得到落实，从而提高工作效率。第二，针对性强。行政方法总是针对幼儿园管理中出现的具体问题，通过发布有针对性的行政命令来体现管理意图的。它能灵活、有效、及时地解决幼儿园管理中出现的问题。

2.行政方法的缺点

第一，不利于被管理者发挥创造性。被管理者处于被动接受上级命令的地位，工作缺乏主动性，难以发挥创造性。第二，工作效果取决于管理者的个人素质。管理者对行政方法运用的好坏在很大程度上取决于管理者水平的高低，而且与管理者的个性特点紧密相关，因而具有很大的随意性。第三，容易将复杂问题简单化，造成工作失误。第四，上下级之间的信息传达和反馈容易失真。

（三）行政方法在幼儿园管理中的正确运用

实践证明，行政方法和其他管理方法一样，也有其局限性，运用不当，效果就差。因此，幼儿园管理者不仅要认识到它的特点、作用，还要注意正确使用。

1.重视提高幼儿园管理者自身的权威

幼儿园管理者之所以能有效地发挥其管理职能，是因为他们具有权威的影响力。提高领导的权威，是运用行政方法进行管理的前提，也是提高行政方法有效性的基础。权威的影响力来自两个方面：一方面是权力性影响力，另一方面是非权力性影响力。幼儿园管理者单纯地依赖于自身的职位和上级的授权产生的影响力，至多只能使师生员工产生畏惧性的服从；如果幼儿园管理者因其自身的某种专业特长、能力或品格而产生非权力性影响力就会使师生员工产生发自内心的信赖和敬重性的服从。幼儿园管理者不仅要依靠职位带来的权力强化权威，还要努力以自己优良的品质、卓越的才能去增强管理权威。由此可见，运用行政方法的效果和幼儿园管理者个人的条件相联系，非权力性影响力越大，效果就会越显著。所以，幼儿园管理者要不断提高自身的素质，增强其非权力性影响力。只有权力性影响力的管理者，很可能会产生独断专行、家长式的工作作风。

一个管理者有权威的标志主要有四点：一是工作上有很强的号召力。二是对人有一种吸引力。三是对下级有影响力。四是在单位能形成一种向心力。

管理者提高指挥权威，一要公正廉明，"公生明，廉生威"；二要对下属信任、爱护,管理者要淡化权力意识,为下属创造发展的条件,平等待人,诚恳待人;三要原则性强,坚持真理;四要宽容豁达,管理者要严于律己,宽以待人,胸怀开阔,遇事豁达。

2. 健全幼儿园内部组织系统

幼儿园内部组织系统的上下层之间,有明确的制约关系;各级组织有明确的分工和授权。没有分工,就没有责任制。从一个部门来说,要将整个工作分解成若干个部分,然后分给每个工作人员,做到事事有人管。但是,分工不是分家,分工必须协作。只有分工,没有协作,不可能取得整体效益。幼儿园管理者的任务是在分工的基础上组织有效的协作。

如果在管理跨度方面,有明确又适当的直接指挥的下属人员数量限定,在横向组织机构的关系上,有明确和协调的信息沟通渠道,那就既能保证行政命令产生有令则行、有禁则止的效用,又能发挥各级组织机构及其成员的积极性,从而避免行政方法的某些局限。

幼儿园管理行政方法的运用,应该按照幼儿园内部组织系统的管理隶属关系,坚持纵向的自上而下,切忌横向传达指令。

3. 遵循行政方法的要求,充分了解下情,尊重民意

幼儿园管理者在发布行政命令时,不能以个人的意志为依据,应避免主观主义的毛病和片面、武断的作风。首先,管理者要正确认识并合理使用被赋予的权力,利用它为幼儿园管理服务,不能把它当作个人特权而滥用。其次,建立健全幼儿园内部组织体系,建立一套符合幼儿园实情的规章制度,使之对师生员工和幼儿园管理者都有一定的约束力。再次,发挥党组织和被管理者的监督作用,并提高各级组织机构及其成员参与幼儿园管理的积极性,克服行政方法的局限性。

二、幼儿园管理中的经济方法

(一)经济方法的含义与特点

1. 经济方法的含义

幼儿园管理的经济方法是指幼儿园管理者按照物质利益原则,通过工资、奖金、津贴、罚款等物质刺激途径,对管理对象施加影响的方法。其实质是围绕物质利益,运用多种经济手段正确处理单位和个人之间的经济关系,最大限度地调动幼儿园各部门、各成员的积极性、主动性、创造性和责任感,促进幼儿园不断发展。

2. 经济方法的特点

经济方法是产生于经济组织和经济领域的管理活动方式,它具有利益性、关

联性、灵活性、平等性等特点,把它用到幼儿园管理活动中,表现为以下互相联系的特点。

(1)利益性。这是经济方法具有的特性,也是经济方法发生作用的前提。运用经济方法,就是承认个人物质利益是客观存在的,而且幼儿园工作中有经济性的活动内容。影响教职工的工作积极性高低的因素有两个,一是工作态度、使命感和理想抱负的水平,二是个人在物质方面的切身利益。因此,幼儿园管理者把教职工的工作状况和其个人的物质利益结合起来,能有效地促进管理活动的顺利开展,提高管理工作效率。

(2)多样性。人人都有物质需要,但人的需要是复杂的,幼儿园教职工在物质方面追求的水平、程度、内容、性质有较大的差异,所以,经济方法中物质刺激的方式应该多样。工资、津贴、奖金以及其他物质性的奖励和优惠待遇是一类,罚款等方式是另一类。不同的方式具有不同的作用,对不同的管理对象也应选用不同的方式。只有将物质刺激的多样性和灵活性相结合,才能保证经济方法在幼儿园管理中不断有效地发挥重要作用。

(3)辅助性。幼儿园是以育人为目的的教育场所,因此,它的活动状况、工作质量难以精确地、完全地用衡量物质生产的办法来量化。幼儿园保教工作的水平不能按其取得经济收益的多少来衡量,也不能按培养幼儿的多少或教育时间来简单地计算。所以,经济方法在幼儿园管理的运用中有局限性,尽管它是一种独立的管理手段,但只有和其他管理手段结合起来使用时,才有好的效果。经济方法做的一种辅助性质的管理手段,既不能忽视它的作用,也不能夸大其效能,更不能在幼儿园管理中滥用。

(4)平等性。使用经济方法的依据是每个教职工的工作成绩,要做到奖罚分明,人人平等。

(二)经济方法的优点和缺点

1. 经济方法的优点

第一,能将个人利益和集体利益有机结合起来,鼓励先进,激励后进,提高教职工的工作积极性,从而提高工作效率;第二,容易操作,见效比较快。

2. 经济方法的缺点

经济方法也有不足。第一,它的作用难以持久,只能满足人们一时的物质需要,不能满足人们的精神和社会需要,所以它必须和其他方法结合起来加以运用;第二,容易导致被管理者一味追求物质利益而忽视思想的提高,追求个人或小集团的利益而忽视甚至损害集体和社会的利益。

（三）经济方法在幼儿园管理中的正确运用

作用是方法本身的属性，但只有正确有效地运用方法才能充分发挥其作用。同样，只有在幼儿园管理中正确使用经济方法，才能充分发挥其作用。

1.反对和克服物质利益分配中的平均主义倾向

运用幼儿园管理经济方法，就是要在普遍提高教职工工资的同时，根据教职工的工作数量和质量状况分配他们的经济收入，适度拉开差距。在实际操作中，要注意教职工的心理承受力。如果收入差距过大，超越了绝大多数人的心理承受力，就会适得其反，产生副作用。

经济方法的使用必须把教师集体及个人的物质利益与其工作成果相联系，实行多劳多得的分配原则。其目的，在于克服物质利益分配中的平均主义倾向，调动教职工的工作积极性，提高工作效率和效益。

2.坚持按劳分配原则，完善工作责任制，认真考核

教职工物质利益分配中的差距不是人为划分的，更不能按幼儿园管理者个人的好恶为标准去确定。科学的标准是"劳"，差距就是"劳"的量的多少和质的优劣。也就是说劳动成绩多而好的人，他们的收入就相应地高于劳动少而差的人，即多劳多得、少劳少得不劳不得。要做到这一点，必须按照教职工的工作数量和质量，制订一套评定教职工工作状况的公平合理、切实可行的考核办法。给全体教职工提供"多劳多得、优劳多得"的平等竞争平台。

幼儿园管理者制订工作责任制、考核标准和考核办法时，要从幼儿园实际出发，在教职工积极参与下确定，力求科学、客观、公正并具有公开性，争取被大家理解和接受，为其最终的实施奠定群众基础。

在此基础上，要认真考核。考核是实行责任制最重要的一个环节。评定正确，才能调动教职工的工作积极性；评定不当，就会挫伤教职工的工作积极性，甚至造成对立情绪，影响团结。在考核方法上要做到领导与群众相结合，个人与集体相结合，平时考查与定期考评相结合，力求用数据说明问题。对教职工的考核结果应载入业务档案，作为评定职称与晋级的依据。

3.幼儿园要具有和正确使用相应的办园自主权

经济方法运用的前提是幼儿园享有办园自主权，上级教育行政部门要赋予幼儿园相应的办园自主权，尤其是人事权、财权等管理权。只有在幼儿园成为基本的办园实体和具有独立的法人地位的情况下，幼儿园管理者才可能在职权范围内运用经济方法。他们一旦有权处理和决定教职工物质利益的分配事宜，经济方法的实际威力就会增强。

幼儿园不仅要享有相应的办园自主权，还要正确地行使办园自主权。幼儿

园管理者在物质利益的分配方面,要有公正无私的态度,否则经济方法就会成为一种挫伤教职工积极性和产生离心倾向的手段。

4. 注意经济方法和教育方法等方法的有机结合

人不仅有物质需求,还有精神和社会需要,现代社会生产力迅速发展的条件下,物质利益对人的刺激作用将逐步减弱,人们更需要接受教育,以提高知识水平和思想修养。如果单纯运用经济方法,就会导致只讲报酬、不愿奉献的不良思想倾向,容易助长本位主义、个人主义等不良思想。当然,这种只顾个人不顾组织、只顾局部利益不顾整体利益的倾向不能被简单地认为是和经济方法有必然的、普遍的联系,更不能因此否定经济方法的作用。但是,如果幼儿园管理者无视这种现象和倾向,在运用经济方法时不加强幼儿园总体目标的教育,不提倡互助合作精神,就会助长经济方法消极作用的滋生和蔓延。所以,幼儿园管理者要重视思想政治教育,将经济方法和其他方法有机结合起来,发挥不同方法的整体功能。

三、幼儿园管理中的教育方法

(一)教育方法的含义与特点

1. 教育方法的含义

教育方法又叫思想教育方法,它是幼儿园管理者凭借真理和科学的力量,对幼儿园成员的思想认识、情感和行动产生影响作用的管理手段。这种管理方法有着悠久的历史,在幼儿园管理中,对幼儿园各类成员和各项工作具有广泛影响,是一种行之有效的管理手段。

教育的方法是多种多样的,如说服教育(报告、谈话、讨论、组织阅读文件、实地参观、调查访问等)、榜样示范法、实践锻炼法、情感陶冶法、评比表扬法、品德评价法等。教育方法要坚持正面教育,要坚持以理服人,要尊重管理对象的人格,要健全"疏导"系统。

2. 教育方法的特点

(1)启发性。教育方法是通过转变或提高人的思想认识来影响人的行为,启发人们的行为自觉地指向组织目标,它解决的是人们的工作动力的问题。教育方法在幼儿园管理中的运用主要是使幼儿园成员懂得为什么应该做这件事,从而作出做什么和怎样做的正确抉择。这是幼儿园成员经过幼儿园管理者的思想教育之后,提高了认识,经过思考后产生的一种服从真理和科学的意志行动,而不是屈从于外界行政或经济的强制力的结果。教育方法的效果,取决于幼儿园管理者的宣传教育工作开展的好坏。

(2)长期性。教育方法的效果不是立竿见影的,需要在长时间做大量的工作之后才能显现。人们对真理、科学的接受,正确的世界观、人生观的形成或接受要经过一定的时间。同样解决人的思想问题不是一蹴而就的,是一个长期的过程,其间还会出现认识上的反复和情感上的波动,这是教育方法的一个突出的特性。但是,人一旦接受了真理、科学,其对人的影响也是长久的。所以,幼儿园管理者在运用教育方法进行管理时,一定要树立打持久战的思想,坚持不懈地工作,追求长期效果。因此,幼儿园管理者在使用教育方法进行管理的时候,不仅不能有操之过急的情绪,还应允许幼儿园成员在一定时期保留各自的观点。

(3)广泛性。教育方法的运用无论从时间上、空间上还是对象上都具有广泛性,它可以运用于幼儿园管理中的各个方面,既可以定时定点地针对某一方面的工作进行,也可以随时随地运用于不同的工作;既可以作用于幼儿园管理者、教职工、幼儿,也可以作用于幼儿园的办园方向,调动全体成员的积极性,形成良好的园风;既可以作用于自我教育,也可以作用于相互教育,它渗透于幼儿园活动的一切方面,影响各部门工作的开展。

(二)教育方法的优点和缺点

1. 教育方法的优点

第一,作用持久,教育方法能产生长期效应;第二,适用性强,教育方法在时间和空间上都具有广泛性,可以随时随地应用于管理活动之中。

2. 教育方法的缺点

第一,见效比较慢,需要经过长期的工作才能产生效果;第二,工作效果的好坏取决于管理者个人素质的高低,特别是沟通能力的强弱。

(三)教育方法在幼儿园管理中的正确运用

教育方法是一种符合幼儿园特点的、有效的管理手段,然而它也不是万能的。教育方法本身,无论从目标、内容、方式上,都有提高其科学性的必要。所以,幼儿园管理者要在了解和研究幼儿园成员思想和行为的基础上,选用合适的教育手段,合理性地运用教育方法。

1. 教育方法要贯穿于整个幼儿园管理过程之中

幼儿园管理中运用教育方法时采用的教育手段是多种多样的,有说服教育、情感陶冶、实际锻炼和试验、实践活动、榜样示范和评比表扬等,它们各自有独特的作用。这些教育方法的手段要渗透在业务活动和管理活动之中,贯穿于工作、学习、生活等活动过程的始终。

教育手段形式要灵活多样,注意理论联系实际,加强针对性,避免形式主义和空洞说教,要结合时代特点,创造新方法,总结新经验。

管理者要以平和的态度和被管理者进行平等的交流,要尊重人、理解人,以理服人,避免盛气凌人地训导和说教。

2. 管理者要言传身教、以身作则

榜样的力量是无穷的,尤其是管理者本身成为榜样,更是有其他榜样所起不到的作用。身教重于言教,管理者的个人素质、人格魅力及示范行为,是运用这一方法的必要条件。

要提高职工的积极性,管理者要起表率作用,自身要有强烈的事业心和责任感,满腔热情,踏实苦干。幼儿园管理者的积极性不仅能推进自己的管理工作,还能产生一种氛围,形成一种无形的影响力,推动整个组织及其成员奋发向上,顽强进取。

3. 要将精神鼓励和物质鼓励有机结合,做到既有科学性,又有针对性

人的需要是多方面的、多层次的,既有物质的需求,又有精神的需要,只不过不同的人在不同时间、不同场合,表现不同而已。因此,幼儿园管理者要调动教职工的积极性,必须正确认识他们需要的多样性,既合理满足教职工的物质需求,又满足其精神需要。此外,通过思想动员、个别谈心,引导教职工树立远大理想和增强事业心,也能使其产生精神动力。实践证明,在幼儿园管理工作中,把经济方法和教育方法结合起来使用,效果明显。

4. 教育方法和行政方法要相辅相成

教育方法的核心对象是教职工。对于教职工的思想认识问题、教育改革中的理论和实际问题、教学中的学术问题等,幼儿园管理者决不能简单地用行政方法去处理,只能采取讨论、说理的方法,才能真正解决问题。

然而,只有说服教育,而没有任何行政措施,学前教育工作也难做好。我们不能因为教职工的意见不完全一致,就不进行教育改革,也不能由于少数人对工作目标或工作计划持保留态度,就迟迟不作决策,以致贻误时机,影响幼儿园工作的正常开展。说服教育和行政措施不是对立的,而是相互统一、相互弥补、相辅相成的,两者在管理过程中应合理地结合使用,以增强管理方法的整体绩效。

四、幼儿园管理的法律方法

(一)法律方法的含义与特点

1. 法律方法的含义

法律方法就是指依照国家有关教育的法律、法规、条例及幼儿园制订的规章制度等来管理幼儿园的手段。它给幼儿园师生员工规定了具有约束力的行为规范。

已经公布的与教育直接有关的法律、法规、规章、规范性文件有:《中华人民共和国教育法》《中华人民共和国义务教育法》《中华人民共和国教师法》《中华人民共和国母婴保健法》《中华人民共和国未成年人保护法》《幼儿园工作规程》(1996年)《幼儿园管理条例》《教师资格条例》《社会力量办学条例》以及《全国幼儿园园长任职条件和岗位要求》(试行)等,它们是管理幼儿园的重要依据。幼儿园据此制订的各项规章制度也是管理幼儿园的重要手段。

法律方法有双重含义:一是依法办园,严格执行教育法律、法规,全面贯彻教育方针;二是依照法律,维护幼儿园的合法权益。对于第一点大家都比较熟悉,而对于第二点,却有不少人忽视或没有认识到。因此,幼儿园管理者要认真学习、宣传和幼儿园保教有关的法律条文,使每一个教育管理者明确自己的权利,学会运用法律手段来保护幼儿园和师生员工的合法权益。

2. 法律方法的特点

(1)权威性。各级行政机关、社会组织乃至每个公民,在法律面前都是平等的。如果不遵纪守法,就要受到法律的制裁。

(2)规范性。法律、是社会组织和个人行动的统一准则,对他们具有同等的约束力。法律、法规用极其严格的语言准确地表述一定的含义,并且只允许对它作出一种意义的解释。

(3)强制性。它比行政方法的强制性程度高。国家的法律是由国家立法机关制定、依靠国家强制力实施的,因而具有强制性。与幼儿园相关的法律是由最高决策机构制定的,要求所有成员都必须遵守。各项法律的实施,都得到国家强制力量的保证。不允许任何组织和个人对法律的执行进行阻挠和抵抗。

(4)稳定性。法律的制定是严格按照法律规定的程序来进行的。国家的法律一旦制定和颁布,就要在相当长的时间内保持稳定,对幼儿园所有成员具有制约作用,不允许随便变更,更不能因人而异。

(5)可预测性。国家的法律规范和幼儿园的各项规章制度都明确规定了人们在特定情况下应该怎么做,不应该怎么做,以及做了不应该做的事情会有什么后果等。这样人们就会对自己和他人行为的后果有一定的预见,可以事先对自己的行为是否合法做判断。

(二)法律方法的优点和缺点

1. 法律方法的优点

法律方法有利于规范管理和统一领导,适宜处理具有共性的问题;其约束力强,管理效果比较好。

2. 法律方法的缺点

法律方法解决问题时有特定的程序，灵活性差，所以它不适于处理特殊问题和管理中出现的个别问题。

(三) 法律方法在幼儿园管理中的正确运用

要正确运用法律方法进行管理要注意以下几个方面。

1. 健全和完善幼儿园的规章制度和行为规范

除了国家、各级政府机关、教育行政部门已经公布的与教育直接有关的法律文件、教育法令、条例、行为规范外，幼儿园要结合自己的实际进一步健全和完善幼儿园规章制度和行为规范，并做好修改、调整、补充、废止工作，以不断提高管理制度的质量，不断创新管理制度。

2. 加强法治观念和法律知识的宣传教育

以此增强幼儿园师生员工的法律观念，并提高其依法治园、施教和管理的自觉性。

3. 严格管理

幼儿园管理中一定要做到有法必依、执法必严、违法必究，提高法律的效力。

4. 将原则性和灵活性结合起来，提高法律规范的适用性

在幼儿园管理中，法律方法的使用不能简单化、僵化，既应符合法律规定，也要具体情况具体分析，慎重处理特殊情况。

5. 要把法律方法与其他方法结合起来综合运用

在幼儿园管理过程中一定要遵循客观事物的发展规律，对不同的管理系统和管理对象，选择不同的法律方法，同时还要将法律方法和其他幼儿园管理方法相互补充。因为，幼儿园管理过程中除了涉及法律关系以外，还有经济关系、社会关系等其他关系，所以，法律方法只有和其他方法综合使用，才能有效地实现管理目标。

6. 幼儿园管理者要以身作则，率先垂范

幼儿园管理者应是教育法律、法规的模范执行者，要以身作则，率先垂范；依法治教，依法治园。

幼儿园管理的四种方法是我国幼儿园管理中常用的行之有效的管理方法，它们各有不同的特点：行政方法、法律方法和经济方法，都具有强制性，要求人们应该做到什么；教育方法强调自觉性，促使人们自觉自愿地开展工作。但是任何一种方法都不是万能的，只有多种方法互相配合，取长补短，才能相得益彰，收到良好的效果。

▶阅读推荐◀

周三多.管理学:原理与方法.上海:复旦大学出版社,1997

▶思考与探索◀

1. 简述幼儿园管理的主要依据。
2. 幼儿园管理的基本原则有哪些?
3. 为什么要坚持幼儿园管理的方向性原则?
4. 为什么要坚持效益原则?
5. 结合系统论原理,谈谈如何在幼儿园管理中贯彻好社会协调性原则。
6. 幼儿园管理基本的方法有哪些? 它们各有哪些特点?
7. 在市场经济条件下,幼儿园管理如何更好地运用教育方法?
8. 运用行政方法时要注意哪些问题?
9. 联系实际,分析运用经济方法和法律方法时要注意的问题。

第三章
幼儿园管理过程

【内容提要】 本章主要介绍幼儿园管理过程的概念,幼儿园管理的层次和幼儿园管理目标的特点;阐述幼儿园管理中工作计划的制订、实施、检查和总结等工作环节,幼儿园的目标、管理目标和教育目标之间的关系;提出了如何制订幼儿园管理目标的方法以及幼儿园应如何进行目标管理等问题。

【学习目标】 正确理解幼儿园工作计划在幼儿园管理中的重要意义和幼儿园管理的两个层次;明确幼儿园工作计划制订的依据及好的工作计划应具备的条件、幼儿园管理目标的特点、幼儿园管理目标制订的依据和幼儿园管理目标的制订方法;理解幼儿园工作计划的实施、检查和总结的主要工作内容;联系实际领会幼儿园的目标管理路径。

第一节 幼儿园管理过程概述

一、幼儿园管理过程的含义

幼儿园管理过程是指幼儿园管理主体为实现以育人为中心的幼儿园管理目标,遵循幼儿园管理原则,运用科学的管理方法对幼儿园管理客体进行组织与控制,使其产生放大效应的共同活动程序与步骤。幼儿园管理过程包括计划、实施、检查和总结等环节。

这几个环节的有机结合就构成幼儿园管理的全过程。正常的幼儿园管理就是遵循这一程序来进行的,全部管理过程构成一个循环,也就是一个管理周期。

第三章 幼儿园管理过程

一个管理周期结束,第二个管理周期接着开始。管理过程中几个环节的先后顺序在操作过程中不能颠倒。它们不是孤立存在的,而是互相关联、互相促进、互相依存、互相交叉的。

二、幼儿园管理过程的特点

(一)双边性

在幼儿园管理过程中,管理者与管理的关系是复杂的,基本上有以下几种:幼儿园管理者与被管理者,即人与人双边关系;幼儿园管理者与教职工和幼儿,即人与人和人两个层次的双边关系;幼儿园管理者与教师和幼儿,即人与"人与人"双边关系;幼儿园管理者与教职工和物,即人与人和物,或表示为人与"人与物"这样一种双边关系。在这些双边关系中,人与人是主要关系,管理对象虽然包括物,但主要是人。因此,幼儿园管理过程的双边性是以人为主导的。在幼儿园管理过程中,主体的人和客体中的人,都具有能动性,它本质上不同于物质生产的管理过程。

(二)目的性

幼儿园管理活动的目的是为了聚全体教职工之力以实现幼儿园的管理目标。目的性是幼儿园管理活动得以存在和发展的前提和基础。幼儿园保教和管理过程的共同目的就是育人。尽管幼儿园内所有成员担负着不同的任务,但他们共同的目标都是为了幼儿的健康成长。

(三)整体性

幼儿园管理过程的各环节有机地结合在一起,呈现出整体性。在管理过程中,计划统帅着整个管理过程;实施是为了实现计划;检查是监督实施,检验计划;总结是对计划、实施、检查的总评价。管理过程的各环节之间都存在信息的反馈,它推动工作前进,有利于完善决策。

幼儿园管理过程的各环节是相互渗透的。在一个环节中也可以有其他环节在作用,如在实施中,同时存在着计划、实施、检查、总结。幼儿园总体工作是这样,各项专门工作亦如此。幼儿园单项工作的管理,由它自身的计划、实施、检查、总结等构成其完整的管理过程,受幼儿园总体管理过程的制约,并与幼儿园的总体管理过程同向、同步运行。

(四)周期性

育人是一个长期的过程,幼儿园管理活动也是一个长期的过程。幼儿园管理严格受到保教周期(学期、学年、学段)的制约。幼儿园管理过程从计划开始,经过实施、检查,最后到总结,构成一个管理周期。上一个管理周期结束,又要提出新的目标,制订新的方案,进入一个新的管理周期。但后一个管理周期不是前一个管理周期的简单重复,而是在前一管理周期基础上的提高与上升,幼儿园工作就是在这种循环运转中不断前进的,经过若干个管理周期的循环,一步一步地实现阶段性目标和任务,最后接近或达到预定的总目标。

(五)控制性

幼儿园管理过程也是控制的过程。管理的目标及其运行程序都有控制作用。幼儿园管理过程中的各个环节相互制约、相互促进,推动着幼儿园管理活动的有效进行,以实现预期的目标。控制表现为:①把计划实行情况与计划的目标对照,看计划是否切合实际,是否需要修订。②执行过程中要进行检查,调控执行的情况,改进管理工作。③检查的情况要与计划相对照,看是否需要调整。④总结评价是以检查为基础,要反馈检查工作是否到位,是否为总结评价提供了真实、充足的材料和信息。⑤总结不只是总结计划实行的结果,还要对计划执行的过程进行总结,以便总结经验,发现问题、找出原因。⑥将计划执行所取得的实际结果,与目标相印证,并为下一个管理周期的目标、方案、措施的确定提出建议。

第二节 幼儿园管理过程的运行

一、幼儿园工作计划的制订

(一)计划的意义及类型

1. 制订计划的意义

计划是管理的第一步,处于幼儿园管理活动的全过程中的起始阶段,它是实施的基础、检查的依据和总结的方向和目标。好的计划不仅能引导组织循序渐进地去实现目标,还能有效地应对未来的不确定性,使组织在不断变化的环境中处于有利地位。计划比目标更具体,往往涉及每天的工作安排,它是管理具体行为的有效方法,对幼儿园管理工作有如下重大意义。

第三章 幼儿园管理过程

(1)有助于幼儿园管理过程科学、有序地运行。计划是对管理过程进行有效控制的重要手段。美国当代著名的管理学家孔茨在谈到计划时强调:"倘若没有计划,则一切行动只能任其随意发展,那么,除混乱外,将一无所获。"有的人不愿制订计划,而是"想到哪,就做到哪""不用想那么多,边做边想",这常常使工作陷入无序状态。

(2)有助于提高工作效率。管理的本质就是提高工作效率。只有把工作落实到每个管理的环节中,通过各环节的有机配合,才能提高工作效率。计划帮助人们设计好工作步骤,只需按照这些步骤去做就,无需再为"下一步该做什么"等问题花费时间和精力,也避免资源利用不均等问题的出现。

(3)有助于调动教职工的工作积极性。人力资源是管理过程中最积极、最有活力、最关键的资源。激发和调动人的积极性是管理的关键。计划为教职工描绘了发展的前景,鼓舞了他们的斗志。

2. 计划的类型

根据不同的标准,计划可以分成以下几种。

(1)根据时间划分,计划可划分为长期计划与短期计划。长期计划是对较长时期内工作的计划,可以是几年甚至十几年。短期计划是对较短时间工作的计划,可以是一个学期、一个月、一周,甚至一天。这两种计划常常配合使用,先制订长期计划,然后再将它分解为短期计划,目的在于实现计划。幼儿园计划有三年计划、学年计划、学期计划、月计划、周计划和日计划等。

(2)根据内容划分,计划可划分为全面计划与专题计划。全面计划是对工作进行总体规划,涉及面广,体系较庞大。专题计划是对某项工作进行专项设计,重点突出,内容集中。

(3)根据范围划分,计划可划分为全园计划与部门计划。全园计划是对幼儿园总体工作的计划,它涉及幼儿园各个方面。部门计划是针对不同部门工作的计划,如教研活动计划、年级组计划、保健卫生计划等。部门计划与部门的职能相关联,具有十分明显的部门色彩。

(4)按工作性质划分,计划可以划分为常规性计划和临时性计划。

各种计划有交叉,如有的计划既是长期计划,又是全园计划。

(二)制订计划的依据和方法

1. 制订计划的依据

简单地说,吃透两头和遵循规律是制订计划的依据,具体包括三个方面,一是上级指示,二是幼儿园实际,三是理论指导。

首先,在制订计划前,幼儿园领导和教职工都要认真学习领会上级有关文件精神以及教育科学、管理科学理论,以保证幼儿园工作方向的正确和保教活动的科学、高效。

其次,要明确管理目标和幼儿园实际。幼儿园的管理目标是制订计划的依据,计划管理首先就要明确管理目标。计划是目标的延续,目标在前,计划在后,目标是制订计划的依据,计划是实现目标的步骤。计划不要面面俱到,而要围绕目标有重点、有层次地展开。

计划是根据实际情况制订出来的。如果脱离了幼儿园的实际,计划就无法落实。因此,要全面了解幼儿园的情况,立足幼儿园实际,制订出有效、可行的计划。幼儿园实际情况包括先前工作的结果和当前幼儿园的现状。要把前段工作总结出来的成绩、缺点、经验、教训和新计划的制订有机地联系起来。

再次,要研究上级全局性的和具有长期指导作用的有关方针、政策和要求,并准确把握上级对某一时期工作和某项具体工作的指示和要求。

"吃透两头"的目的是为了使计划切合实际,所以要认真分析当前的实际,如新的任务是什么?如何去完成?哪些是当前工作中的有利因素和不利因素?以及主客观条件,如领导力量、师资水平、园舍、设备、经费、学生来源等,对完成任务的可能性有一个清晰的把握。

一般情况下,这三个方面有一致性,即方针政策、法规和上级部门的具体指示,符合反映教育规律和管理规律的科学理论,同时和幼儿园实际情况相吻合。但是,这三者有时也可能出现不一致的情况。所以,在计划决策时,幼儿园管理者要认真地、全面地分析研究,整体地、综合地看待这三个方面。如果上级的要求过高或过低,就要按照组织原则逐级反映情况,求得某些方面的变通。如果是幼儿园本身的工作基础薄弱,就应该及时采取弥补措施,如果现实条件不够,就应该尽量予以充实和改善。反之,只顾一头而不及其余,或勉强使三者凑合,或不研究依据只照搬他人的做法,肯定是不可行的,而且还会对下一阶段的计划实施产生不利影响。

2. 制订计划的方法

制订计划常见的方法主要有两种:一种是组织教职工讨论任务和相应的措施,管理者事先不定任何框框,让大家畅所欲言。在教职工充分讨论的基础上,管理者起草计划初稿,再交群众讨论,然后再修改、定稿。另一种是管理者先拿出计划初稿,交教职工讨论,广泛征求意见,在讨论的基础上修改、定稿。在时间比较紧的情况下,多半采用第二种方法。不论采取哪种方法,都应该注意以下两点。

第一,上下结合。学年计划、学期计划,是时间比较长、全局性的计划。制订这样的计划,必须上下结合,调动两个方面的积极性:一是管理者的积极性。幼儿园管理者要深入调查研究,深思熟虑,亲自动手写好初稿。二是教职工的积极性。教职工参与制订幼儿园工作计划,是幼儿园民主管理的重要内容。要使制订计划成为教职工的自觉要求和行动,使教职工感到自己是幼儿园的主人,而不是被动地接受任务、执行任务。

第二,领导决策。对于学年计划、学期计划的初稿,幼儿园管理者要在集中教职工正确意见的基础上,对其进行修改、定稿,再作为正式的工作计划下达。

3. 制订计划的技巧

制订计划要讲究技巧,做好以下工作。

(1)多方面收集信息。信息是制订计划的依据,信息包括上级的要求、理论界的看法、社会和市场的需要等,据此可以认清形势、明确方向、解放思想、把握全局。目前,大部分幼儿园没有稳定的获取信息的渠道。因此,幼儿园应有专人负责收集信息,并将信息及时反馈给园长,为其制订计划服务。

(2)策划计划方案。收集到信息并不意味着一定会制订出好的计划。由于人们知识结构、经验和思维方式的不同,不同的人也就有不同的想法。根据同样的信息和材料,不同的人会做出不同的计划方案。遇到重大事项时,园长要发动集体的力量,先拿出几套不同的方案,经过大家分析、比较,然后综合不同方案的优点,形成最佳方案。

(3)展开讨论,明确任务和职责。计划定出来后,要广泛展开讨论,让每个人了解自己在计划中承担的任务与职责。开展讨论的目的有三个:第一,明确任务,让大家知道要解决的重点问题。第二,修订、完善计划,使其被教职工基本认可。第三,将计划与教职工挂钩,使教职工了解自身在计划中的角色和应承担的责任。

(4)确定计划方案。将大家的意见汇集起来,经过反复推敲,最后由园务会决策,形成计划。能否制订出正确的行动方案,最终取决于管理者的决策素质。所以提高管理者的决策素质至关重要。现代决策素质至少包括:科学素质、创新精神、民主作风、决断魄力。

科学素质是指管理者应该经过基本的科学训练,具有广博的科学知识和正确的思维方法。科学训练可以在学校进行,但在实践中学习、提高效果更好。一个好的管理者应该有较广的知识面,有较深的管理学、经济学、哲学等学科的功底。

决策是一项创造性活动,它总是以变革现状为前提,没有创新就没有决策。创新精神是指管理者善于根据新情况、新问题,制订新政策,提出新见解,作出正确决策,开拓新局面。

民主作风要求管理者在决策时集思广益,广泛听取不同的意见,特别是要善于听取反对意见,采纳正确的意见,并在此基础上形成自己的见解,作出决策。管理者在决策制订以后,要力排异议,坚决贯彻执行。

决断魄力是管理者应有的最重要的素质。组织中的一项决策,往往涉及大量的人力、物力、财力,如何运用这些资源,由决策人拍板。所以主要决策人应在掌握有关方案的必要资料之后,不失时机地下决心,敢于决断,敢于负责。

(5)实施方案。决策所确定的方案必须得到正确的贯彻执行,否则,再好的决策也是无用的。从这个意义上说,正确地贯彻一个行动方案要比选择一个正确的方案更为重要。

如果条件允许,在全面贯彻方案之前可以先作一些实验,再根据实验经验完善方案。但是实验受到一定条件的局限,例如有些浩大的工程项目,实验耗资惊人,不可能采取实验的方法来进行。这类工程要进行调查研究,邀请有关专家进行科学论证,然后决策。

制订好的方案是靠人去执行的。这就要求管理者不仅要善于选择方案,还要善于领导、采取正确的政策和方法激励下属贯彻方案。

(6)控制与评价。一旦决策得到全面的贯彻执行,控制与评价工作也就开始了。它有两个任务,第一,保证实际运行结果与预期目标相一致。控制主要是将实际决策贯彻情况与预期目标进行比较。如果发生偏差,就要将这一信息反馈给决策系统,从而使管理者能够根据预期目标和客观情况迅速纠正。这种反馈行为的主要执行机构就是信息系统。因此,组织中的信息系统必须随时保持其信息网络的反馈功能,做到广泛收集、快速归纳、及时上报,把偏差消灭于萌芽之中。实际运行与预期目标之间产生的偏差,可能是由于两个原因造成的:一是主观努力不够,二是客观条件发生变化。可以分别采用加强正确领导、及时修正预期目标来应对。第二,对过去的决策作出评价,这不仅能判断当前是否需要修改预期目标、采取一些计划外的行动,还为未来的决策提供一些经验或教训,它对管理者增长才干、提高决策能力异常重要。

(三)制订幼儿园计划的基本要求

幼儿园规划、幼儿园总计划、分项计划以及时间安排,相互联系、相互制约、相辅相成,构成了有层次、有序列的幼儿园计划系统。幼儿园管理者要使幼儿园计划成为完整的计划体系,并通过对幼儿园工作实行有效的管理,充分发挥计划的作用。

只有计划具备了以下特性,才能行之有效。

1. 计划要与管理目标一致

幼儿园计划应符合我国的办园方针和政策,有明确的管理目标和任务。幼儿园有全园的任务,各教研组、各年级、各班乃至每个教职工都有自己的任务。先明确全园性的任务,然后逐级具体化,这样才能增强每个幼儿园成员的责任感,鼓舞和激励全体教职工。

制订计划的目的是实现管理目标,计划必须紧紧围绕管理目标。一旦发现计划与管理目标有矛盾,就要及时加以调整以保证目标的稳定性及严肃性。

2. 计划的任务要明确,突出重点

计划是行动的指南,因此,明确计划的任务就显得非常重要。管理者在管理过程中要学会取舍,有次序地开展工作,将需要做的事情按照轻重缓急排序,然后先做那些必须要做的事。这就是抓主要矛盾,解决关键问题。如果工作重点不突出,管理就会混乱。

3. 计划要可行

计划是对行为的展开和预测,是十分具体的方案。计划不指向原则,而指向行动。幼儿园计划是行动的纲领,要全园教职工共同努力才能实现。

管理活动涉及的因素不但多,而且复杂多变,人们难以精确地预测其发展趋势,也难以制订出万无一失的计划。为从容应对管理过程可能出现的各种新情况、新问题,求得各种因素和关系的综合平衡,计划一定要有弹性,即要有意降低要求,留有余地。管理弹性可分为局部弹性和整体弹性。局部弹性是指在确保实现总体目标的前提下,在某些单元、环节留有一定的余地;整体弹性是要求整个管理系统具有较强的适应能力。

同时,弹性还表现为"留一手",即预先拟订出处理不同问题的多种工作方案,以适应形势的变化。

可行性还要求计划中包含切实可行的办法和步骤,对各项工作实施的时间、地点、人员、措施等方面都有明确、具体的安排。一般来说,计划应包括六个方面的内容。

(1)做什么,即明确计划的任务和要求,明确每一个阶段和步骤的中心任务、工作重点等。

(2)为什么做,即明确计划的目标和宗旨。实践表明,计划的目标、宗旨、意图越清楚,管理人员就能领会得越深刻,他们的主动性和创造性就发挥得越好。

(3)何时做,即规定计划中各项工作的开始和完成的时间,以便对过程进行有效控制,对资金和资源进行总体平衡。

(4)何地做,即规定计划实施的地点或场所,了解计划实施的环境条件和制约因素,以便合理安排计划实施的空间与环境布局。

(5)怎么做,即提出实现目标的途径、方法、措施,规定相应的政策、法规和标准等,保证计划的实施者相互配合,各项工作齐头并进。

(6)谁去做,即明确计划由哪个部门负责,由谁去实施。

4.计划要超前制订

计划的超前性是建立正常保教秩序、提高管理效率不可缺少的条件。幼儿园的学年计划或学期计划,必须在开学前两周拿出初稿,在开学前一周向教职工宣布。这样做有两个好处:一是便于各部门根据幼儿园的总计划来制订部门计划;二是使每个教职工提前知道在半年和一年内要干哪些事情,要实现什么目标。这本身就是一种精神力量,使新学期有新气象。

5.计划要有连续性与创新性

幼儿园计划要考虑幼儿园长期规划的要求,应继承上一个的工作成果,包括处理前一段管理周期中遗留的重大问题。同时,新计划不是旧计划的翻版,要有所创新、有所发现,提出新的目标和任务,体现新特色和在原有基础上的进步。

6.制订计划要发扬民主

计划是要靠幼儿园的全体人员来实现的,因此,制订计划要发扬民主,发动群众参与,争取群众的认同。

7.计划要有可检性

计划的执行和任务完成的情况,应该是可以检查的。幼儿园计划要包括与主要目标成果有关的价值指标、工作进度、时间期限及负责人,以此作为检查的依据和评价的标准。

二、幼儿园计划实施阶段的管理

(一)幼儿园计划实施阶段管理的意义与内容

1.计划实施的意义

计划实施是把教职工组织起来落实计划。马克思说,一步实际行动比一打纲领更重要。衡量一个组织或一个人的工作的好坏不仅要看其计划决策如何,还要看其计划实施情况。实施是管理过程的中间环节,它相对于计划而言,是后继环节,使设想变成现实;相对于检查和总结而言,它又是先导环节,是检查的对象,是总结的依据。实施比计划、检查、总结的工作量更大,花的时间更长,需要管理者投入的时间和精力更多。

幼儿园管理者经常性的、主要的工作就是实施计划。在以人为核心的协调与合作体系中,集体力使幼儿园的人力、财力、物力组成合力。幼儿园管理者都应学习和研究它,以充分发挥其在幼儿园计划实施中的作用。

2.幼儿园计划实施阶段管理的内容

从某种意义上来说,幼儿园管理者的主要任务是领导教职工实施计划。实施是由一系列子环节组成的,管理者主要要做好组织力量、指挥与协调、教育与训练三个方面的工作。

(1)组织力量。管理具有调节生产力内在结构的功能。生产力并不是生产力各要素本身,也不是这些要素的机械总和,而是各要素的质和量相统一的具有内在结构的系统。也就是说,生产力的性质和水平不仅取决于生产力内在的要素,还取决于生产力内在的结构。因此,管理要完成的任务就是使生产力要素之间保持最恰当的比例、性质上的一致、空间上衔接,始终处于最佳的结构状态从而发挥最大的功能。

幼儿园管理者要统筹安排全园的人力、物力、财力,做到人尽其才、物尽其用。做到这一步并不容易,有许多细致的工作要做。要深入实际,掌握第一手资料;要通盘考虑,不搞平均主义;要解决当前困难,并兼顾长远利益;要做好财与物的调配,更要做好教职工的思想工作。

首先,建立合理而有效的组织机构,保证从园长到各基层组织指挥渠道畅通,监督和执行指令保证无误,信息反馈灵敏、准确,具有最佳管理能力和效率。

其次,建立岗位责任制,合理配备人员。科学地分解工作任务,规定具有完成任务的职权与职责的职位,使全体教职工明确自己的职责、工作范围、工作质量要求和协作关系,使幼儿园的一切工作都有人按时、按量、按质去完成。幼儿园组织机构的每个岗位,都有非常明确的、互相协调的责任,并具有使组织结构合理、信息沟通流畅的职权关系,相关人员的配备做到能级对应。这样才可能使幼儿园的管理系统及各方面的工作,有机而协调地运转。

再次,建立和健全幼儿园的管理法规,使幼儿园管理工作制度化、程序化。除国家和上级教育行政部门制订的幼儿园管理法规以外,幼儿园还应结合幼儿园实际情况,建立和健全管理规章制度,使幼儿园常规工作制度化、程序化。幼儿园的规章制度是多种多样的,这些规章制度的制订绝大多数都是职能部门的工作,幼儿园管理者主要是组织、督促教职工制订、执行这些规章制度,并考核其执行效果。需要幼儿园领导亲自动手的,除岗位责任制外,还有奖惩办法。

(2)指导与协调。幼儿园管理者要及时指导工作,旨在沟通信息,调整关系,解决矛盾,使幼儿园各部门、各方面相互配合,使教职工之间相互理解与协作。同时,幼儿园管理者还应协调幼儿园与家长、社会等方面的关系,使之与幼儿园的保教工作和谐、同向、同步。

首先要搞好指导。管理者在计划执行过程中有责任指导教职工的工作。管理者要深入一线,发现问题,指明方向,采取多种措施避免或减少计划实施过程中的失误。

管理者要善于指导,帮助下属提高思想认识,引导他们明确计划精神,掌握总体目标,并以此作为调整自己工作的依据;运用领导权威,在调配人员、经费使用、时间投入等方面对下属给予支持帮助。管理者还可以与下属共同研究解决工作重点、难点的具体途径方法。

管理者要敢于指导,做到有令则行、有禁则止。指导本身应符合法规、政策、组织目标、职权范围、实际情况和下级的正当意愿。指导还要明晰、准确,不能含糊不清、模棱两可。

其次要搞好协调。协调的目的是把多种关系处理好,使部门与部门之间彼此配合;职工与职工之间通力合作,工作与工作之间互相促进。幼儿园管理者一般应做好三项协调工作:①当实际工作进程或上级要求与计划要求不一致时,应修正计划,调整工作要求。②当实际工作中各部门或各项工作之间步伐不整齐时,应适当调整进度,调配力量。③当实际工作中职工与职工、部门与部门之间产生矛盾时,应尽快处理矛盾,把内耗降到最低程度。

(3)教育与训练。教育与训练的目的,在于提高幼儿园教职工的素质。要加强对教职工的培训和业务指导,提高他们的业务水平。

执行阶段工作的好坏,取决于群众在工作中的积极性和主动性。因此,在执行阶段,幼儿园领导要加强对教职工的政治教育,提高他们的思想觉悟,帮助其树立良好的职业道德,以激发他们的工作热情。激励的方式有两种:一是精神鼓励,一是物质鼓励。应以精神鼓励为主,而精神鼓励不能离开理想教育。要做好管理目标内化的工作,使教职工建立起目标价值观,并使之贯穿在其动机、行为及影响网络中。

(二)幼儿园计划实施的基本要求

1. 统一目标,统一指挥,统一行动

有统一的目标、统一的指挥,教职工和部门之间,才能配合默契,步调一致、行动统一。这是组织管理的成果,也是使组织管理卓有成效的保证。

2. 组织机构要健全,职、权、责要一致,充分发挥各级职能机构的作用

在实施幼儿园计划的过程中,要健全各种职能机构,很好地发挥其作用。明确职责范围非常重要,做到人人职责明确,事事有人管。否则就会管理混乱,效率低下。

3. 制订管理制度,运用先进的管理手段

管理有静态管理与动态管理。静态管理又叫常规管理,是通过规章制度来进行管理。幼儿园要结合自己的实际,制订具体的规章制度,诸如课堂规则、游戏规则、图书阅览规则、考勤制度等。动态管理是根据情况的发展变化来进行管理。一旦规章制度不能适应新的情况,就要对其做相应的调整。动态管理一般

第三章 幼儿园管理过程

涉及比较大的原则问题,幼儿园领导应给予更多的关注。

先进的管理就是管理手段要现代化,运用现代科学技术来进行管理。尽管我国的科学技术还比较落后,但应该努力实现科学管理。

4.人各有责,人尽其才

幼儿园管理者要因事设岗,不要因人设岗;聘任人员要不徇私情,人员配备要能级对应;要实行岗位责任制,职、权、责要统一。

5.保持良好的人际关系,充分调动被管理者的积极性

幼儿园管理者要在幼儿园创造一种良好的氛围,使全园教职工在工作中能互相支持、互相配合;强调幼儿园所有成员都是幼儿园的主人,使其树立主人翁意识和责任意识,进而能在工作中发挥主动性、积极性和创造性。

三、幼儿园计划实施的检查

(一)检查的含义和作用

1.检查的含义

检查是对幼儿园管理人员自身的考查,还有督促、约束的含义。检查是管理周期中重要的一环,是幼儿园管理调节、监督、控制阶段,它比较计划实施的现状与计划的目标,找出偏差,及时进行控制和调节,把偏差消灭在管理过程之中,以保证管理的最后质量。

2.检查的作用

(1)检查是实现幼儿园工作计划的保证,是推动幼儿园工作的重要措施。通过检查可以查明上级的各项规定、幼儿园的计划、幼儿园领导者的指令是否得到了贯彻执行,了解工作质量、学生素质发展水平是否达到预期要求,了解幼儿园教职工的品质,掌握执行部门工作的优劣情况。检查有利于运用信息反馈,以改善组织管理、修改幼儿园计划、纠正领导发布的不恰当的指令,督促幼儿园全体人员改进自身工作,完成岗位职责所规定的工作任务。

(2)检查的结果,是总结评价的依据。检查是前一阶段调查研究的继续和深入,也是总结评价的依据和未来计划的新的起点。

(3)检查可以监督和考核下属人员的工作。对下属来说,检查具有监督和考核作用。谁优谁劣,只有通过督促检查,才能发现。检查的目的不仅是发现问题,还是解决问题。

(4)检查可以检验幼儿园管理者本身的管理水平。检查可以检验管理者的决策正确与否、预见性和创造力的状态、组织管理的绩效及其组织管理水平。

(二)检查的类型和方法

1.检查的类型

(1)从时间来分,检查可分为平时检查和阶段检查,又叫经常性检查和定期检查。只有平时检查,没有阶段检查,就不可能发现问题;只有阶段检查,没有平时检查,也不能及时发现问题。不过,平时检查是基本的检查方法。平时检查如能持之以恒,则能防患于未然。

(2)从范围来分,检查可分为全面检查和专题检查。学期初、学期中和学期末的检查,实际上是全面检查,只是侧重点和深度有所不同。全面检查的目的在于了解和掌握全面情况,对计划执行的情况做到心中有数。这种检查不易深入,难以发现问题的本质。为了有针对性地发现问题和解决问题,还必须进行专题检查。专题检查又叫重点检查,其内容决定于检查的目的。这种检查必须组织一部分人员,集中一段时间,由幼儿园管理者亲自主持,才能有效。这种检查有利于提高幼儿园管理者的管理水平。

(3)从方式来分,检查可分为有自上而下的检查、相互检查和个人自查。自上而下的检查是管理者对下属的检查,有监督、考核的作用。平时检查、阶段检查、全面检查和专题检查都属于这一类。这是一种最常见的检查方式。管理过程的检查环节,主要是指这种检查。但是光有这种检查是不够的,真正起调节作用的是相互检查和个人检查。相互检查是在幼儿园全体教职工之间进行的一种检查方式,如教师之间的相互听课、检查教学笔记和学生作业,班级之间相互检查卫生、纪律情况等。这样检查比自上而下检查更为具体和深入,运用得好,能促进教职工之间相互学习、取长补短、相互鞭策、共同勉励。对于教职工之间的互查,幼儿园管理者不能对其放任不管,而要有意引导,使之经常化。对幼儿来说,相互检查是培养他们自治习惯的好方式。个人自查是幼儿园保教人员的自我检查。这种检查又有两种,一是按上级的布置来进行。全面检查往往采取这种方法;二是幼儿园保教人员自觉地自我检查,如教后感或教学后记等。个人自查是有强烈的责任感的表现,要建立在自觉的基础上才真实可靠。

2.检查的方法

根据检查的类型不同,检查的方法也应有所区别。一般说来,平时检查即经常性的检查,主要是为了了解情况,掌握第一手资料,因而多半采用巡视观察、个别交谈、参加活动和随堂听课等方法。听课在幼儿园管理者的时间表上应占有重要地位。

(三) 对检查的基本要求

1. 检查要有明确的目的和计划性

重要的检查要被纳入幼儿园的工作计划,目的明确,计划性强。力求避免无计划的随意而盲目的检查。

2. 检查要有统一的标准

必须依据国家和上级教育行政部门下达的办园方针、政策、法令、规定以及幼儿园工作计划和园内规章制度检查工作,并以计划中规定的要求为检查尺度。

3. 检查要实事求是

检查不应局限于查阅资料,不能只听口头汇报,要深入工作实际,防止只从形式和表面看问题,这样才能准确地掌握各有关部门计划执行的情况。

检查工作要客观,要掌握反映全面情况的资料和数据。管理者检查工作,要有实事求是的作风,要客观地肯定成绩、如实指出缺点,支持改革和创新。

4. 检查要把工作过程作为重点

幼儿园计划的落实也是在工作的过程中实现的。工作过程更能反映幼儿园教职工的实际工作状况。所以,要重视对工作全过程、各环节的检查,要重视经常的、有系统的检查,而不应只看结果。

5. 检查工作要走群众路线

检查要依靠群众,相信群众。全员质量检查是幼儿园教育质量、工作质量管理的重要环节。检查不仅是幼儿园领导的事,还是幼儿园成员自己的事。教职工是管理的主体,参加检查活动能够更充分地发挥自身的积极性,增强自身的主人翁责任感。教职工也可以在检查活动中互相学习,更广泛深入地检查教育质量、工作质量并自我反馈,促进自我调节、自我控制。幼儿园管理者也要接受群众的监督检查。对于工作中出现的问题,领导首先要从自身找原因,勇于承担责任。

6. 检查结果要及时反馈

检查后要以适当的方式向教职工公开检查的情况,及时反馈检查结果。这有利于肯定成绩、增强团结,也有利于找出问题、纠正偏差、改进工作,促使各方面的问题得到解决,把工作纳入计划的轨道实行质量控制。如果只有检查,没有反馈,检查就失去了其应有的意义和作用。

7. 检查要有改进措施

检查是手段而不是目的,检查的目的是实现目标。所以,在检查中,一方面要得到实际结果与标准要求的偏差的信息,及时调控和修正;另一方面,要作出恰当而中肯的分析,给检查对象以指导、鼓励和帮助,并认真分析问题出现的原因,研究出有针对性的纠正偏差的措施。

四、幼儿园计划实施情况的总结

(一) 总结的作用

总结就是对一个管理周期、某一工作阶段中的学习、思想和经验进行分析研究,得出具有指导意义的结论。总结是管理过程的终结环节,说明一个管理周期告一段落,它有以下作用。

1. 总结可以承前启后

幼儿园工作总结在幼儿园工作的两个管理周期之间起着承前启后的作用。幼儿园工作总结,既是对前一阶段计划、组织、检查等管理活动的总分析和总评价,是检查的继续,又是下一阶段管理活动的依据和基础。

2. 总结可以推动工作前进,形成优良传统

总结得出了有指导性的结论,有利于巩固成果、促进幼儿园发展、提高保教质量、发挥幼儿园的特色、促进幼儿园优良传统的形成。对于在总结中发现的关乎幼儿园发展的重大问题,应做初步的分析,提出改进方案,转入下一个管理周期。

3. 总结可以提高士气,增强内聚力

总结既可以使全园的师生员工看到取得的成绩,培养集体荣誉感,也可以使全园的师生员工看到存在的问题,加强责任感,振奋精神,进一步团结,朝着幼儿园的远景目标,朝气蓬勃地前进。

4. 总结可以帮助管理者提高认识水平,探索管理规律

总结就是回顾过去,把实践中的大量素材加以概括、提炼,从中找出规律性的东西,把经过验证、行之有效的措施制订成制度,使今后的管理活动减少盲目性。总结的过程是管理者提高认识和管理水平的过程。因此,每个管理者都要重视总结工作,要在科学理论的指导下,在管理实践的基础上,总结管理经验,发展管理的理论和艺术。

(二) 总结的类型

按时间分,总结有学年总结和学期总结;按性质分,总结有全校性的总结、各部门的总结、专题总结和个人总结;按内容分,总结有全面总结和专题总结。

(三) 总结的基本要求

1. 总结要从幼儿园的保教和管理活动的实际出发,与计划、检查相对照、比较

幼儿园工作总结不是幼儿园管理者的臆想,或信手拈来的几句套话。总结要以幼儿园计划为评价工作质量和绩效的依据和尺度,要以检查得到的素材为

分析研究、概括总结的内容要素。这样,总结才能言之有人、言之有事、言之有成绩、言之有问题,才能真正起到推进工作的作用。

2. 总结要靠平时积累资料,以检查为基础

总结要如实反映幼儿园工作的实际状态和结果,需要在大量材料的基础上做出分析,需要有典型的事例和必要的数据说明。这就必须先抓好检查工作,获取多种可靠的资料和信息,并对其进行综合分析研究,这样才能全面如实地把握总结对象的整体。

3. 总结要突出中心

总结要抓住主要问题和重点,抓住中心,不要面面俱到,平均用力。

4. 总结要客观

总结一定要实事求是,既不夸大,也不缩小。总结要坚持辩证地看问题,既要看到成绩和进步,又要看到问题和不足。要抓住主要矛盾,分清现象和本质,实施发展性评价。

5. 总结要探索幼儿园保教工作的规律和幼儿园管理工作的规律

人们不能创造规律,但是可以认识规律,使自己的工作符合规律。幼儿园管理者要按照科学发展观的要求,遵循教育科学规律、幼儿园管理科学规律和幼儿园管理的规律,在幼儿园保教和管理实际工作中探索带有规律性的基本经验或问题,把保教实践、管理实践上升到保教和管理理论的高度,使自己的工作更加科学化,使自己的工作意识更具自觉性。

6. 总结既要立足于现实,又要着眼于未来,具有激励性

总结不仅要立足于回顾与评价已开展的工作,还必须着眼于未来。因此,总结应有激励性。总结也要肯定成绩、表扬进步、表彰先进,增强全园工作人员的目标价值观念,总结也要提出存在的主要问题,对全体工作人员提出新的工作要求,激励大家锐意进取。

7. 总结要及时

总结要在工作一结束时就进行,一是因为此时记得清楚,二是为了能及时总结经验,吸取教训,更好地开展下一步工作。有的人喜欢拖拉,工作结束后不能及时总结,这是管理的大忌,一定要克服。

第三节 幼儿园管理目标与目标管理

一、幼儿园管理的层次

幼儿园管理包括班级管理与园务管理两个层次。传统的幼儿园管理主要探

讨园务管理,很少涉及班级管理。而班级是幼儿园管理的基本单位,幼儿园的很多工作都是通过班级来实现的。此外,学前教育专业的学生要成为一名合格的幼儿教师,就必须熟悉班级管理,掌握班级管理的规律。

班级管理是幼儿园的微观管理层次,包括班级教师的配备与分工、班级计划的制订、执行与实施,班级的日常管理,班级对幼儿的管理等。班级管理是围绕幼儿园管理工作展开的,其目的就是为了实现幼儿园管理目标,班级管理是教师的主要职责,并由教师来完成。

园务管理是幼儿园的宏观管理层次,包括幼儿园组织机构的建立、幼儿园规章制度的制订、园风的形成、保教人员和管理人员素质的提高、幼儿园管理工作的运行、幼儿园的公共关系等。园务管理是幼儿园管理的核心,它决定着幼儿园管理的方向。园务管理是园长的主要职责。

班级管理和园务管理相辅相成,园务管理决定着班级管理的性质、方向及其条件;班级管理是园务管理的具体体现和基本内容。

二、幼儿园管理目标

幼儿园的一切育人活动和管理活动都是为了实现预定的目标,目标的明确程度对幼儿园的工作和活动的方向、幼儿园师生员工的积极性、保教任务的完成都有很大的影响。幼儿园管理者在工作中的首要职责就在于正确地确定幼儿园的奋斗目标并有效地组织实施。科学地确定管理目标并有效地贯彻实施管理目标是实施幼儿园管理的关键,也是幼儿园管理工作的出发点。

(一)幼儿园管理目标的内涵

1.目标的含义

目标是指个体及群体或组织的某一行动所要达到的预期目的,或预期结果的状态和标准。它包括两个方面的含义。

第一,目标是一种期望,是人们对某种活动的主观愿望,是对现实的超前反映。目标不等于现实,它是对未来的预测和追求。它是建立在客观现实基础上的,是人的主观意识对客观规律的认识和反映,有实现的可能。因为目标是人的主观愿望,所以如果目标不合适,或客观条件发生了变化,目标就不能实现。

第二,目标是管理的核心。管理的目的就是实现预期目标。管理是围绕目标进行的,从确立目标开始,到计划的制订与执行、检查与总结都离不开目标。目标既是管理的出发点,也是管理的归宿。

目标从范围来分,有组织目标和个人目标。组织目标是由个人目标演变而来的,通常是系统化了的多数人的目标;个人目标是与组织目标相联系的,众多的个人目标通常能共同促进组织目标的实现。

目标从时间来分,有近期目标和远期目标。一般来说,近期目标价值较小,但是成功率较大;远期目标价值较大,但是成功的概率难以确定。这两种目标的实现,往往和客观环境的变化与人们的努力程度密切相关。

目标从内容来分,有主目标和次目标。主目标是指个体或群体所组织的某一行动要达到的主要目的,而这一行动同时可以达到的效应,则为次目标。幼儿园管理者要善于抓住主目标,有的放矢。

2. 教育目标与管理目标

幼儿园的教育目标是对培养什么样的人加以规定,幼儿园可以国家的教育方针政策为原则,根据自己的实际来确定教育目标。《幼儿园工作规程》(1996年)对幼儿园的保教目标提出的总要求,是各幼儿园制订本园教育目标的重要依据。

管理目标是依据教育目标而制订、围绕教育目标而展开的。它要考虑为达到教育目标,需安排的工作内容和应采用的方法。幼儿园管理目标制订的目的在于实现教育目标。也就是说,教育目标是园、所全部工作的核心,是确定管理目标的依据;管理目标是实现教育目标的保证和前提。可见,幼儿园管理目标离不开其教育目标。

(二)幼儿园管理目标的特点

幼儿园管理目标具有以下特点。

1. 方向性

目标是对未来的设计,它是将个体和群体形成完整系统的纽带。幼儿园管理目标犹如一条红线,指导着整个管理工作,在管理过程中起着控制、约束、调节等作用。幼儿教育的任务决定着工作目标,工作目标制约着幼儿园的发展方向。目标明确程度与管理的有效性成正比。

2. 可行性

目标不是凭空杜撰出来的,而是经过大量的调查分析确定下来的。制订目标是为了实现它。因此,目标应该是可以实现的。幼儿园管理目标的可行性一方面表现在它有具体的特点,另一方面表现在它有可接受性的特点。

3. 层次性

幼儿园总目标可分成若干个分目标,长远目标可分成中期目标和短期目标。众多目标纵横排列,形成了由不同层次、不同类型目标构成的一个目标系统。在组织中,实现上一层次目标的措施,就成为下一层次的目标;下一层次的或局部的目标,是为实现上一层次的或总体的目标服务的。目标层次越高,越能体现出其战略性和概括性;反之,则越能体现出其战术性和具体性。总目标是一个大的方向,各部门要根据总目标,结合自身的情况制订出分目标。

4. 可测性

目标既是管理工作的出发点,也是终结点,它是人们检验和衡量工作的尺度和评价工作成效的标尺。人们通常根据既定目标的要求,去检查工作的达成度,同时,目标完成情况也是奖励和惩处的依据。管理过程最后一个环节就是检查评估,通过检查了解目标的实现程度,来检查目标的合理性,为新目标的制订提供依据。

5. 激励性

正确、合理的目标能产生积极的目标导向行动,起到鼓舞人心、振奋精神、激发工作热情和干劲、发挥创造精神、不断进取的作用。

(三)制订幼儿园管理目标的依据

幼儿园管理目标是依据一定的科学标准制订出来的。要想合理制订幼儿园管理目标,首先要了解制订幼儿园管理目标的依据。

1. 国家的教育方针、政策和法规

教育方针、政策和法规规定了幼儿园的办园性质和办园方向,构成了幼儿园管理的宏观背景。我国的教育方针明确提出,教育就是使受教育者体、智、德、美等诸方面得到全面的发展。同时《幼儿园工作规程》(1996年)也明确规定了幼儿园保教工作的目标,这些都是幼儿园管理者制订幼儿园管理目标的依据。幼儿园园长一定要带头学习国家政策及有关法规,把握幼儿园发展的大方向,这是制订管理目标的关键。

2. 幼儿园管理活动的客观规律

幼儿园管理活动有其自身的规律,因而制订管理目标必须遵循管理活动的客观规律。幼儿园管理是受教育发展规律制约的,其目的在于实现幼儿园教育目标,完成幼儿园教育任务。因此,管理目标要根据幼儿园教育目标和教育任务来制订。

3. 幼儿园的实际

管理目标要符合幼儿园实际,这是目标实现的前提条件。幼儿园的实际,包括幼儿园规模、地理位置、经费、硬件设备、管理体制、师资水平、园风等。当然,从幼儿园的实际出发,并不意味着因循守旧。创新是管理永恒的话题,没有创新就没有发展。创新是在一定基础上的延续,"一定基础"则包括幼儿园的现状。所以,管理目标应该具有挑战性,同时又具有可行性。

第三章　幼儿园管理过程

（四）制订幼儿园管理目标的方法

有些管理者不了解制订管理目标的方法，错把管理目标理解为工作计划。因此，掌握科学的制订管理目标的方法非常重要。

1. 民主参与法

当管理者对管理目标概念模糊，甚至不知道如何确定时，可以发挥全体教职工的集体智慧，组织全园教职工展开讨论，献计献策。管理者以此为基础，抽象出符合幼儿园实际的管理目标。有的领导眼里没有群众，认为群众什么都不懂，管理目标的制订与教职工没有关系，是领导自己的事。其实群众中间蕴藏着无穷的智慧，是重要的人力资源，善于开发、引导人力资源的领导才是真正的管理者。因此，民主参与法的好处就是夯实了管理目标的群众基础，调动了全体人员的积极性，有利于管理目标的实现。

2. 期望转化法

期望往往是成功的催化剂。当然，期望不等于现实。有的期望经过努力可以变成现实，而有的期望只是幻想。在制订幼儿园管理目标时，要抓住期望，并将可能实现的期望转化为现实。管理者在长期工作中会产生许多期望，可以将它明确提出，并加以论证，使其转化为目标。

3. 总目标分解法

总的管理目标是指被幼儿园全体成员共同认同的体现幼儿园发展方向的前进目标，即给幼儿园定位，确定未来发展的方向。总目标比较概括，它是对幼儿园整体管理发展的规划，为了使它得到落实，还需要进一步分解。可以从两方面进行分解，一方面就是分出阶段，比如将五年目标分解成年度目标；另一方面按照部门分成职能目标，如保教工作目标、后勤工作目标等。一般先定出总体目标，再定分目标。这种方法将总体目标与个人联系起来。

三、幼儿园的目标管理

幼儿园的目标管理要重视以下四个方面的工作。

（一）构建完整、科学的幼儿园目标体系

幼儿园管理的首要任务是明确管理目标。所以幼儿园管理者要善于确定本园的管理目标。

管理目标是经过科学分析制订出来的。幼儿园目标管理，首先要制订幼儿园成员共同认同的总体目标，即教育目标和管理目标；然后动员、组织各个部门和教职工制订与幼儿园总体目标相一致的部门目标和个人目标，构建幼儿园的目标体系。这样,即使总体目标有了分解和落实,又使局部和个体目标有了总体的指向和一致性,并以此统一思想和行动,共同追求目标的成果。

幼儿园管理目标包括以下内容:①领导队伍建设目标。②教职工队伍建设目标。③组织机构建设目标。④制度建设目标。⑤保教管理目标。⑥德育管理目标。⑦卫生保健管理目标。⑧办园条件目标。⑨教育研究管理目标。⑩幼儿园、家庭、社区协调管理目标。这些管理目标在幼儿园实际工作中是一个完整的有机体,它们之间有交叉,幼儿园管理者不要孤立地看待各项管理目标。

(二)建立管理系统

幼儿园的管理系统的建立包括组织机构的建立与规章制度的制订。组织机构可根据幼儿园的规模及实际情况而定,要本着精简高效的原则,机构不要虚设,每个机构都应充分发挥作用。规章制度既要符合国家与主管部门的有关规定,又要反映出本园的特点,可以借鉴其他幼儿园的规章制度,但不可照抄、照搬,更不能机械地模仿。

(三)理顺关系,积极实施目标

幼儿园目标管理是围绕着幼儿园总体目标而进行的一系列管理活动的过程。建立组织机构并不等于管理工作可以顺利运行,因为各机构、岗位、人员之间存在着许多错综复杂的关系,若不理顺这些关系,工作就很难开展,目标就无法实现。因此,幼儿园管理者在管理过程中要花大力气理顺关系,实施目标。

1. 建立岗位责任制,明确各岗位职责

幼儿园的每个岗位都要有非常明确的权限和责任,管理者可以依此对相关人员进行考核、检查和奖惩。要特别注意那些具有交叉性质的岗位,一次不能明确的,可在动态中不断调整。

2. 提高管理人员的管理水平

实践证明,管理能力经过训练是可以得到提高的。如果管理人员的管理能力不高,他们就会不知如何配合,难以协调工作。故提高管理人员的管理水平是理顺人员关系的有效措施。

3. 提高教职工的成熟度

提高教职工的成熟度是实施幼儿园目标管理的有效方法。教职工的成熟度主要是指教职工的政治觉悟、专业知识、业务能力等状况,表现为教育素养、教育信念、爱岗敬业精神、主人翁态度、集体荣誉感、责任心、成就感、协作能力等。幼儿园教职工的成熟度越高,就越容易使个人目标与集体目标相一致。相应地,幼儿园管理目标的参与度、幼儿园成员之间的协调度和自控能力就会高,目标整合度以及目标的达成度也就随之大大提高。

要提高教职工的成熟度,幼儿园管理者就要了解幼儿园教职工的成熟度状态,有针对性地采取恰当的目标管理方法和领导方式。一方面,通过培训提高幼儿园保教人员的素质。另一方面,树立榜样,鼓励和表彰责任感强、贡献大的教职工。同时,帮助成熟度不高的教职工提高认识、提高业务水平,加快他们成熟的进程,并提倡树立集体的成就与个人的发展完美结合的理念。幼儿园管理者要为教职工提供成长的机会,最大限度地满足教职工的政治进步、业务进修、学术交流、职务晋升、职称评定等方面的需求。

4. 科学安排,建立良好的工作秩序,养成良好的工作习惯

幼儿园有不同部门,每个部门又有不同的目标。幼儿园管理者要把不同层次、不同部门、不同项目的目标实施都科学地组织安排好,使其既能相互促进,又不相互干扰,都能为幼儿园总体目标服务。

良好的工作秩序与习惯可以转化为无形的管理力量,能够确保组织机构的正常运行和各种规章制度的有效执行。良好的工作秩序与习惯的形成依赖于规章制度在管理过程中所维持的严肃性。所以,规章制度一经形成,就必须严格执行,久而久之就会形成良好的工作秩序和习惯。

5. 形成良好的园风

形成良好的园风,就是要使全园教职工树立高尚的情操和正确的价值观念,将个人的需要与组织的需要紧密结合起来,以形成团结友爱、敬业爱岗、勇于奉献的良好风尚。良好的园风可以将教职工的精力和关注点都投入工作中。

6. 控制目标

控制是幼儿园管理者为保证幼儿园实际工作与计划相一致而采取的管理活动。一般是通过对计划执行情况的监督、检查,及时发现目标偏差,找出原因,采取措施,纠正偏差,以实现幼儿园管理目标的过程。为有效控制目标,必须高度重视信息反馈,及时发现目标与变化着的客观实际之间的矛盾,以校正原定目标,修正和完善指令,使之更符合实际情况,争取最好的效果。

7. 为幼儿健康成长创造良好的条件

保证幼儿身心全面发展是幼儿园一切工作的出发点和最终归宿。幼儿园的管理任务,就是要为幼儿的成长与发展创造良好的条件,使幼儿在幼儿园中有很好的发展空间和机会。

(四)评估目标达成

评估目标达成就是依照标准对目标执行的结果进行检查、验收,以确定目标完成的程度。一个管理周期结束时,应该根据原来制订的总体目标、部门目标、

个人目标,评议实施成果。评议应该由下而上,层层落实。评议时,应该将实际成果与目标进行比较,看目标实现的程度,以明确工作质量差异,肯定成绩,总结经验,找出差距,吸取教训。然后,根据评议和总结的结果,明确下一周期需要解决的主要问题,作为制订下一步管理目标的依据。评议之后,还应该实施奖惩,奖惩实质上是整个目标管理的有效反馈,使目标具有必须实现、不容懈怠的权威性。

四、幼儿园管理目标与目标管理的关系

幼儿园管理目标与目标管理既相互联系又互相区别。二者的联系表现为:第一,幼儿园管理目标是目标管理的前提,没有管理目标就没有目标管理的依据。目标管理是实现管理目标的手段,没有目标管理,管理目标就失去了存在的意义。第二,幼儿园管理目标是目标管理的方向,没有管理目标作为成就标的,目标管理就失去了追求的动力。目标管理是检验管理目标的标尺,没有目标管理的检验,管理目标无法体现其价值。二者的区别表现在:管理目标是幼儿园管理工作努力的方向和结果,是一种静态的表现形式;目标管理是幼儿园工作的运行过程,是一种动态的表现形式,要实现管理目标,必须对其进行科学管理。因此,管理目标与目标管理是相辅相成的统一体,二者缺一不可。为调动幼儿园保教人员的积极性,需要在合理制订管理目标的基础上实现目标管理。

▶阅读推荐◀

张燕,邢利娅.幼儿园组织与管理.北京:北京师范大学出版社,2000

▶思考与探索◀

1. 幼儿园管理过程包括哪些环节?
2. 幼儿园管理者在制订计划时应考虑和遵循哪些基本要求?
3. 联系实际,谈谈在计划实施阶段,幼儿园管理者要重点抓哪些工作。
4. 幼儿园工作总结要注意哪些问题?
5. 简述幼儿园的管理目标及特点。
6. 联系实际,谈谈幼儿园教育目标与管理目标的关系。
7. 幼儿园管理目标制订的依据有哪些?
8. 结合所学的理论,对某所幼儿园的工作计划进行分析。
9. 为你熟悉的一所幼儿园制订一份"三年目标管理方案"。
10. 到幼儿园调查,了解其管理目标的制订过程。

中篇 学前教育行政与园长工作

第一章
学前教育行政

【内容提要】 本章主要介绍教育行政、学前教育行政、幼儿园管理体制的概念,幼儿园管理体制的意义、作用以及世界教育管理体制的基本类型和变化趋势;回顾我国学前教育的方针政策,阐述我国幼儿园现行的内部领导体制及园长负责制的含义与实施要求,并探讨学前教育体制改革的途径。

【学习目标】 理解教育行政、学前教育行政、幼儿园管理体制的概念,了解世界教育管理体制的基本类型和变化趋势;理解我国学前教育的性质、任务及我国学前教育事业发展方针;熟悉我国幼儿园现行的内部领导体制和园长负责制的含义;掌握园长负责制的实施要求,了解当前学前教育体制改革的基本情况。

第一节 教育行政与教育行政体制概述

一、教育行政

(一)教育行政的概念与职能

行政有狭义和广义之分。狭义的行政是涉及国家政务的管理活动。广义的行政是对公共事务的管理。教育行政是国家行政的重要组成部分,它是指教育领域的行政管理,即国家权力机关为实现一定的目的,对各级各类教育进行组织管理和领导的行政活动。

我国教育行政职能主要体现为,各级教育行政机关发挥其宏观调控的职能,对国家教育事务进行管理。具体是指贯彻教育方针政策，拟定教育法令、规章，编制教育事业发展规划，任用、考核教育工作者，拟定教育经费，充实教育设备，开展教育科研，进行教育督导、教育评价和教育统计等工作。

（二）教育行政的特点

教育行政具有政治性和教育专业性的特点。

1. 政治性

教育行政的政治性指教育行政主体代表国家行使行政权力，体现国家的意志，通过教育行政管理和调控，保证教育的发展方向，培养特定社会的接班人等。

2. 教育专业性

教育行政作为教育管理的重要活动，通过教育行政的专业化、行业化管理，体现教育规律，使教育活动实现预期的目标，它具有很强的教育专业性。

教育行政是政治性和教育专业性的统一。教育行政的政治性寓于其教育专业性之中，并通过教育专业性活动得到体现。

（三）教育行政的作用

教育行政的作用是指教育行政主体对教育行政客体的作用，它主要通过权力限制作用和非权力促进作用实现行政领导和业务领导。权利方面的限制作用是指教育行政主体的权威性以及对客体的行为限制和制约性等。行政主体的权力作用主要是通过行政指令与教育立法等体现的。非权力方面的促进作用是指教育行政主体通过教育督导、教师培训、信息服务或教育经费划拨对行政客体在教育工作中的技术、专业等方面的指导和建议，或财力支持等。

二、教育行政体制

（一）教育行政体制的概念

教育行政体制是指一个国家教育行政组织系统，是国家对教育领导、管理的组织结构、工作制度的总称。它主要由教育行政系统机构的设立和各级教育行政机构的隶属关系及其相互间的职权划分等构成。

（二）世界各国教育行政体制的基本类型

教育行政体制隶属于国家行政体制，教育行政体制属教育行政范畴，和幼儿园管理、幼儿园管理体制分属不同的领域。了解教育行政体制将有助于幼儿园管理者更好地开展管理工作。

由于各国的政治、经济、社会状况、历史文化传统,以及教育事业发展水平的差异,各国的教育管理体制存在差异。按教育管理权划分,可以分为中央集权型体制、地方分权型体制以及中央和地方合作制的教育行政等三种形态。

1. 中央集权型体制

中央集权型体制又称"垂直的教育行政"。如法国、中国的教育行政,国家可直接干预地方教育,地方办学必须遵循国家统一的办学方针和政策,必须接受国家权力机关的指示和监督。比较教育学者把法国和中国的教育行政称之为中央集权制的教育行政。

2. 地方分权型体制

地方分权型体制又叫"平行的教育行政"。如美国、加拿大、德国的教育行政,地方自治的思想占统治地位,教育事业由地方自主管理。中央对地方的教育只处于援助、指导的地位。

3. 中央和地方合作制

中央和地方合作制又叫"均权制"。英国和日本的教育行政基本上属于中央和地方合作制,即在中央与地方的教育行政关系上,既不是严格的中央集权,也不是绝对的地方分权,而是强调中央与地方合作办教育。

(三)教育行政体制变化的趋势

1. 政府普遍加强了对教育的管理

出于政治理想的需要,各国政府都加强对教育的控制和管理。如美国各州教育部门的官员大多由州长任命或州政府官员兼任,教育经费预算案得报州长并转送州议会审核;在日本,地方教委成员的产生由选举改为由地方政府首长提名,并须经地方议会同意,教育经费案拟定权亦属地方政府知事等行政长官。

2. 地方分权制和中央集权制逐步靠拢

中央集权制和地方分权制各有优缺点。世界各国教育行政体制总的趋势是,地方分权型教育行政形态国家逐步加大中央的权限,注重加强国家管理教育的职能,呈现出集权化趋势;中央集权型教育行政形态国家逐步给地方更多的权限,呈现出非集权化趋势。

中央和地方相结合的均权制是比较理想的教育行政体制,它既能发挥中央的指导作用,又能发挥地方的积极性和创造性,从而提高教育行政的效率。

3. 设置参谋、咨询专业机构

很多国家的教育管理机构都设有咨询、审议机构和教育研究机构。咨询、审议机构,既有综合性的,又有专门性的,既有全国性的,又有地方性的。这类机构对于提高教育决策和执行机构的效能、发展教育事业具有积极作用。而教育研究机构有助于教育行政组织直接而有效地解决实际教育问题。

（四）我国教育行政体制

我国现行的教育行政体制是中央统一领导下的分级管理的体制。分级管理体制是指在中央统一的方针政策的领导下,对教育事业实行中央教育行政和地方教育行政两级管理,对各级、各类教育有职责分工。在中央政府一级设教育部,省、市、县三级分设专门性的教育行政组织,乡镇一级成立中心校,负责本乡镇的教育行政管理。中央教育行政与地方教育行政对各级各类教育有一定的职责分工,地方教育行政组织受中央统一领导。

第二节　学前教育行政与学前教育行政体制

一、学前教育行政

学前教育行政又叫幼教行政,它是国家教育行政的重要组成部分,以学前教育行政管理为基本内容,由国家通过政府的教育行政部门对学前教育事业进行领导和管理。学前教育行政主要是指国家及地方各级教育行政机构对学前教育事业的宏观管理,主要包括国家及地方教育行政部门通过制订规划、法规、政策等,对学前教育事业的发展进行组织、协调、引导、督导和评估,并与有关部门协调关系等,以保证学前教育事业的健康发展。

二、我国学前教育事业的发展方针

（一）学前教育的性质和学前教育事业的发展

1. 我国学前教育的性质与任务

《国务院关于当前发展学前教育的若干意见》指出:"学前教育是终身学习的开端,是国民教育体系的重要组成部分、重要的社会公益事业。"学前教育不仅是我国社会主义教育事业的一个重要组成部分、基础教育的有机组成部分、学校教育制度的基础,还是社会的公益事业,具有社会福利性和公益性。学前教育机构担负着教育幼儿和服务家长的双重任务。

2. 1978 年以来我国学前教育事业的发展与政策

（1）拨乱反正,学前教育事业纳入政府议事日程(1978～1986 年)。1979 年6 月 18 日,全国"托幼机构领导小组"成立,《城市幼儿园工作条例(试行草案)》(1979 年)《关于试行幼儿园教育纲要(试行草案)的通知》(1981 年)《关于发展农村幼儿教育的几点意见》(1983年)《关于进一步办好幼儿学前班的意见》(1986年)等学前教育管理的相关制度陆续出台。1979年中国教育学会学前教育研究会成立,1986年更名为中国学前教育研究会。

(2)改革管理体制,依法治教,学前教育事业持续发展(1987~1995年)。1989年8月出台的《幼儿园管理条例》规定:"国家教育委员会主管全国的幼儿园管理工作,地方各级人民政府的教育行政部门,主管本辖区内的幼儿园管理工作。"建立起省、地、乡四级学前教育行政管理、教研、科研、培训网络。制订"按类收费"的标准,引导学前教育走上"按质论价"的市场经济道路。这是新中国第一个学前教育行政法规。

(3)社会变革,学前教育事业艰难曲折发展(1996~2000年)。1997年7月出台《全国幼儿教育事业"九五"发展目标实施意见》,幼儿入园率稳中有降。教育部门办园和民办园的数量增长,集体办园的数量下降,农村入园率下降。"九五"期间,园长和教师的专业化水平得到较大提高。

(4)深化改革,建立新的管理体制,学前教育事业得到一定发展(2001~2009年)。2003年3月《关于幼儿教育改革与发展的指导意见》出台,旨在落实各级政府责任,明确各部门管理职能的重点工作内容和学前教育"按成本合理收费"的原则。《中华人民共和国民办教育促进法》(2003年9月1日起施行)规定:"民办教育事业属于公益性事业,是社会主义教育事业的组成部分。国家对民办教育实行积极鼓励、大力支持、正确引导、依法管理的方针。各级人民政府应当将民办教育事业纳入国民经济和社会发展规划。""十五"期间,在园幼儿人数下降,直至2005年才恢复,但城乡水平差异极大。2006年,集体性质幼儿园减少,民办幼儿园上升,教师学历提高得很快,但教师没有职称的现象更严重,农村幼儿园师生比例过高的现象也没有得到根本缓解。

(5)学前教育快速发展时期(2010年至今)。《国家中长期教育改革和发展规划纲要(2010~2020年)》指出:"积极发展学前教育,到2020年,普及学前一年教育,基本普及学前两年教育,有条件的地区普及学前三年教育。重视0至3岁婴幼儿教育。""重点发展农村学前教育。努力提高农村学前教育普及程度。着力保证留守儿童入园。采取多种形式扩大农村学前教育资源,改扩建、新建幼儿园,充分利用中小学布局调整富余的校舍和教师举办的幼儿园(班)。"《国务院关于当前发展学前教育的若干意见》(国发[2010]41号)指出:"大力发展公办幼儿园,提供'广覆盖、保基本'的学前教育公共服务。加大政府投入,新建、改建、扩建一批安全、适用的幼儿园……制订优惠政策,支持街道、农村集体举办幼儿园。"为落实学前教育政策,各地制定了《学前教育三年行动计划》,并组织实施,学前教育自此进入发展的快车道。

尽管如此,我国学前教育事业发展还存在一些问题,如政府职能弱化、观念认识模糊、行政管理薄弱等状况并没有彻底改观;政府财政支持的力度与期望相比尚显不足;幼儿教师编制不落实,教师队伍不稳定;学前教育小学化倾向等违反教育规律的现象愈演愈烈;乱收费、入园难等问题没用从根本上得到解决。

(二)我国学前教育事业发展的方针

我们党和政府一贯重视学前教育,从解放初期至今,在社会发展的不同阶段都提出了学前教育事业的发展方针。

1951年,政务院发布的《关于改革学制的决定》规定:"幼儿园应在有条件的城市首先建立,然后逐步推广。"

1956年,国家制定的学前教育的发展方针是:"在城市中由厂矿、企业、机关、团体、群众举办。在农村提倡农业生产合作社举办(主要是季节性托儿所和幼儿园)。教育行政部门在可能条件下,应有计划地办一些幼儿园。卫生、教育部门应办好几个托儿所和幼儿园,使它们起示范作用。"

1979年,国务院召开了全国托幼工作会议,会议提出学前教育的发展方针是"坚持'两条腿走路',即国家办园和社会力量办园相结合的发展学前教育事业的方针。"

1983年,教育部出台的《关于发展农村幼儿教育的几点意见》指出:"发展幼儿教育必须坚持'两条腿走路的方针'。""农村应以群众集体办园为主,充分调动社(乡)、队(村)的积极性;县、镇则应大力提倡机关、厂矿企事业、街道办园,并支持群众个人办园。与此同时,要积极恢复发展教育部门办的幼儿园。"

1988年,学前教育的发展方针是:在地方人民政府举办幼儿园的同时,主要依靠各部门、各单位和社会各方面的力量办园。1989年12月16日发布的《国家教委关于实施〈幼儿园管理条例〉和〈幼儿园工作规程(试行)〉的意见》指出:要从我国的具体国情出发,坚持因地制宜、实事求是的原则。

1992年2月国务院颁布的《九十年代中国儿童发展规划纲要》规定:积极发展学前教育,坚持"动员社会力量,多渠道、多形式地发展幼儿教育"。国家教委印发的《全国幼儿教育事业"九五"发展目标的实施意见》(1997年)指出,要继续贯彻国家、集体和公民个人一起办园(班)的方针,多种形式地发展学前教育事业,为更多的幼儿提供学前教育的机会。《国务院关于深化教育改革,全面推进素质教育的决定》(1999年)规定:积极发展以社区为依托的、公办与民办相结合的学前教育。要因地制宜地制定优惠政策(如土地优惠使用、免征配套费等),支持社会力量办学。凡符合国家有关法律法规的办学形式,均可大胆试验。

2010年7月,《国家中长期教育改革和发展规划纲要(2011~2020年)》出台。它为我国的学前教育发展提出新的发展方针:"把发展学前教育纳入城镇、社会主义新农村建设规划。建立政府主导、社会参与、公办民办并举的办园体制。大力发展公办幼儿园,积极扶持民办幼儿园。""支持贫困地区发展学前教育。"

我国学前教育的发展方针对我国学前教育发展起到了重大的推进作用。从国情出发,从国际学前教育的发展经验与趋势来看,灵活办学与政府引导的发展方针应该继续坚持下去,并得到切实落实。

三、我国学前教育行政体制

我国对各级各类教育的管理实行中央与地方两级管理体制。

1985年出台的《关于教育体制改革的决定》指出:"把发展基础教育的责任交给地方",学前教育管理体制是"地方负责,分级管理和有关部门分工负责"。1987年,国务院办公厅转发了国家教委等部门联合下发的《关于明确幼儿教育事业领导管理职责分工请示的通知》,这一文件明确了学前教育事业"必须在政府统一领导下","实行地方负责、分级管理和有关部门分工负责的原则"。这确定了我国学前教育的管理体制是地方负责、分级管理和有关部门分工合作,全社会和各有关部门相互配合、密切合作,共同发展学前教育。

1988年,国务院办公厅转发了国家教委等部门下发的《关于加强幼儿教育工作的通知》,确定了教育部门作为主管部门的具体职责。自此,教育部门开始承担对各类幼儿园进行示范和分类指导的职责,加强了与各幼儿园主办单位的联系,共同努力,积极推动了幼儿教育事业的健康发展。1989年国家教委颁布的《幼儿园管理条例》明确了中央与地方两级管理的职责,"国家教育委员会主管全国的幼儿园管理工作",其主要责任是决策,对全国的幼儿教育进行宏观管理。国家教委的有关司处,按照"统一领导、分工负责"的原则统一管理全国的幼儿教育事业。"地方各级人民政府的教育行政部门,主管本行政辖区内的幼儿园管理工作。"学前教育是全社会的事业,涉及卫生、福利、文化、经济等诸多方面,需要得到全社会的支持关心和参与。学前教育既有教育性,又有社会公共福利性、服务性,因而,学前教育行政体制区别于一般基础教育的行政管理体制。

《九十年代中国儿童发展规划纲要》提出:"发展社区教育、建立起学校(托幼园所)教育、社会教育、家庭教育相结合的育人机制,创造有利于儿童身心健康、和谐发展的社会和家庭环境。"1999年出台的《国务院关于深化教育改革全面推进素质教育的决定》规定:积极发展以社区为依托的、公办与民办相结合的学前教育。要因地制宜地制定优惠政策,支持社会力量办学。

《中国儿童发展纲要(2001~2010年)》(2001年)规定:发挥学校、家庭、社会各自的教育优势,充分利用社会资源形成教育合力,促进学校教育、家庭教育、社会教育的一体化。《全国家庭教育工作"十五"计划》(2002年)规定:提高家庭教育水平既是儿童发展的重要保障,也是提高全民族素质的重要前提。《国务院办公厅转发教育部等部门(单位)关于幼儿教育改革与发展指导意见的通知》(2003年),在强调坚持实行地方负责、分级管理和有关部门分工负责的幼儿教育管理体制的同时,也详细规定了部门的职责分工,并提倡充分发挥各级妇女儿童工作委员会和妇联组织的作用,推动学前教育事业健康发展。

《国家中长期教育改革和发展规划纲要(2010~2020年)》规定,中央政府统一领导和管理国家教育事业,制定发展规划、方针政策和基本标准,优化学科专业、类型、层次结构和区域布局。整体部署教育改革试验,统筹区域协调发展。地方政府负责落实国家方针政策,开展教育改革试验,根据职责分工负责区域内教育的改革、发展和稳定。加强省级政府教育统筹。统筹推进教育综合改革,促进教育区域协作,提高教育服务经济社会发展的水平。支持和督促市(地)、县级政府履行职责,发展管理好当地各类教育。成立教育咨询委员会,为教育改革和发展提供咨询论证,提高重大教育决策的科学性。建立和完善国家教育基本标准。培育专业教育服务机构。积极发挥行业协会、专业学会、基金会等各类社会组织在教育公共治理中的作用。

我国实行的中央和地方两级教育管理体制,在具体实施需要注意如下几点。

(一)政府负责,幼儿教育管理地方化

我国幼教管理体系的特点之一是地方化,主要表现为政府负责,幼儿教育地方化;教育部门具有主管作用,担负综合管理、社会协调以及业务指导等职能。

(二)分级管理,教育部门发挥主管、主导作用

教育行政部门发挥主管、主导作用,实现行业化、专业化管理;各级政府的教育职能部门对幼儿教育负有领导职责。

(三)分工负责,幼儿教育管理社会化

幼儿教育既具有教育性又具有社会服务性。我国幼儿教育事业管理社会化的趋势,主要表现为以下几方面:政府等部门承担职责,形成合力;承办单位拥有一定的管理职责;社会统一协调,实现行业以及社会化管理的统一等。

四、幼教行政机构的设置及职责

我国政府高度重视学前教育。1949年10月,我国教育部初教司内设"第二

第一章 学前教育行政

处",主管幼儿教育,以加强对学前教育的管理。1952年11月改为"幼教独立处",直属教育部相关部长领导。这是我国第一个幼儿教育中央领导机构,负责全国学前教育工作的管理。北京、天津、上海等市教育局在20世纪50年代先后设幼教处,作为学前教育的行政领导机构。

1978年7月,教育部在普教司内设幼教、特教处。1980年4月,普教司更名为初教司,即基础教育司,下设幼儿教育处主管全国学前教育工作。

1979年,国务院成立托幼工作领导小组,下设托幼办,以加强对托幼园、所的领导。各省、自治区也先后设立相应的托幼工作领导机构。1982年,托幼领导小组在机构改革中被撤销,地方托幼领导机构也陆续被撤销。

教育部颁布的《城市幼儿园工作条例》(1979年)要求:"各级教育行政部门应建立幼儿教育的领导机构或设专职干部。本地区各种类型幼儿园的保教业务、师资培训和科研工作。"1983年9月,教育部下发的《有关发展农村幼儿教育的几点意见》强调:"加强对农村幼儿教育工作的领导和管理。各省(市)、自治区教育行政部门应配备和充实幼教专职干部,定期对农村幼教工作进行检查和督促。县教育部门要负责农村幼教工作的业务指导和园长、教师培训,办好县示范性幼儿园,开展公社中心幼儿教育的研究,组织交流经验。"

国家教育委等部门下发《关于明确幼儿教育事业领导管理职责分工请示的通知》,明确了各有关部门对幼儿教育工作的职责分工。之后,各省、自治区、直辖市和计划单列市教育委员会(厅、局)陆续设置了幼儿教育领导机构,区、县也逐渐配备了幼教专职干部,使幼教工作的领导与管理有了组织上的保证。

教育部门的管理职责主要有六项:一是贯彻国家有关幼儿教育工作的方针、政策、指示,拟定行政法规和重要的规章制度;二是研究拟定幼儿教育事业发展方针,综合编制事业发展规划;三是负责对各类幼儿园的业务领导,建立领导和评估制度;四是组织培训各地幼儿园的园长、教师,建立园长、教师考核和资格审定制度;五是办好示范性幼儿园;六是指导幼儿教育科学研究工作。

基层幼教行政的职能主要有:一是面向各类托幼园、所实行统一管理,包括注册登记、教师资格审查、保教质量控制等;制定适合本地区的规章制度并逐步完善,管理园、所工作;统一规划或计划本地区幼教事业发展,并分类、分层指导,分级达标。二是视导工作规范化。设有一定数量的视导员,负责对所辖区域幼儿园进行视察和指导,了解幼儿园执行教育政策、法规的情况,辅导和帮助园、所分析问题,改进工作,促进教育质量的提高。同时,向幼教行政机关提供视导工作报告。通过多种方式对幼儿园进行全面视导和专题视导。三是有计划地开展教研活动和培训工作。教研人员负责协助配合各个时期的行政工作重点,开展多种形式的教研活动。教研活动一般可按专题或地区进行组织。四是抓好示范园、中心园,以点带面,建立业务网络。加强示范园建设,对园领导班子、管理制度和教学科研等方面给予指导,并提出具体落实措施,从而促进其质量的提高。可以将建设示范园与形成所属地区幼教业务网络结合起来,在各类园、所之间建立固定的、经常化的联系,推动区域幼教工作发展。

第三节　幼儿园管理体制

一、幼儿园管理体制的概述

（一）幼儿园管理体制的含义

幼儿园管理体制又称幼儿园领导体制,是指幼儿园领导系统中上下左右之间的权力划分,以及实施领导职能的组织形式和组织制度。它主要包含如下内容:幼儿园领导体制的结构,即幼儿园领导体制内部上下左右的相互关系;幼儿园领导的幅度,即幼儿园领导者所管辖的下属机构的层次与部分的限度;幼儿园领导者的职责与权限的划分;幼儿园领导者的管理制度,即幼儿园领导者的选择、培养、使用和职务任期的规定,行为准则与条例等。幼儿园管理体制的基本含义有两个方面:一是反映幼儿园内部的领导结构方式以及园长的地位和权限范围;二是反映幼儿园的上属领导关系。

（二）幼儿园管理体制的意义和作用

第一,幼儿园管理体制是确保完成育人任务的重要前提。实行什么样的领导体制,关系到能否选好幼儿园领导干部并充分发挥其积极性,以施展其办园才干的问题。

第二,幼儿园管理体制是幼儿园内外工作协调配合的手段。实行什么样的领导体制,关系到能否调动教职工的积极性,群策群力办好幼儿园的问题。实行什么样的领导体制,关系到能否切实有效地加强和改善党对幼儿园领导的问题。

第三,幼儿园管理体制是提高幼儿园管理水平的首要条件。

二、我国幼儿园内部领导体制

1989年,国家教育委员会颁布的《幼儿园管理条例》规定:"幼儿园实行园长负责制。园长在举办者和教育行政部门领导下,依据本规程负责领导全园工作。"

中共中央、国务院颁布的《中国教育改革和发展纲要》(1993年)指出:"中等及中等以下各类学校实行校长负责制,校长要全面贯彻国家的教育方针和政策,依靠教职工办好学校。"按照这个精神,幼儿园园长负责制在全国逐步推行。

国家教委颁布的《幼儿园工作规程》(1996年)规定:"幼儿园实行园长负责制,园长在举办者和教育行政部门领导下,依据本规程负责领导全园工作。"

《中华人民共和国民办教育促进法》(2002年)规定,"民办学校校长负责学校的教育教学和行政管理工作"。

三、我国幼儿园内部领导体制改革——园长负责制

（一）实行园长负责制的必要性

1.园长负责制有利于加强和改善党对幼儿园工作的领导

中国共产党的领导是办好幼儿园的根本保证,任何一种办园体制,都必须坚持共产党领导。党的领导是政治领导,是路线、方针、政策的领导,不是行政领导,是通过党员的模范行动体现的。

实行园长负责制,党支部能够从行政事务工作、保教和行政领导工作中解脱出来,从而可以集中精力加强和改进党的自身建设和思想政治工作。这样,既提高了行政工作的效率,调动园长的积极性,又避免了由于职责不清所带来的互相扯皮、党政不和、效率不高等现象。

2.园长负责制有利于加强科学管理,提高工作效率

职、权、责统一是管理的基本原则,职权是人们担任一定职务所必须拥有的权力,职责是完成任务的义务和应负的责任。权责要对等,有职无权,有权无责,都是管理中的大忌。园长对幼儿园工作没有决策和指挥的权力,就无法对幼儿园进行有效的管理。党支部对幼儿园行政、保教工作实行集体领导,必然会因业务不熟造成行政迟缓、效率不高。

实行园长负责制,有利于实行严格的责任制,园长负责制的核心是责任制,责任制的前提是内行管理,不是业务上的内行就无法实行责任制。党的基层组织是政治组织,是按一定的政治原则组织起来的,政治组织适宜于解决政治问题,而不适宜解决单纯的业务问题,如果把党的基层组织变成业务专家班子,组织的性质就变了。内行、外行混杂,研究问题时意见纷纷,难于对业务工作进行有效的领导。

如果在实行园长负责制的同时,实行园长任期目标责任制和聘任制,就可以使管理幼儿园的责任及相应的职权统一于园长一身。这样有利于幼儿园行政工作的统一指挥,有利于建立层层负责的岗位责任制,从而提高幼儿园行政工作的效能。

3. 园长负责制有利于调动广大教职工参与幼儿园管理的积极性

实行园长负责制有利于形成决策集体化的新机制，保证决策的正确性，这是科学管理的前提和基础。重大问题的决策，必须由园长主持，采用科学的方法，按照科学程序，进行科学论证，提出决策方案，经过园长办公会议认真讨论研究，再经过教职工代表大会审议，最后才作出决策。决策的过程是民主集中的过程，园长负责制要保障教职工当家做主的权利。

（二）园长负责制的含义

园长负责制是幼儿园在上级的宏观领导下，以园长全面负责为核心，党支部保证监督，教职工民主管理有机结合，为实现幼儿园工作目标，充分发挥行政管理功能的幼儿园领导关系的结构体系。即上级机关领导，园长全面负责，支部保证监督，教职工民主管理。

1. 上级机关领导是指幼儿园由上级教育行政部门领导

2. 园长全面负责是指园长对外代表幼儿园，对内领导和负责全园的工作

园长是幼儿园行政的最高负责人，是幼儿园的法人代表，处于幼儿园的中心地位，对外代表幼儿园，对内领导和负责全园的保教、科学研究和行政管理工作。

园长负责制首先要求园长有职、有权、有责，他对幼儿园工作应具有决策权和指挥权，管理幼儿园要有统一的指挥、统一的意志。全园师生员工要自觉服从园长的领导和指挥。以园长为首的园务委员会是一种审议机构，协助园长进行决策。副园长是园长的助手，协助园长管理幼儿园。幼儿园的各处室、各种委员会以及年级组、教研组等行政机构，在园长的领导下，实现幼儿园的工作计划，完成各种任务。

3. 党组织的作用是保证与监督

坚持党的领导是我们立国的基本原则，党的领导主要是政治领导和思想领导。幼儿园实行园长负责制以后，党支部集中力量，加强党的自身建设，发挥党员的先锋模范作用；加强思想政治工作，团结全体师生员工，大力支持园长的工作，保证和监督党的各项方针政策的落实和国家教育计划的实现。

4. 教职工民主管理是指教职工有参与管理幼儿园的权利

建立健全教职工代表大会制度，使教职工参加幼儿园的民主管理和民主监督，这是我国幼儿园管理史上的一个创举。长期以来，幼儿园管理者对教职工参加幼儿园管理重视不够。《中共中央关于教育体制改革的决定》规定，要建立和健全教职工代表大会制度。这不仅解决了党政分工和职权责统一的问题，还解决了教职工参加幼儿园民主管理和民主监督的问题，使幼儿园领导体制更加完善。

四、幼儿园管理体制改革

(一)转变管理观念,树立现代管理意识,提高管理人员素质

转变观念,提高认识,这是幼儿园管理体制改革的前提条件。教育行政部门领导、园长及幼儿园领导班子其他成员应在思想观念上适应园长负责制的要求,更新观念,改变旧体制下形成的老观点和老做法;要树立新的权力和领导关系结构观念,要有革新思想和创新精神。

园长负责制不是园长一个人单打独斗,而是依赖整个组织全体人员共同的活动。它不但对园长的素质有特殊的要求,而且对幼儿园中其他领导管理人员也提出新的要求。如果幼儿园领导班子中其他成员的素质条件不理想,那么园长本领再大,也是难以成事的。所以,在实行园长负责制的准备阶段中,必须选准园长,组建合理的幼儿园领导班子。

首先,上级领导机关要按照国家有关干部选任的法规,把好选任关,保证园长人选的合格,防止用人决策的失误。

其次,园长必须正确处理好与上级领导、园内党、政、群等多方面的关系。对上级必须接受领导,并主动争取其对幼儿园工作的支持;对内要主动争取党组织的保证、监督,依靠教职工,充分发挥教代会的作用,贯彻民主集中制的原则,做到科学决策、民主决策,发挥合力作用和整体效应。这一切都取决于幼儿园领导干部自身的素质。因此,实行园长负责制的同时,努力建设一支合格的幼儿园领导干部队伍必须提上日程。有针对性、有计划地组织培训便是重要措施之一。

(二)理顺领导关系,强化管理职能

1. 确立园长的办园中心地位,确保园长的办园自主权

幼儿园实行园长负责制,园长向政府主管部门承担幼儿园管理的全面责任,对幼儿园的保教及其他各项工作实行统一领导、全面负责。园长负责制赋予园长行使以下几种权力。

(1)决策权。在国家有关法律、法规、政策允许的范围内,园长有权对本园的保教和行政工作进行决策。园长在决策之前,要召开各种会议,听取各方面的意见,最后由园长拍板。

(2)指挥权。园长接受上级教育行政部门的领导,幼儿园各管理机构接受园长的统一指挥,这样可以避免政出多门。但是,集权与分权要结合起来,统一领导与分层管理要结合起来,各级有各级的职权,各级要干各级的事,要建立严格的岗位责任制。

(3)财务管理权。园长有权按国家有关政策和规定,合理支配、使用幼儿园经费、教育教学设施设备和幼儿园其他财产。

(4)人事权。园长在认真听取教职工意见的基础上,经与幼儿园党组织共同考察、讨论后,有权提名和任免副园长及其他行政干部,并按照当地干部管理权限规定的不同,报上级主管部门批准或备案。园长有权根据幼儿园发展的需要招聘新教师并对园内教师的工作进行适当调整。园长有权按照有关规定和程序对教职工进行考核、奖惩。园长对教职工的重大奖励和行政处分需听取幼儿园党组织和工会的意见,并按有关规定,报上级行政部门批准。

除以上权力外,园长还拥有国家和政府主管部门授予的其他有关权力。

2. 理顺党政关系

党政关系是指幼儿园党组织与行政组织的关系,实质上党政之间是分工与合作、支持与尊重、监督与被监督关系。要强调分工,即分工明确,各司其职,这是理顺党政关系的前提。党组织在幼儿园中发挥保证和监督作用,不论园长是否党员,在思想、政治、作风、品德、纪律、执行方针政策等方面,都应主动接受党支部的监督。园长应充分行使自己的职权,发挥自己的聪明才智,对幼儿园工作进行有力的领导。同时,园长应该主动争取党支部的支持和监督,主动吸引党支部参与重大问题的决策;园长应与党支部配合开展教职工的思想政治工作,并协助党支部做好其他工作。

(三)实行民主管理

1. 处理好领导与群众的关系

正确处理园长和群众的关系,就是正确贯彻民主集中制原则,在民主的基础上集中,在集中的指导下民主,使集中和民主在工作中相得益彰,达到辨证的统一。

园长负责制与教职工参加民主管理是相互依存的两个方面。教职工要服从园长的领导,园长要虚心听取群众的意见,接受群众的监督。教职工不仅是管理的对象,还是管理的主体,他们有权力、有责任参加幼儿园管理。园长要尊重教职工的民主权利,发挥他们的主动性、积极性和创造精神,增强他们的责任感。参与和认同感,对于组织的巩固、工作的推进、士气的提高、心理气氛的改善是必不可少的。因此,园长要把自己的智慧与群众的智慧结合起来,在制订计划、做出决策时,要充分听取大家的意见。幼儿园的计划和决策如果体现了广大教职工的意志,就能得到大家的拥护和支持。

2. 处理好集权与分权的关系

集权与分权的关系是指幼儿园主要领导人与其他领导成员的关系。园长负责制要求园长对幼儿园工作全面负责,即有权力决定幼儿园工作。然而,园长一个人的力量是有限的,要想管理好一个幼儿园,必须有一个幼儿园领导班子,在幼儿园园长的领导下共同发挥作用。

因此,在幼儿园管理过程中园长既要集中使用权力,又要善于分配权力。领导班子成员之间,要合理分工,使每个领导成员都有职、有权、有责。园长既要集中领导、统一指挥,又要使每个领导成员能够放手工作,充分发挥作用,确保领导集体在工作中互相信任、互相支持。

3. 发挥组织的作用,强化民主管理体系

建立园务委员会、教职工大会制度,完善民主管理的组织形式。

(四)协调、调整幼儿园与社会的关系

1. 上级领导部门转变政府职能,为幼儿园的发展创造良好的外部条件

幼儿园组织系统是一个开放系统。园长要向学生、家长、幼儿园教职工负责,也要向上级领导部门负责。园长同上级部门是被领导和领导的关系。上级如何领导幼儿园,关系着园长负责制能否顺利实行。如果上级部门沿用老办法领导幼儿园,就势必事事统管得很死。因此,上级部门和幼儿园要同步进行体制改革,主要做好以下几方面工作。

(1)放权。园长有负责办园的自主权,在其职权范围内有权直接处理相关事宜,上级不必干预。

(2)改变管理方式。从以微观管理为主转向以宏观管理为主,从单纯的治理或管理转向服务式管理。

(3)推行简政措施,任务"归口"下达。克服多头领导,政出多门,精简会议,一要少开会,二要按职能分工召开会议,无须每会园长必到。从观念上说,上级部门要承认幼儿园是相对的实体,而不是上级部门的附属机构。

2. 要有法可依、有规可循,为幼儿园的发展提供法律保障

在推进幼儿园管理体制改革和园长负责制的过程中,会遇到一系列具体问题。国家或政府部门应及时总结经验教训,针对一些具体问题制订具体规定或实施细则,或以法律的方式推行。这是园长负责制得以正确有效实施的基本保证。

3. 幼儿园与上级党组织和上级教育行政机关要密切联系,争取更多的支持

不论园长是怎么产生的,都必须接受上级机关的领导,执行上级的指示,为本园的发展争取更多的支持。

第四节 学前教育行政体制改革

一、学前教育行政体制改革的原因与目标

(一)学前教育行政体制改革的原因

1. 社会发展与学前教育体制的矛盾

我国长期在计划经济体制下形成的以行政手段为主的学前教育行政管理体制,在改革开放的新形势下,越发显现出局限性。学前教育事业的发展太多地依靠国家、集体,没有充分发挥社会力量在办园方面的积极性。

2. 教育发展与学前教育体制的矛盾

进入21世纪,人们越来越深刻地认识到早期教育对人终生发展的重要影响。在广大农村地区,人们强烈地感受到文化知识的重要,对学前教育的需求不断扩大。但是,我国学前教育事业的发展规模还不能满足城乡群众需要。幼儿园师资数量不足,专业素质亟待提高,教师的聘用制度有待进一步完善,提高和稳定教师队伍的制度和措施还有待落实。

3. 儿童发展与学前教育体制的矛盾

目前幼儿园保育、教育和管理工作中较普遍地存在忽视儿童身心发展特点和不尊重教育规律的现象。有的幼儿园办园指导思想不够端正,以片面的智力开发来代替儿童的全面发展,重教学轻活动和操作,重作业轻游戏和自主探索;以教师为中心,忽视或否认儿童在选择学习内容、学习方法、学习进度、学习环境等方面的主动地位。

4. 社会发展与学前教育体制的矛盾

学前教育要适应现代社会的发展,反映并满足现代生产、科学文化发展的需要,达到现代社会发展所要求的先进水平。目前我国的学前教育管理在科学化、民主化、法制化以及管理方法和手段的科学化方面,离现代化的理想目标还存在一定的距离。

(二)我国教育行政体制改革目标及趋势

1. 我国学前教育行政体制改革的目标

我国学前教育行政体制改革的目标,是通过系统地改革现行的学前教育行政体制,逐步建立起中国特色的社会主义学前教育行政体制。

2.我国学前教育行政改革与发展的特征及趋势

(1)政府重视学前教育事业发展,并通过行政手段进行干预。一是加强对学前教育事业的领导、协调;二是重视幼儿生存、保护和发展,使幼儿权利保障法制化;三是学前教育行政管理目的性、自觉性不断增强。

(2)学前教育行政逐步走向依法治教的轨道。一是学前教育事业的发展客观上要求将学前教育行政纳入法制化的轨道;二是中华人民共和国成立以来可行的方针、政策需以法规的形式固定。

(3)学前教育行政管理趋于科学化。一是加强对幼儿教育科学研究,保证管理决策科学化;二是充分发挥专家、学者在学前教育行政决策中的咨询、参谋作用。

二、积极探索学前教育行政体制改革的有效途径

(一)加强学前教育行政部门自身建设,健全机构

我国学前教育领导体制随国家经济发展和学前教育事业的发展,经历了一个逐渐建立健全和完善的过程。以往的幼教体制主要存在以下问题:一是机构不健全,政府的教育职能部门中未设幼教机构;二是机构重叠,职责不明。

为此,要加强教育行政部门自身建设,从省到市、区、县建立并完善一整套管理体系,且各级学前教育行政职责分工明确,以加强对幼教工作的领导,推动地方学前教育事业的发展。

(二)其他政府部门和社会力量大力支持,搞好协调

学前教育是全社会的事业,需要全社会的支持、关心和参与,需要全社会和各有关部门配合、协作。《国务院关于当前发展学前教育的若干意见》指出:"各级政府要加强对学前教育的统筹协调,健全教育部门主管、有关部门分工负责的工作机制,形成推动学前教育发展的合力。教育部门要完善政策,制订标准,充实管理、教研力量,加强学前教育的监督管理和科学指导。机构编制部门要结合实际合理确定公办幼儿园教职工编制。发展改革部门要把学前教育纳入当地经济社会发展规划,支持幼儿园建设发展。财政部门要加大投入,制订支持学前教育的优惠政策。城乡建设和国土资源部门要落实城镇小区和新农村配套幼儿园的规划、用地。人力资源和社会保障部门要制订幼儿园教职工的人事(劳动)、工资待遇、社会保障和技术职称(职务)评聘政策。价格、财政、教育部门要根据职责分工,加强幼儿园收费管理。综治、公安部门要加强对幼儿园安全保卫工作的监督指导,整治、净化周边环境。卫生部门要监督指导幼儿园卫生保健工作。民政、工商、质检、安全生产监管、食品药品监管等部门要根据职能分工,加强对幼

儿园的指导和管理。妇联、残联等单位要积极开展对家庭教育、残疾儿童早期教育的宣传指导。充分发挥城市社区居委会和农村村民自治组织的作用,建立社区和家长参与幼儿园管理和监督的机制。"

(三)充分发挥基层学前教育行政职能,面向各类园、所加强管理和业务指导

随着学前教育体制改革,基层学前教育行政机构逐步建立起来,并配备了学前教育专业人员,从而有可能按教育规律,对各类园、所实施有效管理,提高保教质量。在学前教育行政体系或结构中,基层学前教育行政机构,起着直接落实学前教育政策、具体予以指导的关键作用。

▶ 阅读推荐 ◀

顾明远,石中英.《国家中长期教育改革和发展规划纲要(2010~2020年)》解读.北京:北京师范大学出版社,2010

▶ 思考与探索 ◀

1. 简述教育行政的特点。
2. 简述我国学前教育事业发展的方针。
3. 简述我国学前教育行政体制。
4. 教育行政部门的管理职责有哪些?
5. 基层学前教育行政职能主要是什么?
6. 我国幼儿园现行的内部领导体制是怎样的?
7. 园长应享有哪些办园自主权?
8. 谈谈应如何进行幼儿园管理体制改革。
9. 学前教育体制改革的途径有哪些?

第二章
幼儿园组织机构与规章制度

【内容提要】 本章主要介绍了幼儿园的组织机构和幼儿园规章制度的基本含义;指出幼儿园组织机构设置易出现的问题;讨论了幼儿园组织机构的层次与模式,以及幼儿园规章制度的作用;阐述了幼儿园组织机构的类型、建立幼儿园组织机构的依据、幼儿园规章制度的种类及内容;提出了幼儿园规章制度制订的原则,幼儿园规章制度制订的程序和幼儿园规章制度的执行与监督,并指出当前幼儿园规章制度存在的问题。

【学习目标】 正确理解幼儿园的组织机构和幼儿园规章制度的概念,了解幼儿园组织机构的层次与模式;明确幼儿园组织机构的类型,幼儿园规章制度的种类及内容;联系实际领会幼儿园规章制度制订的原则,幼儿园规章制度制订的程序,重视规章制度的执行与监督。

第一节 幼儿园组织机构

开展组织工作是管理的一项重要职能。没有合理、健全的组织机构,管理的职能就很难被发挥出来,因此,建立健全组织机构是实现管理目标的重要手段。幼儿园也是有层级的组织机构。

一、幼儿园组织机构的含义

幼儿园的组织机构是为实现幼儿园的教育目标和管理目标,将职务、岗位、人员组合起来,所形成的层次恰当、结构严密的管理体系。园长是幼儿园组织机构的核心人物,全面负责幼儿园的工作。但仅靠园长一个人是不可能完成幼儿园管理的各项任务的。为此,必须建立健全合理的组织,以便通过各级组织,使每个幼儿园成员的能力都得到最有效的发挥,使他们之间的工作相互配合、互相衔接。

二、幼儿园组织机构的类型

幼儿园的组织机构分两部分:一是行政性组织机构,这是以园长为核心的行政机构,负责全园的行政工作。二是非行政性组织机构,它对幼儿园起着保证、配合、监督和制约的作用,是幼儿园有效管理活动中不可缺少的一部分。这两部分相辅相成,缺一不可。

(一)幼儿园的行政性组织机构

1. 园务委员会

《幼儿园工作规程》(1996年)指出,"幼儿园可以建立园务委员会。园务委员会由保教、医务、财会等人员的代表以及家长代表组成。园长定期召开园务会议(遇重大问题可临时召集),对全园工作计划、工作总结、人员奖励、财务预算和决算方案,规章制度的建立、修改、废除,以及其他涉及全园工作的重要问题进行审议"。园务委员会是园长决策的咨询审议机构,其职责是审议幼儿园的重大决策,但它不是决策机构,也不是行政事务管理机构。这是提高决策科学性、避免失误的重要组织措施。

2. 行政会议

行政会议亦称园长办公会议。这是以园长为首的幼儿园行政负责人的日常工作会议,是一种体现集体领导的组织形式。会议由园长主持,主任以上职务的幼儿园干部参加;必要时请党支部书记、工会主席、团支部书记及有关人员出席。主要职责是讨论并决定日常行政工作中的重大问题;布置、安排、协调和检查工作。

3. 业务性组织机构

(1)保教辅助机构。图书馆、阅览室、资料室和卫生室等都是幼儿园保教工作的辅助机构。图书馆负责图书的采购、编目、保管和流通,阅览室负责报纸杂志的订购、保管和流通,资料室负责收集保教和幼儿园管理的各种信息资料,并对其进行加工、整理、编目和借阅。这三个部门以搞好图书、报纸杂志和各种资料的信息传播为工作目标,为保教和管理工作提供服务。卫生室要积极组织师生进行定期的体格检查,做好近视眼等常见病的防治工作,要经常在园里进行卫生宣传,并对全园师生的饮食卫生和生活习惯进行指导和监督。

(2)教研组。教研组一般由相同学科的教师组成。规模小的幼儿园可由相近学科的教师组成教研组;农村幼儿园可以中心幼儿园为核心建立联合教研组。

教研组是教学研究组织,其主要任务是:组织教师学习教育方针政策,端正教育思想;研究本学科的教学大纲、教材和教学方法,结合教学钻研教育理论和专业学科知识;组织备课,在个人钻研的基础上进行集体备课,以提高备课的质量;总结和交流教学经验,不断提高教学水平。

教研组组长应具有较高的教育教学能力,品行端正,并具有一定的组织管理能力,在组内享有较高的威信。

(3)班长。班组是幼儿园对幼儿进行保教的基层组织,是幼儿学习和生活的集体组织。班长是班组的组织者和领导者,幼儿园要重视班组建设,选拔责任心强并有一定组织能力的人担任班长。

(二)幼儿园的非行政性组织机构

1. 政治性组织机构

(1)中国共产党的基层组织。中国共产党在幼儿园的支部是幼儿园的政治性基层组织,在实行园长负责制的幼儿园里处于政治核心地位,起监督、保证作用。

(2)民主党派组织。民主党派在幼儿园的基层组织除了被它自身的上级领导外,还要在幼儿园党支部领导下,积极参与幼儿园管理工作:对幼儿园的重大决策提出合理化建议;对幼儿园干部和各方面工作进行监督。各民主党派要教育自己的成员,做好本职工作,成为幼儿园的骨干力量,同时还要加强自身的思想建设和组织建设。

2. 群众性组织机构

幼儿园的群众组织很广泛,幼儿园中的各类人员都可以成为不同群众组织的成员。各类群众组织各自联系着一部分群众,能够反映来自各方面的意见和要求,能够从各自的特点出发,围绕幼儿园工作目标开展多种形式的活动。群众组织是幼儿园党政组织联系群众的纽带和桥梁。充分发挥群众组织的作用,有利于推动幼儿园各方面的工作。

(1)共青团组织。共青团是党领导的先进青年群众组织。幼儿园共青团组织接受上级团委和幼儿园党组织的领导,也接受以园长为首的行政组织的指导。团组织是幼儿园党和行政组织的得力助手,发挥团结教育幼儿园广大青年的核心作用。

(2)工会和教代会组织。工会是广大教职工的组织,它接受上级工会的领导,同时也直接在幼儿园党组织的领导和行政组织的指导下开展工作。它的任务主要是协助党组织和行政组织做好教职工的政治、文化、业务学习工作,在民主管理中,积极发挥参与作用。

教代会是幼儿园实行民主管理和民主监督的基本组织形式,办学规模小的幼儿园可以用全体教职工大会代替它。在现行的幼儿园领导体制中,它是教职工行使民主权利的机构。教代会代表应以教师为主,代表须经民主选举产生。

三、建立幼儿园组织机构的原则

随着我国社会主义市场经济的推进,管理者更重视组织的实用性及效能的发挥。幼儿园的组织机构不再是由上级行政部门安排,而是由幼儿园管理者建立。为了使幼儿园组织机构发挥更大的作用,在建立组织机构时必须遵循下列原则。

(一)组织结构要合理、科学

组织结构包括组织的层次、各层次的跨度、各层次与整体之间的关系、结构的稳定性及灵活性等。组织结构是发挥组织职能的重要因素,应该是科学的、合理的、强有力的,这样才能发挥整体的作用。

(二)管理跨度要适宜

幼儿园的组织跨度要合适,既不能太大,也不能太小。一般来说,领导工作越复杂,专业化程度越高,管理跨度要越小;领导的工作越简单,越程序化,管理跨度就越大。幼儿园是教育机构,它的功能是对人实施教育。对人的教育是一个有计划、有体系的全面教育过程,其组织层次不易分得过细,以免影响教育的统一性和整体性。

(三)要统一领导

领导只能是一个人或一个集体。由于历史原因,幼儿园的领导比较分散,有幼儿园主管部门、教育行政部门、卫生部门、街道等,这就给幼儿园的管理带来极大的困难。幼儿园必须统一领导,否则幼儿园工作无法正常开展。

(四)要经济、高效

结构是为管理工作服务的,它的层次不是越多、越细越好。有时增加组织的层次,工作效率不但不会提高,而且会降低,工作成本也会随之增加。所以,层次的设置应以满足工作需要为前提。不同的幼儿园要根据自身的实际情况,建立组织机构,不能搞统一的模式。

四、幼儿园组织机构的层次与模式

(一)幼儿园组织机构的层次

幼儿园的组织机构分为三个层次。

1. 决策层

决策层是最高的行政管理者。幼儿园的决策层是指园长,园长对幼儿园全面负责,拥有决策权。

2. 执行层

执行层主要由保教主任、总务主任构成,职责是执行决策。执行层是连接园长与基层人员的纽带,一方面要接受园长的领导,另一方面要负责本部门教职工的管理,将决策转化为具体工作任务布置给教职工,并具有调动教职工积极性的能力。

3. 操作层

操作层主要由班级和班组的工作人员构成。他们负责具体工作,是幼儿园的主体层,人数占组织的绝大部分,是非常重要的层次。任何好的决策,总是离不开具体操作,没有操作层的工作,决策就无法转化为现实。

幼儿园组织的三个层次都十分重要,缺一不可;各层次之间既有分工,又有配合。只有组织机构合理,管理层次才能分明,责权明确,各司其职,各负其责,配合协调。

(二)幼儿园组织机构的模式

组织机构的安排十分重要,要根据工作的性质与特点,安排组织的层次与跨度,安排组织的人员与分工。不能因人设岗,而应因事设岗,这是健全组织机构的原则。由于各幼儿园的规模、性质不同,因此组织模式也各不相同。

五、幼儿园组织机构设置易出现的问题

幼儿园组织机构的设置是为了完成幼儿园的管理任务。所以,组织机构的设置要依据管理任务来确定。管理任务不同,组织机构及职位的设置也就不一样。但是,有些幼儿园在设置组织机构时,不考虑管理任务,而考虑人的安置,这就使组织机构设置出现问题。

(一)因人设岗

组织机构是由不同的岗位构成的。岗位设置是根据工作任务而定的。但有

的园长在设置岗位时不考虑工作任务的需要,只考虑人员的安排,出现因人设岗、任人唯亲的现象。究其原因,一是园长滥用职权,幼儿园管理缺乏科学的程序,园务会成了摆设。二是园长被传统的人情关系束缚。三是受计划经济体制的长期影响,幼儿园园长缺乏竞争意识,不注意效益和效率。

(二)有岗无人

有的幼儿园设了某个岗位,却没有安排相应的工作人员,存在有岗无人的现象。究其原因有两个,一是岗位设置不合理,设了不该设的岗位,这个岗位是多余的;另一方面未及时安排人员,没充分发挥岗位的职能。有岗无人会造成管理的混乱。

(三)人浮于事

组织效率的提高与其管理者的数量的增多并不成正比。管理者越多并不意味着工作效率越高。有的幼儿园管理机构庞大,远远超出工作任务的需要。管理者数量多了,反而会成为工作的阻力。造成人浮于事的原因有两个,一是官多,除了园长,还有几个副园长,年级组长既有正的,又有副的。二是闲人多,有一些岗位本来弹性大,不一定设专人,可兼职负责,幼儿园却设专人,一方面服务人员过剩,工作量不满,另一方面教师不足,导致同一单位中的工作人员的工作量极不平衡,严重挫伤了教职工的工作积极性。

第二节 幼儿园规章制度及其建设

幼儿园规章制度及其建设,是实现幼儿园管理目标、理顺幼儿园管理过程的重要保证,是协调并有效发挥幼儿园管理各要素的作用、确保幼儿园保教及其他各项工作顺利实施的基础。幼儿园规章制度既是科学管理幼儿园的必要条件,也是一种强有力的教育手段。

一、幼儿园规章制度及其作用

幼儿园规章制度是幼儿园的"法",是幼儿园为了实现发展目标,制订出的一系列须大家共同遵守的办事规程或行为准则。这里所说的"法"包括国家及行政部门颁布的法律、法规,也包括幼儿园内部制订的规章制度。幼儿园的规章制度是根据幼儿园的实际情况制订的,更具有个性和特色,是幼儿园管理工作必不可少的组成部分。制订规章制度的目的不是为了对教职工进行管、卡、压,而是让全体教职工更有序、更规范地工作。

（一）导向作用

幼儿园规章制度以条文形式呈现,是幼儿园成员行为的准则和标准。幼儿园成员的行为有了依据,能有意识地调节自己的行为,使其更符合制度的规定。规章制度不仅有约束作用,还有激励作用。

（二）保障作用

幼儿园作为一个组织,它制订的规章制度能调控师生员工的行为,并将幼儿园的各项工作纳入到有序的轨道中,维持正常的幼儿园工作秩序。幼儿园的各部门和所有成员只有遵守这些规章制度,幼儿园的保教活动才能正常进行。如果幼儿园没有规章制度,或者规章制度不健全,或者有章不循、有法不依、各行其是,就会造成幼儿园管理混乱,最终导致保教工作陷于无序状态,无法保证保教质量,更谈不上高水平地为家长和幼儿服务了。

（三）制约作用

随着社会主义市场经济的不断推进,幼儿园的管理体制和管理模式都面临新的挑战。这既给幼儿园的发展提供了机遇,也给幼儿园提出了新的任务。幼儿园要更好地生存和发展,就需要全体成员齐心合力、共同努力。规章制度约束组织成员行为,能充分发挥集体的优势。

（四）协调作用

幼儿园规章制度能保证幼儿园内外各项工作的协调统一。幼儿园保教活动日趋复杂,幼儿园与社会的关系日益密切,客观上需要有一些规章制度来调节幼儿园内外的关系。例如,在实施园长负责制的前提下,需要建立园内领导干部的分工责任制;为了充分发挥社区的教育力量,形成有效的社会、家庭、幼儿园的教育合力,需要建立和健全园外教育制度、家园联系制度以及家长学校制度;为了使上级教育行政部门的政策和幼儿园的各项制度得到贯彻落实,需要制订各级岗位责任制;为了及时了解幼儿园师生员工的学习与工作状况,需要建立幼儿园的各种会议制度和汇报制度;为了实施民主管理,充分调动教师的工作积极性,需要建立幼儿园教代会制度等。就是通过这些制度,千头万绪的幼儿园工作才得以协调统一、有序进行。

（五）调控作用

由于管理不当,工作中常常会出现失调、失控的现象。科学的规章制度往往是依照客观规律建立的。由于它针对性强,可以防患于未然,对人们的认识和行为能起到调节、控制的作用。

二、幼儿园规章制度的制订

每个幼儿园的情况各不相同。幼儿园管理者应该科学制订幼儿园规章制度,使其具有本园的特点。

(一)制订幼儿园规章制度的原则

在制订规章制度时必须遵循以下原则。

1. 可行性原则

规章制度的制订是为了对组织成员的行为加以约束。假如规章制度不可行,它就不能约束成员的行为。所以,在制订规章制度时一定要考虑它的可行性,使其能真正发挥作用。可行性原则包括这样几层含义。

第一,规章制度要遵循国家有关法律、法规及上级行政部门的有关规定。幼儿园规章制度由幼儿园自行制订、自主施行,它应是国家和地方政府相应的法规、政策在幼儿园管理中的具体化。任何违背国家现行的法规、政策的幼儿园规章制度都是违法的,也是行不通的。

第二,规章制度要符合幼儿园的实际情况,包括环境、地理位置、人员配备、物质条件、经费状况、本园的园风和目前的发展水平等。幼儿园的现实情况是规章制度制订的出发点和归宿,所以,幼儿园管理者在制订规章制度时绝不能盲目地照抄照搬。

第三,规章制度要有前瞻性。规章制度不仅要符合实际,还要合理地超越实际,对教职工有较高的要求,充分挖掘教职工的潜力。当然,这些要求是教职工经过努力可以达到的,过高或过低都不利于有效管理,甚至会产生负效应。

第四,规章制度要相对稳定。如果规章制度经常变化,既难以执行,也会丧失其权威性和严肃性。规章制度在执行一段时间后可以根据变化的情况加以调整、修改、补充,使之不断完善。

2. 可操作性原则

规章制度是对行为的引导和约束,应该具有可操作性。规章制度中涉及师生员工行为规范的具体条文要具体、详细,不能笼统,文字表述要准确,不能引发歧义,避免使用模糊的概念;为了便于规章制度的执行,尽可能量化工作任务,做到具体、好理解、好操作。规章制度也可采用图表的形式表达,使其更加直观,便于掌握。规章制度还应力求简明扼要、通俗易懂,切忌杂乱、冗长、繁琐,以便于掌握和记忆,也利于执行和检查。

第二章 幼儿园组织机构与规章制度

3. 系统性原则

幼儿园规章制度是由一系列规章制度组成的,主要包括全园性规章制度、各部门规章制度、各类人员岗位责任制,以及幼儿园考核奖励制度等。如果只有全园性规章制度,没有相应的部门规章制度,全园性规章制度就很难落实,同时也缺乏一定的针对性。相反,假如只有部门制度,没有全园制度,部门规章制度就会缺乏一定的方向性,部门之间难以形成合力。所以全园规章制度和部门规章制度都是必不可少、相辅相成的。作为幼儿园管理者,要尽量建立比较合理的、完善的规章制度体系,处理好各项规章制度之间的关系,使它们互相补充,各有侧重。

4. 民主性原则

规章制度的制订应当来自群众。规章制度与每个人都有密切的联系,他们最有发言权。民主集中制是幼儿园制订规章制度必须坚持的基本原则,要贯穿于幼儿园各项规章制度制订的全过程。幼儿园规章制度作为全园师生员工的行为准则和规范,其最终的贯彻执行者是每个幼儿园成员。为使各项规章制度落实"到群众中去",就应在制订的源头上做好"从群众中来":制订规章制度时要多方面地征求师生员工和职能部门的意见和建议,充分发扬民主、集思广益。这样制订出的规章制度易于为广大群众接受、理解、记忆、操作,进而提高广大群众执行规章制度的自觉性和主动性,达到较高的自我管理和自我调控的管理层次。

(二)幼儿园规章制度的种类及内容

幼儿园管理制度日趋多样,制度的效力及其范围也不一样。幼儿园规章制度涉及幼儿园工作的方方面面,就制发主体和适用范围来分,幼儿园管理制度大体有以下两类。

1. 国家立法机构即全国人民代表大会和各级政府及其教育行政部门等统一制定的教育法规和有关规章制度

它是由国家或地方制发的,适用于全国或本地区的。现代社会的教育管理,已成为国家和政府对社会实行有效管理的一个重要组成部分。世界上大多数国家或政府都已通过法律、法规的形式,运用立法、行政、经济等多种手段,建立起对幼儿园及其他教育机构的管理制度。在我国,由国家颁布的教育法律和由政府及其教育行政部门颁行的教育法规、规章,构成了国家和政府对幼儿园保教及其相关配套活动的基本管理制度,同时也为幼儿园自身内部管理制度的建立提供法律上和政策上的依据。在国家和政府对幼儿园的管理制度中,对幼儿园管理起到基础性指导作用的有以下几种。

(1)国家教育法律及其他法律。如《中华人民共和国教育法》《中华人民共和

学前教育管理学

国义务教育法》《中华人民共和国教师法》《中华人民共和国母婴保健法》《中华人民共和国未成年人保护法》等。

（2）国家教育行政法规和其他行政法规。如《幼儿园工作规程》（1996年）《幼儿园管理条例》《教师资格条例》《社会力量办学条例》《全国幼儿园园长任职条件和岗位要求》（试行）等。

（3）地方性教育法规。如《北京市实施〈中华人民共和国教师法〉办法》《北京市幼儿园教职工岗位聘任办法》，各省、市制定的《幼儿园教育质量综合评价试行意见》《托儿所、幼儿园分级分类验收标准及细则》，各省、市、县制定的《学前教育三年行动计划》等。

这些国家和政府及其教育行政部门颁布的法律、法规和规章，其内容所涉及的规定和要求，针对的都是普遍性问题，它是国家法律效力和行政权力的运用，适用于其法律效力和行政权力所管辖与行使的范围，具有普遍的约束力和强制性，其制定与颁行也必须通过法定的程序。所有幼儿园在日常管理中必须遵循这些基本的教育法律、法规，任何违反教育法律规定的行为，都要承担相应的法律责任，并受到法律的追究。

2.幼儿园依据国家法律和教育行政机关制定的法规，结合本园实际制订的规章制度

这通常是指幼儿园针对自身的保教工作及其相关配套活动所制订的各种条例、规定、章程、实施细则等的总称。它是由幼儿园园长、幼儿园党组织和教职工根据国家的教育方针、政策和法律法规，在幼儿园管理实践的基础上，对现有的经验进行筛选、整理和总结，并结合幼儿园管理的目标和具体环境加以制订的。同国家和政府对幼儿园的管理制度一样，幼儿园内部管理制度对本幼儿园各项工作和师生员工的行为也具有约束力。幼儿园制订的规章制度，主要包括以下几种。

（1）全园性规章制度。这类制度可以起到指导、组织集体的共同活动，统一员行为，建立工作常规和行为规范的作用。如建立考勤制度、交接班制度、值班制度、学习制度、办公制度、开会制度、教职工职业行为规范、安全制度、与家长联系制度等。

（2）部门性规章制度。这类制度根据部门的不同可分为三类，卫生保健部门的制度，如生活作息制度、健康检查制度、体格锻炼制度、卫生防疫制度、伙食营养卫生制度等；保教部门工作制度，如计划和记录制度、备课制度、教研活动制度、常规工作检查制度、保教质量全面检查制度等；总务部门的规章制度，如财务财产管理制度、伙食管理制度、门卫制度、庭院管理制度、档案资料管理制度等。

（3）岗位责任制。即使一定工作岗位上的人同这个岗位的职责之间建立有

机联系的一种制度。岗位责任制是幼儿园规章制度的核心。因为岗位责任制具体到每个人,加强了管理的力度,增强了管理的有效性。在幼儿园一般有园长职责、保教主任职责、教师职责、保育员职责、保健医生职责、炊事员职责、财会人员职责、门卫职责等。

(4)考核与奖励制度。这类制度一般有考核评价制度、奖惩制度等。

以上这些制度的区分并不是绝对的,它们之间往往是交叉的,如有关教师管理制度的内容,既可以看作教师的工作制度,也可以看成岗位责任制度或行为规范制度,只是从不同侧面反映了对教师的工作要求而已。

就工作类型来分,幼儿园管理制度有行政管理方面的、保教业务方面的、思想政治教育方面的、人事工作方面的和财务工作方面的等。

就内容性质来分,有幼儿园常规管理制度、幼儿园会议制度、幼儿园科研制度、幼儿园目标管理制度和幼儿园财产设备管理制度等。

幼儿园规章制度种类的划分有助于管理者更自觉地以规章制度来规范、实施管理行为,更好地健全和完善幼儿园规章制度,实现幼儿园管理的制度化、规范化以及制度本身的系统化、体系化。无论从哪一角度划分,某一种类的规章制度都会有若干具体的制度,并随着制度的逐步健全和完善,形成一个系列,若干系列则构成幼儿园规章制度体系。

(三)幼儿园规章制度制订的程序

为确立制度的权威性,并使之落实到实处,应规范制度建设的程序,否则,难以制订科学又切实可行的规章制度。

一般来说,幼儿园各项规章制度的制订应遵循以下程序。

第一步,幼儿园管理者要将国家有关教育的法律法规、上级行政机关的指示精神和政策以及幼儿园发展的目标与规划等信息,准确地传达给教职工,并向教职工介绍其他幼儿园关于制度建设的成效,使教职工与管理者在如何"治园"方面达成共识,激发起教职工建设的主人翁意识。

第二步,调动教职工的主动性、积极性和创造性,为建立健全幼儿园的各项规章制度献计献策,拟定草案,并交给幼儿园管理层讨论。

第三步,幼儿园管理层通过广泛征求意见和建议,对照和比较其他幼儿园的制度以及本园原有制度的特点,经过认真研究,提出修改、补充意见,将规章制度的初步方案交给教职工讨论。

第四步,有关部门、组织机构结合自身的实际工作的性质、职能、任务和特点,对下发的初步方案逐条检查和考核,实事求是地提出修改、补充和完善的意见与建议,再次上报幼儿园管理层。

第五步，幼儿园管理层对再次上报的方案进行认真细致的推敲和修订，将已基本完善的规章制度交由幼儿园教职工代表大会或幼儿园行政会议审议通过，最后由园长颁布实施。

三、幼儿园规章制度的执行与完善

制度是行为的准则，幼儿园的各项活动都要遵循规章制度。制度如果得不到落实，就失去了意义。为了坚持规章制度执行的严肃性，使规章制度有较强的约束力和强制性，在其执行中必须有监督，同时还要重视幼儿园制度的完善。

（一）大力宣传

通过大力宣传，让每位教职工都了解幼儿园的规章制度，这是制度执行的前提。

宣传有讨论、竞赛、交流等多种形式。通过广泛的宣传，形成一定的舆论，使广大教职工树立维护规章制度的责任感。规章制度的宣传和教育是一个长期的过程，应该持之以恒。除集中宣传外，还应随时进行宣传。为了让教职工更好地掌握和记住规章制度，可以用简短的语言对规章制度进行概括，也可以将规章制度编成诗歌。

（二）制度面前人人平等，公平公正地执行制度

管理者要确保规章制度充分发挥作用，促使教职工自觉遵守规章制度。对幼儿园管理者来说，奉行公正、公平、公心的原则非常重要。否则会破坏规章制度的严肃性，使它失去了权威性、约束力和制约性，打击了广大教职工的积极性。长此以往，幼儿园会失去凝聚力，也难以树立起好的园风。

（三）严格执行制度

制度一旦确定，就要严格执行。

1. 维护规章制度的严肃性

规章制度最大的特点就是具有严肃性。有了制度就要严格执行，增强其约束力。如果规章制度有不合适的地方，就需经过研究后，统一修改，并向全体教职工宣布。

2. 坚持规章制度的客观标准

规章制度是约束人们行为的标准体系，具有极强的客观性，它不应该受人的感情色彩的影响。不遵守规章制度，就应受到相应的惩罚。园长也不能擅自改变规章制度，以主观想法代替客观标准。

（四）建立监督机制

如果没有相应的监督机制，规章制度的严肃性及客观性就很难得到保证。监督机制包括监督程序、监督人员、监督方法等。监督程序可分类进行，再按照制度的不同性质与特点，设计监督程序。监督人员可分为自我监督、互相监督、家长监督、领导监督几个方面，一般而言，以上几方面的监督可交叉使用。监督方法可选用检查、登记、书面汇报等。

（五）与时俱进，不断完善制度

规章制度不是一劳永逸的，随着主客观条件的变化，当原有规章制度不能满足新形势的需要时，就要及时对规章制度进行调整。当然，尽量不要过于频繁地修改，有些问题可以暂时记下来，时机成熟时再加以修改。规章制度在执行时，管理者要注意随时观察，一旦发现问题，应给予相应处理。

四、当前幼儿园规章制度建设存在的主要问题

建立健全幼儿园规章制度，对于建立幼儿园的正常秩序，完成各项任务，提高管理效率，具有重要的意义。但是，我国幼儿园规章制度的现状不容乐观，主要存在以下几个方面的问题。

（一）重"人治"，轻"法治"

相当多的幼儿园仍然存在"人治"现象，忽视规章制度的建设。究其原因，一是人们对规章制度重要性的认识尚存在误区，重视不足。二是学前教育行政部门的领导只重视幼儿园园长的选拔任用，忽视幼儿园规章制度的建设。实行园长负责制后，园长是幼儿园的灵魂。有能力、有魄力、有创新精神的园长对幼儿园的发展是十分重要的，但幼儿园规章制度是保证幼儿园稳健发展的前提和基础，其作用不可忽视。因为只有建立一整套健全的幼儿园规章制度，只有当幼儿园工作有秩序、有预见时，幼儿园的各部门、各成员间才能更好地协作，以最有效的方式实现幼儿园的目标。

（二）幼儿园规章制度与国家法律、法规相抵触

幼儿园规章制度是幼儿园内部管理规范的总和，法律、法规是其制订的依据。法律、法规规定幼儿园的职责、权利和义务，赋予了幼儿园制订其内部规章制度的权力。从理论上讲，幼儿园规章制度是以法律、法规为依据制订的，不应该与之相抵触，但实际上，许多幼儿园规章制度都存在不同程度的与法律、法规

相矛盾、相抵触的情况。

（三）不同类型的规章制度之间缺乏内在的统一性，没有形成有机整体

幼儿园规章制度的内容丰富、范围广泛、项目繁多，按其调整的范围不同，大致可以分为以下几种类型：职能部门工作制度、员工和岗位责任制度、考勤考核奖惩制度、幼儿园例行会议制度等。只有不同类型的幼儿园规章制度之间相互一致、相互协调，即幼儿园规章制度体系内部结构协调统一，才能够发挥这些规章制度的应有作用，提高幼儿园管理的效率。但是，目前有不少幼儿园的规章制度之间缺乏必要的统一性，主要表现在以下几个方面：首先，规章制度在内容上互相矛盾；其次，同一规章制度的前后规定不一致；再次，有些规章制度只有内容规定，而无相应的程序规定来保障实施。造成这种现象的原因很多，但主要原因在于制订幼儿园规章制度时没有贯彻连贯性、稳定性和民主性等基本要求。

▶ **阅读推荐** ◀

陈国钧,陆军.管理学.南京:南京师范大学出版社,1997

▶ **思考与探索** ◀

1. 简述幼儿园组织机构的构成。
2. 建立幼儿园组织机构的依据是什么？
3. 如何理解规章制度是幼儿园的"法"？
4. 简述幼儿园规章制度的内容及规章制度制订的程序。
5. 通过问卷了解幼儿园组织机构存在的问题。
6. 到几所幼儿园调研，了解其规章制度。
7. 某幼儿园有 320 名幼儿，保教人员 32 名，幼儿园领导班子由 6 名成员组成，分别是园长 1 名、保教副园长 1 名、行政副园长 1 名、总务主任 1 名、科研主任 1 名和保育主任 1 名。你认为这样的管理机构设置是否合理？为什么？

第三章
园长工作

【内容提要】 本章主要阐释园长的基本职责与角色定位;阐述园长应具备的相应人格素养、知识素养及能力素养等基本素养;分析园长工作艺术,阐述幼儿园领导班子优化的相关内容。

【学习目标】 正确认识园长的基本职责;理解园长在工作中所应具备的基本素养;联系实际,领会园长工作艺术;明确幼儿园领导班子优化的主要内容。

第一节 园长的职责与角色

陶行知先生曾经说过:"校长是一个学校的灵魂。要想评论一个学校,先要评论他的校长。"作为基础教育之基础的幼儿园,其园长在管理幼儿园的具体事务上与校长有一定的区别。但是,一个好园长对于一所幼儿园发展的意义绝对不亚于一个好校长对于一所学校发展的意义。办好一所幼儿园的关键在于园长。

自1990年以来,我国幼儿园实行园长负责制,幼儿园工作由园长统一领导和全面负责。在这一领导体制之下,园长究竟应该承担哪些职责、扮演什么角色,才能更好地适应幼儿园的发展需要呢?

一、关于园长职责的相关规定

(一)《幼儿园工作规程》(1996年)第六章中对园长职责以及工作内容的规定

第三十五条 幼儿园工作人员应拥护党的基本路线,热爱幼儿教育事业,爱护幼儿,努力学习专业知识和技能,提高文化和专业水平,品德良好、为人师表,忠于职责,身体健康。

第三十六条 幼儿园园长除符合本规程第三十五条要求外,应具备幼儿师范学校(包括职业学校幼儿教育专业)毕业及其以上学历。幼儿园园长还应有一定的教育工作经验和组织管理能力,并获得幼儿园园长岗位培训合格证书。幼儿园园长由举办者任命或聘任。非地方人民政府设置的幼儿园园长应报当地教育行政部门备案。

幼儿园园长负责幼儿园的全面工作,其主要职责如下:①贯彻执行国家的有关法律、法规、方针、政策和上级主管部门的规定。②领导教育、卫生保健、安全保卫工作。③负责建立并组织执行各种规章制度。④负责聘任、调配工作人员。指导、检查和评估教师以及其他工作人员的工作,并给予奖惩。⑤负责工作人员的思想工作,组织文化、业务学习,并为他们的政治和文化、业务进修创造必要的条件;关心和逐步改善工作人员的生活、工作条件,维护他们的合法权益。⑥组织管理园舍、设备和经费。⑦组织和指导家长工作。⑧负责与社区的联系和合作。

(二)《全国幼儿园园长任职资格、职责和岗位要求(试行)》(1996年)对于园长职责的规定

幼儿园实行园长负责制,园长全面主持幼儿园工作,其主要职责如下:①贯彻执行党和国家有关幼儿教育的方针、政策以及教育法规、规章,坚持正确的办园方向。②负责教职工的政治思想工作、职业道德教育,组织文化、业务学习;维护教职工的正当权益,关心并逐步改善教职工的生活和工作条件;发挥教职工(或教职工代表)代表大会在幼儿园民主管理中的作用,调动和发挥教职工的主动性、积极性和创造性。③主持幼儿园的保教工作。领导和组织安全保卫、卫生保健工作,贯彻有关的法规和规章,确保幼儿在园安全、卫生和健康;领导和组织教育工作,贯彻执行国家幼儿园课程标准,促进幼儿身心和谐发展。④领导和组织行政工作,包括工作人员的考核、任免和奖惩及园舍、设备和经费管理等。⑤密切与家长和社区的联系,向家长和社区宣传正确的教育思想和科学育儿知识,争取家长和社区支持幼儿园工作。

二、园长的职责

园长主要有思想政治领导、组织管理、保教管理、人力资源管理以及沟通与协调关系等职责。在履行职责的过程中,园长也要扮演好思想政治领导者、组织领导者、保教领导者、人际关系领导者和协调者等角色。

(一)思想政治领导的职责

思想政治领导是组织发展、成长的旗帜和原动力。对于幼儿园来说,正确而有效的思想政治领导,不仅可以指引幼儿园发展的方向,还可以产生巨大的推动力,促进幼儿园的发展。因此,坚持正确而有效的思想政治领导是园长的首要职责。

思想政治的领导职责对园长提出了两个方面的要求:第一,园长要贯彻落实国家教育方针政策,确立正确的办园指导思想,以此形成幼儿园发展的核心凝聚力。因此,园长必须积极学习、正确理解国家的教育方针政策,通过持续不断的思想教育和引领,使全园教师对幼儿园的发展达成共识,以此指引幼儿园朝着正确的方向发展,并在理解深化幼儿园教育价值的基础上提升幼儿园教育发展的社会价值。第二,园长要逐渐形成自己的教育思想,树立自己的教育理念,以此来影响人、塑造人。教育家苏霍姆林斯基非常重视教育思想在办学过程中的作用。他说:"领导学校,首先是教育思想的领导,其次才是行政上的领导。"园长在国家教育方针政策学习的过程中,要不断思考幼儿的发展和幼儿园的发展问题,不断探讨幼儿教育的规律及幼儿园发展的特点和规律,不断学习先进的教育理念和管理思想,逐渐形成自己独特的教育思想和理念,引导幼儿园教职工努力在工作实践中探索教育规律,形成自己的教育观、幼儿发展观等,从而更好地实现幼儿教育的价值。

(二)组织管理的职责

组织管理是幼儿园可持续发展的保证,一位好园长必须能确保组织管理的有效性,确保幼儿园发展的高效率。园长一定要正确认识幼儿园组织管理在整个幼儿园体系中的重要作用。没有管理,组织的发展就会处于无序的状态。所以,园长要意识到自己的管理工作对于幼儿园组织的发展、幼儿全面和谐发展的重要性,并逐步建立起幼儿园组织管理网络。在组织管理网络中,首要的是建立有效的幼儿园管理体系,在此基础上,园长再进行其他工作。

（三）保教管理的职责

幼儿园作为基础教育的组成部分，以保教工作为其中心工作。因此，园长对保教工作的领导也应该是幼儿园园长工作的中心，这对幼儿的健康、和谐发展起关键作用。但园长在对保教工作进行管理的过程中必须要摆正自己的位置，应站在一定的高度来做好幼儿园保教工作，避免因幼儿园保教工作的琐碎、繁杂而陷入具体事务管理的局面。

园长进行保教管理要做到规划、落实、监督和反馈。规划是指园长对幼儿园中长期保教工作发展的设想，以及每学年、每学期制订的幼儿园保教工作计划和班级保教工作计划；落实是园长要进行责任分工，各项工作有专人负责管理和落实；监督即园长定期了解保教工作的进度，确保规划在幼儿园保教活动中落到实处；反馈即园长要根据在落实和监督保教工作过程中发现的问题，分析原因，对计划进行调整，不断改善保教工作，确保高质、高效地完成保教工作。

（四）人力资源管理的职责

人是组织发展中最宝贵的资源，管理和领导工作归根结底还是对人力资源的管理和领导。对于幼儿园园长来说，人力资源管理主要是做好用人、培养人和调动人的积极性三个方面的工作。值得强调的是，人力资源管理在幼儿园管理过程中，替代原有的人事管理概念是一种进步，即强调"以人为本"的管理，改变过去人事管理中以事为中心，强调事而忽视人，把人降格为"执行命令的机器"的倾向。因此，园长在进行人力资源管理的过程中，要充分考虑本园教职工的特殊情况，充分考虑到人的特性和优势，采用合理有效的管理措施，切实体现"以人为本"的管理理念，发挥每一位教职工的潜能，使其形成一股合力，共同发展幼儿园。

（五）沟通与协调关系的职责

园长要承担与外界沟通和协调的职责，为幼儿园的发展创设有利的外部环境。园长需要处理好以下几种关系：与上级行政部门之间的关系；与家长的关系；与社区的关系；与其他幼儿园的关系。每一所幼儿园都有其自身的办园风格和特色，若能妥善处理好与其他幼儿园的关系，相互学习、相互借鉴、相互促进、共同发展，对于幼儿园来说是大有益处的。

第二节 园长的基本素养和能力要求

园长的基本素养包括素质和修养两个方面。其中，"素质"一词是生理学概念,指人的先天生理解剖特点,主要指神经系统、脑的特性及感觉器官和运动器官的特点,素质是心理活动发展的前提。而"修养"一词指的是修身养性、反省自新、陶冶品行和涵养道德等。因此,园长的基本素养离不开其先天条件和后天努力。《早期教育中的领导力》一书指出领导素养包括:"共同目标、相互尊重、终身学习、联合领导、追求卓越、致力于成功、承担风险、支持、坦诚开明、颂扬和幽默感。"相应地,园长需要具备一定的人格素养、知识素养和能力素养。

一、园长的人格素养

"人格"一词,从不同的角度可以有不同的理解。我们可以从心理学的角度,将人格理解为人的性格、气质和能力等心理特征;从伦理学的角度来看,主要指人在道德上应该承担的权利和义务,简言之,就是指人的道德品质。

(一)自信心

自信心是一个人对自己的能力和技能感到确信的能力,它包括自尊、自信等。自信、积极、向上的管理者充满热忱、坚持自己的决策,是被管理者克服困难、向前发展的主心骨。因此,园长作为幼儿园的领导核心,首先要对自己的能力和技能有充分的信心,并且不断通过自己的信念、行动和语言向幼儿园教职工和家长传达出自己的自信,让家长相信自己的孩子会获得最佳的发展,让教职工相信自己有能力克服工作中的所有困难,并且一定会获得积极的回报。

(二)正直

正直是园长让人产生信任感的前提条件。正直的人,会让别人觉得他忠实而可靠,并能在管理过程激发他人的自信心,发自内心地认同和追随他。正如孔子所说:"其身正,不令而行;其身不正,虽令不从。"也就是说,当管理者自身端正,作出表率时,不用下命令,被管理者也就会跟着行动起来;相反,如果管理者自身不端正,而要求被管理者端正,那么,即使三令五申,被管理者也可能不会服从。

(三)友好

友好即亲近友善,这对管理者营造良好的人际关系是非常必要的。那么,园长应该怎么做才能表现出自己的友好并建立和谐的人际关系呢?《给幼儿园园长的建议》一书中指出,"园长不应是高高在上的权威者",要"和教师做朋友",并给园长提出一些建立和教职工之间友好关系的措施,"你可以抽点时间,到班里去转转,用感情真挚的平凡话语,让教师感到你的平易近人,感受你温柔的一面;你可以抽点时间,在开会之前弄个小插曲,和教师简单拉拉家常,了解教师们最近的烦心事、开心事,让教师感到你朋友般的关怀,感到你亲人般的亲切;你可以抽点时间,到办公室和教师们探讨一下,如何让这节活动课更加的生动?把你不同于他们的想法积极展现出来,让教师感受你的快乐,感到你良好的教育姿态……所有这些,都可以让你成为教师们的朋友。"[①]

(四)宽容

宽容是一种可贵的美德。宽容在全世界范围内都受到重视。如1995年,联合国成立50周年时,联合国教科文组织总干事费德里科·马约尔以《宽容——全球安全不可或缺的要求》为题撰文,指出宽容是一种道德情操、政治义务,是维护人权和民主的责任所在。联合国前秘书长安南曾在"国际宽容日"发表讲话指出,宽容是基于了解且尊重他人自由和权利而秉持的一种积极而正确的态度。显然,联合国教科文组织设立"国际宽容日"的目的在于强调在多元化社会里,人们应和谐、和平、友好地生活在一起。

对幼儿园来说,宽容对于组织发展的重要意义,因为宽容意味着关爱、尊重、平等、对话、沟通、和谐、发展;意味着每一个员工都能自由表达自己的看法,提出自己的建议;意味着错误不是结束,而是发展的契机。

(五)热情

热情指人参与活动或对待别人所表现出来的热烈、积极、主动、友好的情感或态度。对领导者的个性长处进行研究的结果表明:热情、激情、鼓舞和号召力等品质被认为是最重要的。没有人愿意在冷冰冰的环境中工作,幼儿教师这一职业是面对幼儿的,工作时的情绪状态格外重要。处于积极向上的环境中,人的工作激情会不自觉地高涨,工作效率也会提高。因此,园长要尽力用饱满的情绪状态,调动全园教职工对工作的热情和对孩子的热忱。

二、园长的知识素养

园长的知识结构应该能满足幼儿园管理需要,要既专又博,也就是说,既要有精深的专业知识,又要有广博的相关学科知识。

(一)专业知识

园长的专业知识主要指两个方面,一方面是学前教育的专业知识,另一方面

[①] 朱家雄,张亚军:《给幼儿园园长的建议》,上海:华东师范大学出版社,2010年,第17页。

是学前教育管理的专业知识。园长应该是从教师中挑选出来的,具有较高的教学、科研水平,有教育观念和教学思想的积淀。优秀的教师往往都有一套独到班级管理方法,当他们成长为园长,管理幼儿园时,这些独到的方法和经验,恰好可以提供借鉴。园长要有系统的管理科学知识。但大部分幼儿园园长不是学习管理学出身的,这导致其幼儿园管理以感性经验为主,管理水平较低。所以,园长要不断丰富自己的管理专业知识,探寻有效的管理方法和途径。

（二）相关学科知识

首先,园长要有哲学知识或思维。哲学知识也被称为"高深的学问",不管是教育、教学还是管理,都离不开哲学知识的指导和影响。哲学知识有助于园长更好地把握幼儿园管理思想和理念,有助于更好地提升园长的领导智慧,做一个智慧型的园长。

其次,园长要有心理学知识。心理学的知识可以使园长更多地从教师及幼儿生命个体身心发展的角度看问题,可以更好地把握人的心理发展状况及其基本规律,了解人的心理发展过程,以便于在幼儿园管理中更好地关心人、教育人和发展人,更好地协调人与人之间的关系,实现人与人之间的良性沟通与互动,进而减少人与人之间的心理摩擦与抵触情绪,提升园长自身的领导力。

再次,园长要有教育生态学知识。教育生态学在本质上是一门运用生态学的原理与方法研究教育现象的科学。教育生态学强调的是差异、和谐、动态、平等和系统的观念,主要内容指涉教育的生态环境、教育的生态结构、教育的生态功能、教育生态的演替与演化等方面。园长具备教育生态学知识有助于教育主体意识、生命意识、公平意识及合作意识的唤醒与形塑,有助于园长领导观念、教育教学观念及生存观念的转变,从而正确认识教育场域中每一个生命个体本身所蕴含的生命价值及生存意义,正确理解教育场域中的人、事、物及环境的生态特性,进而在教育实践中采取有效策略,实现教育生命个体的身心和谐发展,并实现幼儿园教育质量的整体提升。

三、园长的能力素养

不同研究者从不同的角度对园长能力素养提出不同看法,有学者从领导管理能力的角度提出,园长要具备组织指挥能力、创新进取精神与能力;也有学者从管理过程及个体的个性心理特征的角度指出,园长要具备计划决策能力、组织协调能力、激励能力、应变能力和改革创新能力。一般来说,园长的能力素养主要包括园长的决策、执行、交际及创新等能力。

（一）园长的决策能力

幼儿园决策一般是指对幼儿园组织发展所进行的一种战略部署或规划的管理过程。决策过程通常由四个部分构成：明确问题；开发解决问题的方法；分析解决问题的方法；制订最终的决策。园长的决策能力与园长的知识素养和人格素养之间的关系是非常密切的，决策需要胆量，而胆量是建立在园长的胆识和胆略的基础之上的。

（二）园长的执行能力

有一则寓言：在一所房子里有一只猫，猫抓了很多老鼠，老鼠对猫耿耿于怀，就在一起商量如何对付它们共同的敌人。有一只小老鼠出了个好主意："我们可以在猫的脖子上绑一个铃铛，这样如果它一靠近，我们听到铃声就可以马上逃跑。"大家都很赞同。"可是谁来给猫脖子上绑铃铛呢？"一只大老鼠的疑问让鼠辈们面面相觑。这里，给猫系上铃铛的主意是一种决策，而给猫系上铃铛的行动就是执行。执行能力是一种把想法变成行动，把行动变成结果，从而保质保量完成任务的能力。园长作为幼儿园的决策者，既要增强自身的执行能力，也要增强教职工的执行能力。首先，园长要确定决策方案是否可行。有些决策方案很好，但是不一定能执行。其次，园长要确定执行目标，制订可操作的实施方案。再次，园长要科学分配任务，明确岗位责任。园长对教职工要非常了解，熟悉他们的才能和个性，科学分配任务，并明确任务的负责人，保障执行的力度。最后，园长要注意监督与沟通。幼儿园决策以及执行过程是不可预期的。园长要注意对执行过程进行监督，并注意监督方法的灵活性等。此外，还要建立畅通的沟通机制，以便关注执行细节，提高执行力。

（三）园长的交际能力

在幼儿园园长的职责中，我们提及园长要承担沟通和协调的职责，因为幼儿园的发展不是完全孤立的，而是在关系中发展的。园长要高效地履行职责，就需要有较好的交际能力。交际能力是指妥善处理组织内外关系的能力，包括与周围环境建立广泛联系和对外界信息的吸收、转化能力，以及正确处理上下左右关系的能力。交际能力涵盖的内容比较广泛，包括表达能力、沟通能力、理解能力、协调能力、合作能力等。在这些能力中，我们重点谈谈沟通能力。因此，有效的沟通可以让全园树立统一的办园理念，可以使幼儿园有较好的内外关系，可以使教职工和园长相互尊重、信任，并一起克服困难。那么，应该如何沟通才是高效的呢？园长要学会倾听。在沟通中，园长还要有信心、有技巧地让别人来理解自

第三章　园长工作

己的观点、看法和行为,让别人感受到自己的自信和自尊。

(四)园长的创新能力

作为幼儿园的园长,如果没有创新的意识、创新的能力,缺乏创新的精神,那么所谓"创新人才的培养"就成了一句空话。所以,园长必须具有创新精神。园长应该如何创新呢?首先,园长要意识到创新对于国家、对于民族、对于幼儿园、对于幼儿的价值所在。意识决定和指导行动,只有园长明确了创新的价值,才可能在行动中进行创新。其次,园长要善于学习。创新不是盲目地创造性的活动,创新一定是厚积薄发的。所以园长要善于学习,掌握现代教育管理理念。再次,园长的创新以观念创新为前提。不怕做不到,就怕想不到。园长要引领幼儿园的发展,就必须不断在观念上创新,为实践创新做好准备。最后,园长要敢于进行创新的实践。很多幼儿园园长有创新的观念,甚至有创新的思路,可是没有创新的勇气。其实,只要园长的创新观念是来源于对教育和管理规律及实践活动的探索和思考,经过科学论证的,那么就要有勇气在实践过程中进行检验,否则,再好的想法也没有现实价值。

第三节　园长工作艺术

园长工作艺术是指幼儿园园长为实现幼儿园发展目标,通过运用科学知识、实践智慧和胆识魄力去做好幼儿园各项工作,并为完成这一工作任务而采取的科学有效的手段和途径。园长不仅是一个幼儿园的最高领导者和决策者,还是一个幼儿园的构造者和发展者。多重角色的实现就要求园长的工作具有艺术性。

一、园长工作艺术形成的基础

(一)热爱孩子是园长工作艺术形成的重要前提

一位园长若没有爱则很难做好园长工作。爱是现代教育的第一法则。正如苏霍姆林斯基所说:"一个好教师意味着什么?首先意味着他是这样的人,他热爱孩子,感到跟孩子交往是一种乐趣,相信每个孩子都能成为一个好人,善于跟他们交朋友,关心孩子的快乐和悲伤,了解孩子的心灵,时刻都不忘记自己也曾是个孩子。"教师的爱并不是一般意义的爱,它是天性和修养的结晶,也是道德与人格的统一。它要求教师具有献身于教育的远大理想,它要求教师必须具有伟大的热爱真理的精神。这种爱在园长身上体现得最为突出,也是园长工作艺术形成的重要前提。

(二)教育教学科研意识和能力是园长工作艺术形成的重要基石

教育教学科研能力是优秀园长素质的重要组成部分。它有助于园长更好地认识和理解国家学前教育的方针政策,有助于园长更好地认识和把握幼儿教师和幼儿自身的教育教学和身心发展状况,还有助于园长形成自己的教育教学思想和理念。因此,现代园长应是科研型、学者型、专家型的领导。

(三)精深的专业知识和广博的学科知识是园长工作艺术形成的重要保障

优秀的园长应具有扎实的专业知识。它主要表现在两个方面,即精通和知新。一方面对已掌握的知识烂熟于心;另一方面不断获取新知。精通就是要掌握教育教学的基本理论,了解学科的历史、现状、发展趋势和社会作用,掌握重点、难点。知新就是要不断学习新知识,教育教学要有新思想和新观念。园长工作艺术的取得要求园长心中要有一种永不衰竭的求知欲望,不断吸取新信息、新知识和新理论,不断充实和完善自己的知识结构。

(四)人格品性是园长工作艺术形成的重要内涵

人的品格涵养是人发展过程中的重要规定性,也是人自我社会层次定位的基本体现。园长作为幼儿园发展的引领者,作为幼儿园美好生活的建构者和塑造者,必须具有高尚的品格。反之,若园长的品格低下,他的行为也就不可能高大;若园长的品格卑鄙,那么他的行为也就不可能磊落。所以,园长工作艺术的形成离不开其自身人格品性的不断修炼和提升。

二、园长工作艺术的基本特征

园长工作艺术的本质是园长对工作科学性的理解和对工作独特的领悟的有机结合与统一。园长工作艺术有以下几个基本特征。

(一)独特性

园长工作艺术是园长在长期的教育实践过程中,不断学习和探索的结果。它不仅受社会经济、政治环境及文化传统的影响,还受园长自身的理论素养、认知水平、能力大小及个人的兴趣、爱好、性格气质等条件的制约。这就使得每位园长的工作艺术风格呈现出独特的个性色彩。因此,园长在学习和借鉴他人的工作艺术时,必须体现出个人体的独特性。

第三章　园长工作

（二）权变性

权变性是园长在幼儿园长期工作实践的基础上所形成的机智敏捷的反应能力和高超有效的教育教学能力的综合反映，它决定着园长工作的创造性和想象力，也是园长工作艺术的关键所在。即使是同一类性质的事件，园长也应审时度势，有区别地灵活处置；同样，对同一个教师或幼儿的工作方法、手段也应是不同的。

（三）情感性

园长工作艺术的展示永远有情感参与其中。幼儿园教职工以女性为主体，女性有感情细腻、争强好胜等共性特点。若园长不能合理运用情感的隐性感化力量，在工作中肯定会碰软钉子，也许会使任务不能如期完成。所以，园长必须清楚地了解每个教师的心理需要，以情动人，以爱换心，用情感手段激励他们热爱幼儿教育事业和幼儿本身。园长在管理过程中的情感投资是维系与教职员工和谐关系的粘合剂，否则园长的工作艺术也就失去了价值和意义。

三、园长工作艺术提高的途径

要提升园长工作的艺术性，需要园长既具有超前思考的意识，也具有分析现状的能力；既需要提升自身的理论素养，也需要增加自身的实践知识和技能。

（一）认真学习，提高自身理论素养水平

园长要在工作之余勤于学习与思考，在读书时，要做到认真读、认真想和认真记，并把书中的教育思想、教育方法与自身的管理实践相联系，构建具有自身特色的幼儿园管理理念和模式，然后在教育教学中加以实践检验。如此反复地进行理论与实践的有机结合，必然会提升自身的理论水平和综合素养。当然，园长读书不能仅仅局限于读教育理论方面的书籍，更不能局限于读提升工作艺术的书籍，读书的视野要扩大，读书的范围要拓宽。只有这样，才能提升自己幼儿园管理理论的实践品性。

（二）虚心请教，增进自身的实践知识和技能

虚心拜有经验和学识的老园长为师，静下心来向他们学习如何制订幼儿园发展规划，如何处理幼儿园内、外部的冲突和矛盾，如何协调幼儿园、家庭和社会三者的相互关系，如何组织幼儿园教育教学过程中的活动等。当然，在学习过程中，不能只模仿老园长的具体做法，而要融会贯通，消化吸收，把老园长的做法转

化为自己的能力。只有找出了工作方法的内在理论依据,把方法学到手,才能真正提高自己的工作艺术。

第四节　幼儿园领导班子的优化

一、幼儿园领导班子优化的必要性

幼儿园领导班子的优化是指幼儿园领导班子的成员,要按一定类型的序列和比例进行合理搭配,使之成为一个多功能的综合体。

学前教育要全面贯彻教育方针,实现教育目标,必须要有一个有战斗力的指挥系统。幼儿园领导班子就是这个指挥系统的司令部。幼儿园领导班子中每个个体结构要优化,由个体组成的班子整体结构应合理,这样,幼儿园整体才能高效率运转。"革命化、知识化、专业化、年轻化"是对整个干部队伍的要求,作为领导成员的个体,从总的方面来说必须德才兼备。虽然幼儿园领导班子中个体条件不足在所难免,但是通过领导班子结构的合理组合,就可以互补。

二、幼儿园领导班子优化的主要内容

（一）人员组织结构

我国幼儿园领导班子成员一般由园长、党支部书记、保教主任、总务主任等人员组成,规模大的幼儿园可以增设副园长、保教副主任、总务副主任等职务。领导班子的人员数量要依据幼儿园规模大小来确定。班子成员过多过少都是不合适的。

（二）个性结构

幼儿园领导班子的个性结构是指其是由具有不同类型性格、气质的人构成的综合体。要使各种良好的素质都集中于一人之身是不可能的。不同个性气质的人如果组合适当,工作时可以互补。如果只强调个性的一致,那么效果肯定不理想,甚至会产生内耗。要使不同个性的人能和谐合作,关键是要有共同的思想基础,因此,思想政治教育非常重要。

（三）年龄结构

幼儿园领导班子的年龄结构是指把不同年龄的人最佳地组合起来,即要有合理的老中青比例。一般来说,中年的人数,应不少于总数的一半;青年略多于

老年。不同年龄的人具有不同的经验、智力和心理状态。年长的同志阅历深、经验丰富,能起到"传帮带"的作用;中年干部年富力强,能起到"中流砥柱"的作用;青年干部精力充沛,接收新知识快,勇于创新,能起到"先锋"作用。这样的年龄结构组合能扬长避短、优势互补、协调前进。

(四)专业结构

幼儿园领导班子的专业结构是指按专业与职能不同,将领导班子形成一个合理的结构比例。例如在幼儿园领导班子中需要长于做思想政治工作的、长于教学管理的、长于总务后勤管理的。但是,领导要真正成为内行,光有专业技术还不够,还必须有管理科学的知识,懂得按管理学的理论来指导工作。

(五)智能结构

智能是指人们综合运用知识的能力和水平。合理的智能结构是指具有各种专长或能力特点的人,按照一定的比例组合的动态整体。要做好幼儿园的工作,就要发挥幼儿园领导班子的整体能力。整体能力的发挥需要一个由具备不同能力的人组成的领导班子。其中,有善于纵观全局、运筹帷幄、深谋远虑、科学决策的战略家,有善于识才用才、分配资源、协调关系、全面组织的指挥员,有善于宣传鼓动、联系群众、以身作则、巧妙引导的领导者,有训练有素、勤于指导、脚踏实地、冲锋陷阵的带头人。总之,幼儿园领导班子总体的智能结构一定要科学合理。

三、发挥幼儿园领导班子集体的作用

发挥幼儿园领导班子集体作用的必要性有如下几条。

第一,能使结构合理的领导班子产生强大的领导力量。

第二,能使结构合理的领导班子的互补作用得以实现,从而使领导管理工作减少失误。

第三,有利于防止和克服领导班子和全体人员的涣散与不团结现象。幼儿园领导班子的集体作用能够得到很好的发挥,增强团结。

第四,集体研究和分析问题的过程,也是幼儿园领导班子成员互相学习、互相影响的过程,这能有效地提高领导成员的管理水平。

发挥领导班子的集体作用,一定要与个人分工负责相结合。没有明确职责分工、责任不落实到个人的领导班子,不是一个好的领导班子,整个领导班子整体作用也就无从发挥。

▶阅读推荐◀

1. 朱家雄,张亚军.给幼儿园园长的建议.上海:华东师范大学出版社,2010
2. 陈迁.幼儿园管理的50个细节.福州:福建教育出版社,2011
3. 周成平.给校长一生的建议.南京:南京大学出版社,2010

▶思考与探索◀

1. 简述幼儿园园长的职责。
2. 幼儿园园长的基本素养有哪些?
3. 幼儿园园长工作艺术形成的基础有哪些?
4. 联系实际,谈谈幼儿园园长工作艺术提高的途径。
5. 如何优化幼儿园领导班子?
6. 你赞成"一个好的教师就一定能成为一个好园长"的观点吗?为什么?请结合本章的相关内容说说你的观点。

下篇 幼儿园管理实务

第一章
幼儿园保教工作管理

【内容提要】 本章介绍了幼儿园保教工作的地位、原则,阐述幼儿园保教工作的组织与实施及幼儿园教研工作的组织与管理等内容。

【学习目标】 理解幼儿园保教工作的地位、原则;联系实际,掌握幼儿园保教工作组织与实施以及教研工作的组织与管理的基本要求。

第一节 幼儿园保教工作概述

幼儿园教育管理工作是整个管理的核心,其最大的特点是保教结合。保教工作是幼儿园教育的中心工作。保教工作的开展水平,不仅反映着幼儿园的办学水平,还直接影响着幼儿园的教育质量。

一、幼儿园保教工作的含义

幼儿园的保教工作是保育和教育工作的简称,是指按照幼儿发展的规律和特点,对幼儿园保育和教育工作进行计划、组织、指导和控制等管理的活动。

"保"就是保护幼儿的身心健康。健康的内涵十分广泛,有身体方面的,有心理方面的,还有社会方面的。身体方面包括预防疾病,加强营养和锻炼,使幼儿有健康的体魄;心理方面是指培养幼儿良好的情绪,注重对其进行健康、积极的情感培育;社会方面是指培养幼儿探索环境、适应社会的能力,同时还要培养幼儿良好的交往能力,使幼儿不仅有与他人交往的勇气,还能掌握与他人交往的技巧。

"教"即幼儿园的教育教学,这是按照体、智、德、美全面发展的要求,有目的、有计划地对幼儿进行全面发展的教育。如合理安排幼儿的饮食、睡眠,帮助其养成良好的生活习惯;传授知识经验,发展其智力、语言及社会适应能力;培养其积极的情感和良好的个性品质。幼儿园教育具有不同于中小学的特殊性,要从幼儿的年龄特点和能力需要出发,加以组织安排。

二、幼儿园保教工作的地位

（一）保教工作是幼儿园的中心工作

之所以说保教工作是幼儿园的中心工作,有三个原因。第一,幼儿园是教育机构,教育幼儿是其最主要的任务,其他工作都是为教育工作服务的。第二,幼儿园的目标是培养人,为了实现这一目标,必须将保教工作放在中心位置。第三,幼儿园保教工作目标对其他工作目标具有很强的导向作用。保教工作在幼儿园整体工作中的地位决定了保教管理工作是幼儿园管理的核心和关键。

（二）保教工作是落实双重任务的主要途径

幼儿园是对三周岁以上学龄前幼儿实施保育和教育的机构,是基础教育的有机组成部分,是学校教育制度的基础阶段。从幼儿园的性质可见,幼儿教育不同于其他阶段的教育,具有教育性和社会福利性、公益性的特点。因此,幼儿园的双重任务是相辅相成的,偏废任何一方都是错误的。其中,保教好幼儿是基础、主导和幼儿园创设的根本目的。保教人员按照幼儿发展的规律和特点,对幼儿实施保育和教育,通过保教好幼儿实现为家长服务的目的。

三、在幼儿园管理工作中如何实施保教结合原则

保教结合原则是指保育和教育同时对幼儿发展产生整体性的影响。保中有教,教中有保,保与教相互渗透,紧密交织,不可分割。坚持保教结合的原则,并将其渗透到幼儿园教育的各个环节,是保教管理工作的基本任务。

（一）树立保教结合的管理观念

教育思想的管理是管理工作的关键。为了做好保教管理工作,必须了解保教结合的意义,树立保教结合的管理观念。

1.保教结合,促进幼儿整体发展

保教结合是一个整体概念,"保"和"教"是教育整体的不同方面,保教结合有利于促进幼儿整体的发展。

幼儿保育不仅包括身体的健康发展,还包括心理的健康发展和良好的社

适应能力。

幼儿园教育工作是结合幼儿的年龄特点,专门设计的影响幼儿的身体、认知、情感、社会性等方面发展的有目的活动,旨在既保证幼儿的身心健康发展,又为幼小衔接做好准备。

2. 保教相互融合、渗透,构成有机整体

保育和教育虽然是两个不同的概念,但是它们对幼儿的发展却具有整体性的影响。因为幼儿身心发展是一个统一的整体,因此保教对幼儿的影响也是统一的。保与教既有区别,又有联系,它们之间相互结合,相互渗透,构成不可分割的统一体。这正是我们常说的,教中有保,保中有教。

保中有教,意味着保育中含有教育的因素。从保育的目标看,保育不仅要保护幼儿,使其不受伤害,促进幼儿身体健康成长,同时还要对幼儿进行健康教育,让幼儿认识到健康的重要性,掌握必要的健康知识和身体保护的简单措施,养成积极的生活态度、良好的行为习惯和健康的生活方式。

教中有保,意味着教育中渗透着保育的内容。幼儿教育常常是从保育开始的,因为幼儿年龄小,许多生活习惯尚未养成,教师总是先教幼儿最基本的生活常识,如怎么吃饭、穿衣、大小便,这既是保育,也是教育。通过学习基本的生活常识,幼儿不但掌握了相应的健康知识,也学会了生活技能。

保育与教育是在同一个过程中实现的,而不是独立进行的。

(二)将保教结合原则落实到具体工作中

为了将保教结合原则落实到具体工作中,可从以下几方面入手。

1. 将保教结合工作纳入全园的工作计划

全园工作计划要充分体现保教结合原则,通过保育达到教育的目的,在教育活动中树立保健意识、增强自我保健能力等;同时,要引导教师在制订班级工作计划时,注意在一日生活的各项活动和各个环节中,自始至终将保育工作与教育工作紧密结合。

2. 在具体工作安排上要体现保教结合原则,将教育因素渗透到健康领域里

在教养过程中,教师要注重创设轻松的教育氛围,与幼儿之间应形成良好的、愉快的人际心理环境。同时,还要在工作安排上尽量做到保中有教,强调保护和增进幼儿的健康,增强幼儿生活自理能力,增强幼儿安全意识和自我保护能力,充分发挥保育的教育作用。

3. 在人员的分工上要注意保教工作的结合

一方面,各班都要配备教师和保育员;另一方面,教师和保育员的工作既要有分工,又要有合作,真正将保教结合落实到班级工作中去。

（三）发挥管理的导向作用，确保保教结合原则的落实

要贯彻保教结合原则，必须充分发挥管理的导向作用。管理者提倡什么，反对什么，常常会影响或左右组织成员的行为。园长、保教主任对保教工作的要求不能仅限于正规教学，而应注重对一切保教活动的整体效益进行检查、评定，从而发挥正确的管理导向作用，使这一原则真正得到贯彻执行。

总之，就幼儿园管理工作而言，保教管理是重中之重，是确保幼儿园实施全面发展教育的保证，是达到优秀教育效果的出发点和归宿。落实保教结合教育原则的思想，必须与幼儿园各项工作密切结合，与幼儿一日生活整合，才能促进幼儿全面、健康、和谐发展。

第二节　幼儿园保教管理的组织和实施

一、幼儿园保教工作的组织结构

保教工作的组织机构在不同规模或不同教育模式的幼儿园有所不同。一般来说，六个班级以上规模的幼儿园，需要配备专职业务园长或保教主任，在园长领导下，主管机构的保教工作，负责指导各个班级保教工作的实施。

目前，幼儿园在班级人员配备上普遍采用的形式主要有如下几种：每班两名教师、一名保育员；每班两名教师；每班两名教师，两三个班级共用一名保育员或卫生人员；每班一名教师、一名保育员等。

二、幼儿园保教工作的实施

班级是幼儿园的基层组织，是落实幼儿园保教任务、实现教育目标的基本单位。班级是由幼儿和保教人员共同组成的集体。对幼儿而言，班级是具体的生活和学习环境，班级保教工作的成效直接影响着幼儿的健康成长。因此，作为担负全班幼儿全面发展教育责任的保教人员间要协调配合，共同制订班级工作的目标与计划，全面安排幼儿的生活与教育，积极创设适宜于幼儿发展的环境，保教合一，以促进幼儿健康、快乐地发展。

（一）班级保教工作的特点

班级保教过程包括保教工作和管理工作，二者同步进行，即保教过程也是管理过程，二者在教育目标上是一致的。班级保教工作不但承担着教育任务，而且还承担着保育任务。班级保教工作具有以下几方面的特点。

第一章 幼儿园保教工作管理

1. 保教目标明确,体现教育性

保教是幼儿园工作的中心,班级的保教工作具有更直接的针对性,它针对本班幼儿实际,把教育目标真正落实到幼儿身上。

班级的一切工作、一切教育与管理手段对幼儿均具有直接的影响,如一日生活的安排和落实、各项教育活动的安排、室内外环境的创设与利用、班级保教人员的言行举止等都直接影响着幼儿。

2. 保和教相结合,体现全面整体性

"保教"是一个整体概念,"保"和"教"是幼儿园教育整体的不同方面,同时对幼儿的全面发展产生积极影响。幼儿身心稚弱,缺乏独立行为能力,因此,班级保教人员不仅要给予他们细致的养护和照顾,还应教育好他们,培养其对外界环境的适应性和自我保护能力。

保教人员应树立全面整体的教育理念,将培养幼儿全面发展的教育理念贯穿到各种活动之中。在实施教育的过程中应注意途径和手段的全面性,注意内容和方法的整体性,真正发挥教育的整体效能。同时,保教人员应面向全体幼儿,既照顾到全班整体水平,提出基本要求,同时又兼顾到个别,有针对性地对其加以引导,处理好一般与个别、统一与多样的关系,使全班每个幼儿都能得到充分的发展。

3. 保教人员配合,体现主导性

班级保教人员在保教过程中起主导作用,担负着培养人才的重任。保教人员要确定目标、选择内容、设计方法、安排时间和步骤环节,使保教过程科学合理地有序地推进,不断接近教育总目标;保教人员要积极组织创设和利用有利条件,注意消除和减弱不利因素。在具体的教育活动中,与幼儿的双边相互作用的过程中,保教人员作为矛盾的主要方面,激发起教育对象的积极能动性,引导幼儿的发展方向。

幼儿身心发展不成熟,处于迅速发展过程中,保教人员的主导作用显得尤为重要。保教人员要在认真观察、充分了解幼儿的基础上,选择适宜的教育内容与方法,为幼儿提供大量参与活动、实践的机会,激发他们的兴趣,通过直接或间接的指导方式,调动个体内在的活动动机,促进幼儿主动发展。

4. 发挥集体作用,体现协作性

班集体是实施保教工作的最重要场所。教师要特别注意创设良好的集体氛围,充分发挥幼儿群体或集体的影响力,以及幼儿之间的相互作用、相互影响,使幼儿在集体环境中学习社会生活所必需的知识和技能,培养正确对待自己、他人和集体的态度和行为,培养良好的社会适应性。

班级保教工作的协作性要求保教人员根据幼儿园总的教育目标,共同制订班级教育计划,在教养过程中,密切协调配合,保持教育的一致性和一贯性,注重教育和保育的有机结合,共同实现保教任务。

5. 保教形式多样,体现创造性

幼儿的身心发展特点决定了幼儿园大量的教育是在一日生活和游戏中进行的。保教形式多种多样,如教学、一日生活、游戏、观察、劳动等,其中非正规教育的比例更大。幼儿年龄小,可塑性大,为教育留下很大的空间;同时,幼儿存在着个体差异,采用统一的模式是难以取得良好的教育效果的。因此,一方面,保教人员要注意研究分析并发掘一日生活中各种活动的多方面教育功能,合理组织,发挥整体效益;另一方面,保教人员要深入研究本班幼儿的特点,注重在一日教养活动中,创造性地处理问题,抓住教育契机,发挥教育机制,因势利导,把教育工作的计划性与灵活性很好地结合起来,力争班班有特色,班班有创新。

6. 家园合作,体现开放性

教师应主动与家长联系,沟通情况,交换意见,相互学习交流,对幼儿进行配合一致的教育,提高教养质量;要加强与社区的联系,取得广泛的支持与协助,充分利用社会资源,开展好班级保教工作。

(二)班级保教工作的内容

班级保教工作涉及保教幼儿的一切教育活动及对活动的组织管理。归纳起来包括这样几个方面的内容:制订适宜的教育目标和计划;保教结合,全面安排幼儿的生活和活动;创造适合并促进幼儿发展的环境;做好班级卫生安全工作;与家庭、社区密切合作,综合利用多种教育资源促进幼儿发展。

(三)班级保教工作计划

保教工作计划是园务计划的重要内容,全园保教工作计划是通过班级保教工作计划的制订和实施而落实的。

1. 班级保教工作计划的内容

班级保教工作计划是班级工作的开端和重要依据。它体现了教师对班级工作的设想与思路,可以避免盲目性。班级计划主要包括以下内容。

(1)分析班级情况。分析并掌握班级工作情况是制订班级计划的前提,班级计划的针对性要强,必须根据本班的情况来制订。教师制订计划前首先要注意:①掌握基本情况,包括幼儿的家庭情况、受教育情况、身体状况、个性特点等;②对本班情况进行分析,包括班级的基本特点、主要优势与不足、解决措施等。

(2)确定班级工作目标。班级工作目标要与幼儿园工作目标相一致;每个阶段制订的目标不宜过多;面对问题时,要根据轻重缓急排序,先解决影响面大、最重要的问题。

(3)制订措施。对亟待解决的问题制订措施和办法是工作计划的核心部分。对于比较重要的事情,要预备多种方案,以备不时之需。如果涉及其他部门,就应该事先沟通,就能避免出现不必要的麻烦。

(4)安排重要工作。对于那些对幼儿身心发展有直接影响的重要工作,要做详细的安排。

2.班级保教工作计划的种类

常用的班级教育计划主要有三类:学期计划、月计划及周计划。

(1)学期教育工作计划(通常指班务计划)的制订,要以教育方针政策及园、所的目标任务为依据,充分考虑幼儿年龄发展的一般特点,并结合本班幼儿的实际。它包括班级的基本情况分析、新学期工作目标、工作的具体要求和新学期将采取的主要措施等。

(2)月教育工作计划是对学期教育工作计划的任务分解。即将学期教育工作计划分解到每个月,逐月制订的班级工作计划。每个月的工作计划相互联系、互为前提。当月计划一定要在总结前一个月计划执行的基础上制订,是学期教育工作计划的具体化。

(3)周教育计划是对月教育计划的分解,即将月计划任务分解到每周,使计划更加具体、明确。制订周教育计划时,应根据工作的轻重缓急和先后主次,确定一两项工作重点,并注意将一般常规性工作与重点工作结合起来。

(4)逐日教育活动安排是对周教育计划的分解,将周教育计划落实到每一天。一般可以根据全天保教的时间程序,对每天的具体活动内容(自幼儿入园至离园)作出大致规定。

3.班级保教工作计划制订的步骤

制订班级保教工作计划大体上可以分为以下四个步骤。

(1)认真研究上学期工作总结。班级保教人员须研究上学期工作总结,分析哪些工作落实了,哪些工作还没落实,找出工作中存在的不足,分析原因,为制订新计划做准备。

(2)认真研究园务工作计划。园务工作计划为班级工作计划确定了方向,应据此制订班级工作计划,从而做到园班一体,目标一致。但是,班级实际情况各不相同,所以还要结合本班的实际情况,创造性地开展工作。

(3)共同讨论,确定主要内容。班级计划要由班级全体教师共同讨论,最后形成较一致的意见。

(4)撰写班级工作计划。计划要形成文字,起到提示、监督、检查的作用。计划的文字要简练、明了,也可以用表格呈现。

4. 班级保教工作计划的执行

班级计划的执行，一般要经过以下几个阶段。

(1)传达布置。使每一个教师都明确班级计划及制订计划的意义，了解计划的目标、工作重点和步骤安排等，从而自觉地执行计划。

(2)落实责任。把工作任务分配给每位教师，保证计划得到落实。

(3)加强协调。为保证班级计划的实施，要加强协调，使班级教师相互配合。

(4)深入督导。管理者要深入班级，了解班级计划的执行情况，掌握工作进展，督促、指导、帮助教师在保教实践中端正教育思想，改进教育方法，发现问题并及时解决。

5. 班级保教工作计划的效果检查

管理者应通过认真细致的观察，了解教师组织教育活动的情况和工作情况，检查计划的执行效果。

在教育活动的现场做检查时，可以着重了解以下信息。

(1)班级环境状况，包括材料准备、教育环境的创设、卫生条件等。

(2)活动设计程序是否合理、是否动静交替、室内外结合，活动时间是否符合作息制度、是否充分，团体活动与个别活动、教师安排的活动与幼儿自选活动是否平衡等。

(3)教师与幼儿相互作用的情况。如对教育活动方案的检查可以从以下几方面考虑：在整个活动过程中，教师如何引导幼儿注意、提出活动任务指导方法、活动程序如何进展；如何激发幼儿的兴趣，促其积极主动活动、操作；有无根据幼儿个人特点予以引导，幼儿的行为表现如何；教师对幼儿说了什么，做了什么，幼儿有什么反应。

(4)教师如何依据计划实施教育，并注意随机教育以及在场的其他保教人员如何配合等。

总之，管理者要对计划实施的效果做出有说服力的分析，对教师给予有针对性的指导和帮助。检查记录的内容一般包括：被检查教师的姓名、班级、日期与具体时间，活动内容记录，分析与评价，改进工作的意见与建议等。也可以根据需要设计不同的记录格式。检查可以是对一日活动的组织或某一教育活动的检查，也可以是专门对某一方面工作的检查。

6. 对保教工作总结评价的指导

幼儿园管理者对保教人员的总结评价进行指导，也是保教计划效果检查的重要内容。

管理者可以从以下几方面对保教工作总结给予指导和提出要求。

(1)将总结经验与发现问题相结合。一方面，帮助教师发现先进经验和工作中的创造性因素、特色等;另一方面,引导教师探索造成失误的原因,寻找规律,以便及时改进工作。

(2)将总结与交流评比相结合。推广先进经验,促进相互学习,形成追求进取、互帮互学的良好风气。

(3)将互评与自评相结合。园领导在深入班级、指导计划的执行和对执行效果检查的同时,还应当引导保教人员对保教计划或课程计划的实施及效果进行自我检查和互相检查。

三、保教常规管理

保教常规管理就是对保教工作的时间、程序和内容要求加以规范,以确保保教工作能够正常有序运转。

(一)保教工作秩序的建立

只有建立合理的保教工作秩序,才能确保保教工作正常运转。

1. 合理安排时间

保教工作的管理首先是对时间的管理。保教人员要合理地安排好一日工作时间和幼儿生活作息制度。

2. 建立保教工作制度

保教工作制度包括保教计划与记录制度、备课制度、保教人员常规工作检查制度等。制度可以规范工作行为,帮助建立良好的秩序。

3. 增强保教人员的责任感

增强保教人员对幼儿全面负责的意识,将幼儿一日生活常规与保教人员工作职责有机结合。

4. 协调各方面的工作关系

幼儿园是一个整体,幼儿园工作是系统工程,各部门既有分工,又要协调配合,这样才能较好地实现幼儿园工作目标。

(二)班级常规管理

保教工作的全面整体性要求班级保教人员通过协同配合,全面安排幼儿的生活与教育,共同完成保教任务。

1. 日常工作的程序化

日常工作的程序化是依靠建立班级生活制度和常规,以及保教人员一日工作的程序化来实现的。

(1)狠抓班级生活制度和常规的建立。幼儿园的教育既有教育,也有保育。

由于幼儿年龄小,不善于管理自己的生活和行为,所以生活和学习常规成了重要的内容。牢牢抓住班级常规建设,有利于工作程序的形成。

(2)保教人员一日工作的程序化。保教人员工作程序化是班级工作程序化的关键。保教人员应对幼儿的一日生活进行分析研究,遵循幼儿年龄特点及教育规律,制订工作程序,并严格按照程序开展工作。

2.日常工作的秩序化

日常工作的秩序化也是班级管理的重要内容,它主要是指工作衔接的合理、紧凑;而秩序化则主要是指工作的条理性和有序性。程序化是秩序化的前提和保证,秩序化为日常工作管理提供了规则。

实现日常工作秩序化的方法有如下几种。

(1)列表。列表是一种十分有效的方法。把工作按照轻重缓急,排出先后顺序,用表格列出来,并设定所需的时间与完成的期限,这样既鲜明,又形象。

(2)记录。准备一个记事本,将每天已做、没做、准备做的事情都记在上面,尤其要把必须完成的事记在上面,以提醒自己。在教学时偶有心得,也要及时记下来,等有时间的时候再细想,就会有收获。

(3)反思。反思自己每天的工作,看看哪些方面做得好,哪些方面还做得不够,及时纠正。

3.日常工作的科学化

班级管理应该体现出管理的科学性。日常工作科学化意味着班级管理的规范化与系统化,这里既包括内容方面的,也包括方法方面的。

(1)日常工作科学化的内容包括:①安排好时间。时间是最重要的管理因素之一,善于管理时间是管理者的基本素质。首先,根据幼儿的年龄特点。遵循保教结合、劳逸结合、动静结合、正规教育和非正规教育结合的原则,科学地安排一日活动。这就需要解决三个问题:什么时间做?做什么?怎么做?科学安排幼儿的一日活动,可以保证幼儿在有限的时间内掌握和学习那些对他们该阶段发展最重要的事情。其次,教师要科学地安排自己的时间,将自己每天的时间分成几部分,如工作时间、生活时间、学习时间等,学会处理好各部分之间的关系。②建立相应的制度。科学的制度能够保证日常工作科学化的实现。教师要想使自己的工作更加科学化,首先要结合本班具体情况,建立科学的制度,如保教计划与记录制度、备课制度、常规工作检查制度、家长工作制度等,并逐渐完善这些制度。③有效利用多种资源。资源包括很多方面,如人、财、物、时间、空间、信息等。保教人员要科学地使用和利用资源,做到人尽其才、物尽其用。

(2)日常工作科学化的方法包括:①树立科学的观念。科学行为必须受科学观念支配,没有科学的观念就没有科学的行为。保教人员平时要多注意收集资料,了解幼教发展动向,学习幼儿心理学,了解幼儿身心发展规律,树立现代的教育观和儿童观,掌握科学的育儿方法,有意识地用科学的理论武装自己。②掌握科学的方法。为了保证日常管理的科学化,保教人员有必要掌握最基本的科学管理方法。③建立科学的工作程序和秩序。将工作安排成有序的过程,有条不紊地进行。

第三节 幼儿园教研工作的组织与管理

幼儿园教研工作是以幼儿园全体教师为主体,以提高保教工作质量和教师素质为目的,以对保教工作中实际问题的研究为内容,以多种形式的教研活动为途径的园内教育研究活动的总称。

教师结合实际工作,发现教育目标、内容、途径与方法等方面的问题,通过研究,找到解决问题的途径,使幼教工作依教育规律进行,减少盲目性与主观随意性。开展幼儿园教育研究活动一定要加强针对性,要立足于本园实际,解决保教中的具体问题,注重为教育教学改革服务,而不宜搞正规的理论研究。

一、开展教研活动的意义和任务

(一)开展教研活动的意义

1. 有利于提高保教质量

教研活动针对性强,主要解决保教实践中存在的问题和难题。如某小班教师发现本班幼儿口头语言表达能力较差。针对这一情况,教师做了深入调查,找出了原因,为幼儿提供更多的语言交往机会,教给他们语言运用的技能。经过一段时间,此班幼儿的口头语言表达能力有了明显的提高。

2. 有利于提高教师业务水平

教研活动是提高教师业务水平的重要途径。教研活动大体可分为六个阶段:发现问题、分析问题、提出解决方案、方案实施、得出结论并将结论运用到实践活动中、发表与推广自己的研究成果。发现问题需要教师平时注意观察,了解各方面的情况,这是业务水平提高的前提。分析问题是要分析问题的形成原因,这样,解决方案才能有针对性。结合实践中存在的问题提出解决方案,是理论在教育实践中的综合运用,是理论联系实践的过程。方案在实施中还会遇到很多问题,需要灵活处理和解决,这既积累了教师的工作经验,也提高了他们的业务能力。在反复实践的基础上,得出结论,并有意识地将结论运用到教育教学实践活动中。这样做既会提高教师的业务能力,也会提高教师的理论水平,还能增强教师的研究意识和研究能力、提高教师的理论水平。将自己的研究成果发表出来,有利于推广与交流。

3.有利于激发教师敬业精神

研究促进思考,在思考中教师自身的教育观念与态度都会发生变化,他们会用更加正确的眼光看待幼儿,看待学前教育工作,用更加科学的方法从事教育和教学活动,从而激发自身的敬业精神。

(二)开展教研活动的任务

1.组织教师的业务学习

幼儿园管理者要组织教师学习教育法律、法规和政策、方针,提高教师的政策水平和运用政策的能力;学习幼教方面的理论与发展动态,及时了解幼教发展的热点问题,树立科学的儿童观、教育观、师生观。

2.组织交流活动

幼儿园要有计划、有组织地安排一些交流活动,如观摩课、专题讨论、竞赛等,为教师相互学习提供机会、创造条件。通过交流活动,吸引教师学习业务、钻研业务上。当然,交流的面要广,不要仅局限在几个人身上。交流活动既可走出去,也可请进来。每次交流活动要有一定的目的与主题,要有丰富的内容、充分的准备,以求最好的效果。

3.集体备课

平行班或者同领域的教师可以一起备课。集体备课可以加深教师对教学内容的理解。老教师可带动年轻教师,骨干教师可以带动其他教师,发挥传、帮、带的作用。在集体备课中,大家共同钻研教材,共同研究教育对象,共同研究教学中的重点、难点,为教学做好充分准备。这种方式对能力较弱、经验不足的教师可起到带动作用,达到共同提高的目的。

4.研究教育实践中遇到的热点、难点问题

业务园长或保教主任要多留心幼教发展的动态,及时关注热点、难点问题,编出问题提纲发给教职工,自身也做好充分准备,以保证研讨活动的效果。比如,幼儿学识字好不好,是否可以教幼儿学识字;幼儿学英语好不好,什么时候开始学英语合适等。通过讨论大家会更加关注这些问题,进而产生一系列针对性较强的教研课题。

二、教研制度的建立

教研活动的开展除需加强教师的主动意识外,还应建立相应的制度。教研制度要对教研活动的形式、时间、教研成果的要求等做出比较具体的规定,建立

第一章　幼儿园保教工作管理

时需遵循以下原则。

（一）提高效率，追求实效

教研制度是为了保证教研活动的顺利开展。因此，在制订教研制度时一定要考虑到它的实用性、实效性以及可行性。首先要实用，其次要有实效，确保教研活动的开展能提高教研活动的水平，再次是要可行，制度要符合教师的实际水平及能力。

（二）符合幼儿园教育教学规律

教研制度是教育教学管理的重要内容。教研制度要使教研活动遵循教育教学规律，并为教育教学服务；要使教研活动与教育教学实践相结合，不脱离教育教学实践；要使教研活动紧紧围绕教育教学展开，不能与教育教学活动冲突；要有较强的针对性，注意理论与实践的统一。

（三）注意教研活动的广泛性

教研活动是保教工作的重要内容，是全园教师的任务。幼儿园要发挥每个教师的积极性，让大家都参与教研活动。教研制度一定要具有普遍意义，确保教研活动大众化。

（四）与幼儿园其他管理制度相一致

教研制度是幼儿园管理制度中的组成部分，它要与幼儿园整体管理制度相一致。教研活动是提高保教质量的重要途径，在制订相应制度时，必须要考虑到它的特点，如时间的安排、主题的确定等；教研活动又是幼儿园整体工作中的组成部分，在制订教研制度时，还要考虑到幼儿园的其他工作及本园的实际情况。

三、教研活动的组织

教研活动组织是教研工作开展的基本条件。它分为三个层次：园长层、教研组层、教师层。

园长层是决策层，要对教研活动进行整体规划，决定着教研活动的方向与水平。

教研活动主要是通过教研组得以落实的。教研组是为教研活动服务的，因此它的规模与类型可多种多样，幼儿园可根据教研活动的需要及本园的实际情况而定，如上午班、下午班、学科组等。目前，许多幼儿园都采取年级组的方式，教研组与年级组合而为一。其优点是研究起来方便，随时都可进行，不需要重新组织人,缺点是交流面过窄,不易跳出备课的圈子。所以,教研组的类型应根据教研活动的需要随时调整。教研组组长可由本组教师或保教主任提名,报园务会和园长批准。教研组长由业务骨干教师担任。

教师层是教研活动的执行层,教研活动最终要靠教师的共同参与来完成。教师的积极参与是教研活动开展的重要保证。

四、教研活动的管理

教研活动带来教师专业水平和幼儿园保教质量的提升,如何进行教研活动的管理,如何保持教研的有效性越来越受到关注。

(一)拟定教研计划是前提

一份好的教研计划,能帮助教师明确教研的方向与内容,并做好相关的准备工作,所以它是实现有效教研的前提。

在制订教研计划前,要认真分析本园教育教学、教研、教师及幼儿发展的现状,详细调查和分析本园教师在教育教学实践工作中存在的问题、教师的研究基础与研究水平。

在制订教研计划时,要以适当方式让教师参与,并积极采纳教师的建议。教研计划要统筹安排教研目标、主题、形式和教研时间,并落实到到人。

在计划实施过程中,园长和教师作为教研活动的参与者,都可以成为教研活动的组织者和考核者。主持的教师都必须在每次的教研活动之前拟定具体的教研计划,并向每位参加教研活动的教师布置任务,分发教研提纲,让教师有备而来,带着问题研讨,以提高研讨的效率。主持的教师要明确自己"主持人"的角色——通过不断抛出问题,带动大家深入思考,引导大家进行研讨,而不是举行讲座,进行演讲。

(二)立足教师实际是基础

衡量教研活动是否有效的指标,应是教师是否在教研活动中发现和解决了实际的教育教学问题,应是教师是否通过教研活动改善了教育教学实践行为。所以,教研活动要立足本园实际,从幼儿园、教师亟须解决的问题入手,组织教师开展形式丰富的有效教研,努力挖掘每位教师的优长,创设一个学习、研究与施展才华的平台,促进教师的专业成长。

(三)丰富教研形式是保障

教师个人的力量是有限的,幼儿园教研活动要依靠集体协作的力量开展。

幼儿园管理者要营造一种研究氛围,形成一种合作研究方式,建立起学习和研究的共同体,才能使教研活动更加深入和持久,并更好地推动教师的专业成长。

1. 专题式教研活动

就实践中的某一个特定主题展开研讨,如科学活动与艺术活动如何融合的问题,数学教育如何发展幼儿思维的问题等。

2. 问题式教研活动

问题式研讨主要以关注、挖掘教育实践中的实际问题为前提,在教研中循序渐进地研究探讨,寻求问题的解决,帮助教师积累研究问题、解决问题的经验,转变教师的教育观念,最终促进教师的专业成长。

3. 观摩式教研活动

对教师的教育活动进行观摩、分析与反思,通常采用"同课异构""一课三研"等方式进行。

4. 交流式

经验交流式教研活动为教师间相互学习和相互借鉴搭建平台。经验交流式教研活动可以调动每一位教师的主动性,发挥每一位教师的智慧,使教研活动真正起到推进教师专业发展的作用。

5. 对话式教研活动

为教师在工作中创设平等交流与沟通的平台,让教师说出工作中的困惑,或者分享他人的好经验。

(四)专业引领是关键

在教研活动中,最高效的引导是专业人士的引导。教研活动要发挥专业人士的理论指导作用,确保教研活动具有较高的学术品位,推进教研活动的可持续发展。

一方面是"请进来",有条件的幼儿园可以邀请高校专家、教研员深入幼儿园,从教育理念、研究方向、研究方法等方面进行相关指导;另一方面是"走出去",利用"国培""省培"等机会,培养自己的业务骨干团队,加强对教研组织者的培养,提高教研活动组织者的专业素养,更好地发挥专业引领的作用。

(五)研以致用见成效

教研活动一定要有实用价值,应以有效解决教育教学实践问题为目的,最终将教研活动的成果通过一系列有效措施落实到具体工作中。首先,将研究成果转化为工作规范,通过制度来保障其落实;其次,将研究成果通过图片、文字等形式转化为园本资源,为园内教师储备经验,教师可以随时提取并使用这些经验。

▶阅读推荐◀

1. 张燕. 幼儿园管理. 北京:人民教育出版社,2008
2. 王晖晖,李晶. 幼儿园管理. 北京:北京理工大学出版社,2010

▶思考与探索◀

1. 阐述保教工作在幼儿园的地位。
2. 如何理解保教结合原则？实施这一原则需注意什么？
3. 结合实际,分析班级保教工作特点。
4. 如何实现日常工作的程序化、秩序化、科学化？
5. 幼儿园应如何进行教研工作的组织与管理？

第二章
幼儿园后勤管理

【内容提要】 本章在阐述幼儿园后勤管理的内容、特点、作用和要求的基础上,着重讨论了幼儿园后勤工作中财务管理、物品管理以及幼儿园的档案管理、膳食管理、幼儿园的卫生保健和安全工作等,进而指出抓好后勤工作、卫生保健和安全工作是对幼儿园进行科学管理的必要保证。

【学习目标】 理解幼儿园后勤管理的内容、特点、作用和要求;联系实际掌握幼儿园后勤工作中财务管理、物品管理以及幼儿园的档案管理、膳食管理、幼儿园的卫生保健和安全工作的基本要求。

第一节 幼儿园后勤管理概述

一、幼儿园后勤管理的内容

后勤管理又称总务工作,是管理者运用一定的原理、方法和手段,通过一系列特定的管理行为和领导活动,使全体成员努力工作,以实现预定后勤工作目标的活动。

幼儿园后勤管理主要包括幼儿园的资产管理(包括财务管理、物品管理)、事务管理(包括编班、生活制度和一日作息时间表的制订与编排、档案管理)、膳食管理、卫生保健管理、安全管理等内容。

二、幼儿园后勤管理的作用

幼儿园后勤管理的作用是由后勤管理的基本职能所决定的,主要体现在以下几个方面。

（一）为保教中心任务的完成提供可靠的物质保障

要想顺利完成幼儿园保教中心任务，后勤部门就必须事先准备好必需的设施。只有加强后勤管理，才能为保教中心任务的完成提供可靠的物质保障。后勤管理的保障作用是由其基本职能决定的，所以这一作用是后勤管理的基本作用。

（二）可以提高对人、财、物的利用率，促进职能工作效率的提高

搞好后勤管理，可以使人、财、物以最佳方式结合，使之被有效利用，进而调动起人的主观能动作用，做到"人尽其才"；提高资金使用效能，做到"财尽其力"；充分发挥物资设备的潜力，做到"物尽其用"。这正是职能工作高效运行的必要条件。管理的作用在于提高效益，否则就没有必要进行管理，从这个意义上说，提高工作效率是后勤管理的主要目的。

（三）稳定职工队伍及其生活秩序，提高职工的工作积极性

搞好衣、食、住、行、生、老、病、退等工作，是后勤管理工作者的重要职责。后勤工作搞好了，幼儿园就可以为职工提供舒适的生活、工作环境，解除他们的实际困难和后顾之忧，职工就会更加热爱自己的工作，最大限度地发挥工作积极性，更好地完成本职工作。从这个意义上说，后勤管理工作为职工安心工作提供了保障。

正确认识后勤管理工作的作用，可以使人们正确对待后勤管理工作，重视后勤职工的劳动，关心后勤管理工作；同时，能够引导后勤职工正确认识自己的工作，树立正确的服务思想，为单位职能活动提供更多、更好的服务。

三、幼儿园后勤管理工作的要求

后勤管理工作，其任务就是通过组织管理，使幼儿园的人力、财力、物力更好地为幼儿园保教工作提供高效服务，以实现让孩子健康快乐成长的目标。做好后勤管理工作的方法有以下几条。

（一）明确指导思想，更新管理观念

为保教工作和为师生服务，是后勤工作管理的基本指导思想和基本出发点，这两项工作的开展情况也是衡量后勤管理水平的主要指标。

1. 完善后勤管理制度，使后勤管理科学化、制度化

没有完善的后勤管理制度，就不可能有完善的服务。因此，幼儿园管理者应

第二章 幼儿园后勤管理

制订一套完整的后勤管理制度,使后勤管理有章可循,使后勤管理的每一项工作更加具体、明确,能落到实处。

2.加强后勤工作人员的学习,提高其思想素质和专业素质,使后勤管理优质化

后勤工作任务重,事情多而杂。后勤服务工作人员必须有甘当配角、全心全意为师生服务的意识。同时,每一项后勤工作都有一定的要求,后勤工作人员既要有较高的思想素质和服务意识,又要有一定的专业素质;既要有一定专业知识,又要了解幼儿园的工作特点。因此,要加强后勤人员思想和业务学习。

(二)明确任务,措施到位

后勤工作的管理者和工作者,只有明确自己的工作任务,了解工作的职责范围,才能使工作任务得以完成。

第二节 幼儿园资产管理

一、幼儿园财务管理

古人云:"财是庶政之母"。幼儿园财务管理主要是指幼儿园经费的预算、实施和结算。幼儿园管理者要合理使用经费,科学经营运转,确保幼儿园的良性循环和可持续发展。

(一)积极筹措资金

资金是财产管理的主体,没有资金,财产管理也就不存在了。目前,大部分幼儿园的经费要靠自筹,筹措资金成为园长一项十分艰巨的任务。资金来源有多种渠道,主要有保教费、赞助费和其他创收,以前两项费用为主。幼儿教育是一项教育事业,通过提高保教质量吸纳资金是筹措资金最主要的渠道。园长有责任多渠道地为幼儿园的良性发展积极筹措资金。

(二)合理分配资金

提高资金使用效率,是财务管理的根本任务之一。幼儿园的各项工作对资金的需求不平衡,园长在支配资金时要本着照顾重点、兼顾一般的原则,将有限的资金合理分配,以确保幼儿园能稳步、高速、良性发展。

要做好经费分配工作,关键是要把好预算关,加强对资金使用的计划管理,保持收入与支出的平衡。先保证最重要的、直接影响幼儿园目标实现的工作经费。预算要有规范的预算程序,并留有余地。

(三) 健全财务制度

要使财务管理有章可循、有据可依、杜绝漏洞、合理支出,必须建立健全财务制度(如各项经费入账制度、报销制度、财务和出纳制度、财产分类制度等)。财务制度既要严格,又要合理;既要相对稳定,又要能根据实际情况及时调整和修改。

(四) 实行民主监督

实行民主监督是搞好幼儿园财务工作重要而有效的手段。幼儿园要将收支情况定期公布,加强财产审计监督和财务检查,避免盲目花钱、不讲经济效益的现象的发生。必须加强监督,严格管理,杜绝损公肥私、贪占挪用等违法乱纪行为,要让教职工和家长对幼儿园经营运转情况发表意见。

二、幼儿园物品管理

后勤工作要克服"重钱不重物""重建设轻管理"的倾向,加强对设备、财产和物品的使用、保养和管理,做到物尽其用,以最大限度地发挥财产和物品的使用效益。

(一) 对环境的管理

幼儿园环境代表着幼儿园的形象。幼儿园的环境应该安全、清洁、充满童趣。

室内环境要根据各年龄班幼儿的不同特点进行布置;材料的摆放方式和地点要便于幼儿动手操作;材料的数量要多、种类要齐;环境布置要有动感,应适时进行改变和调整,如应根据季节变化、学习进程而相应改变。

要尽量扩大室外绿地面积,让幼儿在户外活动时能置身于充满生机的自然环境中。另外,室外环境要有总体规划,大型玩具的摆放要整齐、错落有序,对大型玩具要定期维修。有条件的幼儿园可以开辟"种植园地""动物饲养角",为幼儿提供观察、种植、饲养的机会。

(二) 对房屋的管理

幼儿园的房屋要配套,主要包括活动室、寝室、卫生间等功能室等。房屋的装修要考虑教育的特点,做到美观、实用、方便。对房屋要进行定期维修,以免发生危险。要充分提高房屋的使用率,避免浪费。

(三)对玩教具的管理

各班都应配备一定数量和种类的玩具。目前,市场上的玩具很多,有的玩具价格较高,幼儿园要量力而行,也可发动教师自己动手制作一些简易的玩具,材料可以是废旧物品,只要安全、无污染即可。要定期检查玩具,定期清洗、经常消毒。同时,注意帮助幼儿养成自己收拾、整理玩具的习惯和能力,并教育幼儿爱护玩具,不乱扔、乱摔玩具。

(四)对图书资料的管理

有条件的幼儿园设有图书资料室,用以存放报刊、图书以及各类工作计划和总结。图书资料室管理上应做到:定时开放,图书资料分类存放,摆设有序、整齐,室内整洁、安静,并严格执行图书资料借还制度。

(五)对其他物品的管理

幼儿园除教具外,还有一定数量的食品、生活用品和办公用品。这些物品应有专门的地方存放和专人管理,并制订相应的管理制度。

1.物品采购制度

建立健全的物品采购制度是物品管理的重要环节。物品采购制度的具体内容有:①及时、按时报账。采购员要在规定的时间内及时报账,否则追究其责任。②采购的手续健全,符合财务要求,数额精确,不可马虎。③物品采购要保证质量。④在采购物品过程中不得行贿、受贿。⑤公私分明。不给私人代购东西,更不能将公家的东西据为己有,否则将予以严厉处罚。⑥在购买物品时要"货比三家",尽量做到物美价廉。⑦购买物品要有计划性。

2.物品验收制度

各类物品只有验收后才能入库。新购入物品凭发票入账,管理人员要严格把好验收关,根据发票核对物品品种、数量,检查质量,并对物品进行登记。

3.物品供应制度

幼儿园的物品繁多,为保证物品及其供给,应建立物品供应制度:专人负责物品供应;统一登记、分配;定时、及时供应;定量供应;建立领物登记簿。

第三节 幼儿园事务管理

一、幼儿园编班

《幼儿园工作规程》(1996年)第十一条对幼儿园编班做了明确规定:"幼儿

园规模以有利于幼儿身心健康,便于管理为原则,不宜过大。幼儿园每班幼儿人数一般为小班(3 至 4 周岁)25 人,中班(4 至 5 周岁)30 人,大班(5 周岁至 6 或 7 周岁)35 人,混合班 30 人。学前幼儿班不超过 40 人。寄宿制幼儿园每班幼儿人数酌减。幼儿园可按年龄分别编班,也可混合编班。"

二、幼儿生活的安排

(一)科学安排幼儿的一日生活

科学安排幼儿的一日生活,保证每日游戏、户外活动、身体锻炼的时间;保证幼儿有足够的进餐和休息的时间。

1. 坚持户外活动

幼儿新陈代谢旺盛,耗氧量大。户外活动可在一定程度上弥补幼儿呼吸机能未发育完全的缺陷,促进大脑的血液循环和供氧状况,提高大脑对机体的控制能力及其反应的灵敏度、准确性。幼儿园应根据天气状况将活动尽可能安排在户外进行。

2. 有足够的休息和睡眠

为避免疲劳,应保证幼儿有足够的休息和睡眠。由于幼儿的年龄、活动和学习性质不同,消除疲劳所需的休息时间也不同。一般认为,多次短时间的休息比一次长时间的休息效果更好。幼儿年龄越小,需要的睡眠时间越长:3～4 岁幼儿每昼夜睡眠时间为 12～13 小时,5～6 岁幼儿每昼夜睡眠时间为 11～12 小时。除夜间睡眠外,幼儿园还应安排 2～2.5 小时的午睡。

(二)根据春、夏、秋、冬季节特征,以及小、中、大班幼儿年龄特点合理安排幼儿的作息

(三)幼儿一日作息的安排要遵循动静交替,室内、室外交替,集体、个别交替,正规与非正规交替的原则

(四)建立相对固定的、良好的生活习惯

幼儿年龄越小,机体的可塑性越大,就越容易建立稳固的动力定型。从入园起加强对幼儿学习、生活习惯的培养,可使他们的生活有规律,保证幼儿学习时精力集中,进餐时食欲旺盛,游戏时精力充沛,睡眠时按时入睡,以提高一日生活的效率。

(五)教师在执行一日作息过程中可根据实际需要进行适宜的调整

教师在执行一日作息时,需根据天气、气候的变化和幼儿的实际情况,延长

或缩短活动时间,或调整活动及活动场所。

三、幼儿园的档案管理

档案管理是幼儿园科学管理的重要组成部分,档案作为一种重要的信息资源,对幼儿园的发展起着重要的作用。幼儿园档案工作开展的好坏,直接影响着幼儿园工作的开展。

(一)档案资料建设的内容与范围

1. 人事文书档案

人事文书档案包括幼儿、教职工名册,上级部门下发的文件,上报的报告表册(留底备查),历年或学期的工作计划与总结,会议记录及工作检查记录,人员考勤记录,园务日志,园所历年大事记等。这些文件资料有利于幼儿园管理者积累经验,摸索规律,保证工作的连续性,提高管理水平。

2. 教职工业务档案资料

教职工业务档案资料包括保教工作的计划、总结,保教工作笔记,专题报告,发表或未发表的论文等,以及考核评价与奖励资料等。

业务档案建设为系统考查教职工的业务水平积累资料,为教职工评优、晋级提供依据。同时,业务档案资料又可用作师资培训的材料,对于调动教职工学习业务、钻研技术的积极性,促进幼儿园保教质量和其他工作质量的提高具有重要意义。

3. 图书、玩教具资料等

幼儿园保教工作、后勤工作也应建立相应的资料档案,如保健资料档案、财会档案和财产资料表/册等。

(二)资料档案的分层管理

幼儿园档案资料可以采取分层管理的办法。如园长管理幼儿园的人事文书及教职工业务档案;教研组长和班组长管理近期日常的教养计划、总结,以及相关的会议资料等,按照保教工作的阶段性,按期整理汇总这些资料,将其编排归档。

可以配备专职或兼职人员管理图书、玩具教具资料,将资料分类存放,并建立收发借还制度。

第四节　幼儿园膳食管理

幼儿的生长发育较快,新陈代谢旺盛,生长发育和生活活动所需要的营养物质和能量较多。合理的营养膳食是促进幼儿生长发育的物质基础。加强幼儿的膳食管理,保证幼儿获得生长发育和活动所必需的营养,是幼儿园后勤管理工作中的一项重要内容。

一、科学制订食谱,保证幼儿营养均衡

科学制订的食谱能保证供给幼儿所需的各种营养,同时便于管理人员对幼儿膳食进行管理。制订食谱须以幼儿年龄、健康状况、活动强度和当时当地的膳食习惯为依据,参考幼儿期每日膳食中供给量标准,来确定幼儿每日所需热量和营养素,规定进餐的次数、时间及各餐的热量分配。制订食谱应注意以下几个原则。

(一)营养充足的原则

为保证幼儿的健康,促进幼儿的生长发育,应让幼儿摄取多种食物,以获得丰富的营养和充足的热能。幼儿园食谱应贯彻食物多样性的原则,主食与副食搭配,粗粮与细粮结合,荤食与素食结合,尽可能保证每天充分摄取五大类食物,均衡营养。

(二)搭配合理的原则

制订食谱时,要注意各类食物的互相搭配,提高食物的生理价值。三餐之间的搭配应遵循以下原则:早餐高质量,中餐高质量、高热量,晚餐清淡易消化。

(三)考虑幼儿身心特点的原则

为提供给幼儿身体所需要的多种营养素,不仅要供给幼儿营养丰富的食物,还应考虑幼儿的心理、生理特点。两餐的间隔时间最好在3~3.5小时,还要注意食物的色、香、味、形,经常调换花色品种,做到粗粮细作、细粮巧作,以促进幼儿的食欲。

(四)结合当时、当地食物供应的原则

制订食谱时要了解当地市场,选择物美价廉的食品,多吃季节性的水果和蔬菜,并根据当地的饮食习惯,科学地烹饪,减少制作过程中食物营养素的损失,做到色、香、味俱全。

二、定期开展膳食分析评价,不断提高膳食质量

定期开展膳食分析评价,便于了解幼儿从膳食中摄取的营养是否充分,掌握

幼儿的营养状况和发育水平,及时发现问题,并加以改正和调整,不断改善膳食质量。

第一,对幼儿定期进行身体检查,通过测量幼儿的身高、体重、头围、胸围等项目验证幼儿膳食的合理性。

第二,实地观察幼儿进食情况,了解幼儿对膳食的接受性、喜欢程度和进食量。

第三,实地检查烹调方法和膳食质量。

第四,定期进行食谱的营养分析,准确掌握幼儿的营养状况,包括对幼儿进食量和各类食品摄入总量的分析。首先,计算每人每日从膳食中所摄取的各种营养素量;其次,进行膳食评价,包括对幼儿各种营养一日摄入量的评价、对热能食物来源的分析、对热能食物来源分布的评价、对蛋白质食物来源分布的评价。

三、积极探索激励机制,建立并完善"膳食管理条例"

扎实的工作作风要靠机制的约束和制度的保证。在食堂工作人员中引入竞争激励机制是实施幼儿园营养膳食科学管理的关键。幼儿园应从完善制度入手,坚持以制度管事,以制度管人。使各项工作有章可循,有据可依。真正做到制度先行,奖惩分明,制度要充分体现按劳取酬、优劳优酬的原则,以调动膳食人员工作的积极性、主动性和创造性。

四、加强膳食技能培训,努力提升业务素质

幼儿园应定期组织炊事人员学习幼儿营养配料的基本知识,学习、参观有关营养食品的制作方法。还要组织炊事员深入学习《中华人民共和国食品法》,进一步规范食品加工。严格执行"三隔离":生食品与熟食品隔离;成品与半成品隔离;食物与杂物、药物隔离。加强食用工具管理,坚持实行"五过关":一洗、二刷、三冲、四消毒、五保洁。环境卫生采取"四定":定人、定物、定时间、定质量,划片分工,包干负责,层层落实。个人卫生做到"四勤":勤洗手、剪指甲,勤洗澡、理发,勤洗衣服和被褥,勤换工作服。同时,定期组织业务考核,开展岗位技能技巧比赛,并与实地操作、品尝打分相结合,不断提高炊事人员烹调技术,促进幼儿膳食工作质量的提高。

五、建立健全管理机构,形成民主监督机制

要保证幼儿的膳食营养,膳食管理工作必须抓紧抓细。要建立由主管园长、保健医生、后勤组长、炊事班长、食品保管员、采购员、财务管理员、班级保教人员及家长代表组成的膳食管理委员会。膳食管理委员会要充分发挥以下作用,形

成幼儿园膳食管理的民主监督机制。

第一,经常深入班组了解幼儿进餐情况及炊事员烹调操作情况,虚心听取保教人员及家长的意见,不断改善幼儿膳食质量。

第二,定期召开膳食管理委员会会议,对每次营养测算的分析情况进行审议,讨论存在的问题,寻求解决问题的办法。

第三,定期检查伙食费的收支情况,做到专款专用,合理使用,精打细算,日清月结,收支平衡。

第四,通过多种手段向家长宣传科学育儿知识,指导家长配合幼儿园共同进行幼儿膳食管理。

第五节 幼儿园卫生保健和安全管理

《幼儿园工作规程》(1996年)中明确指出:"幼儿园的任务是实行保育和教育相结合的原则,对幼儿实施德、智、体、美诸方面的教育。"由此可见,保育工作在幼儿园各项工作中举足轻重。

一、幼儿园卫生保健和安全管理的意义与任务

卫生保健和安全管理是幼儿园管理工作的重要组成部分。做好幼儿园卫生保健和安全管理是完成幼儿园全部工作的必要前提和基本保证,这也是幼儿园工作的一大特色。

(一)幼儿园卫生保健和安全管理的意义

幼儿园开展卫生保健和安全管理是为了保证幼儿身心正常发育和健康成长。幼儿园实施卫生保健和安全工作是学前教育区别于其他教育阶段的重要特征,这是由幼儿身心发展特点和幼儿园的教育环境决定的。

第一,幼儿园卫生保健管理的对象是正在发育和成长中的幼儿。虽然他们生长发育迅速,但身体和心理尚未发育完善,适应环境和对疾病的抵抗能力不足,容易受外界各种因素的干扰。

第二,幼儿园是集体保育和教育机构,幼儿接触面广,交叉感染的机会多,传染病极易蔓延。为保证全体幼儿的健康,幼儿园必须高度重视卫生保健工作。

第三,安全管理位于幼儿园管理工作之首。幼儿园的保教人员必须把幼儿的安全放在第一位,同时还要对幼儿加强安全教育和指导,以确保幼儿的安全。

（二）幼儿园卫生保健和安全管理的任务

幼儿园卫生保健和安全管理的任务是保护幼儿的生命与健康，促进其生长发育，增强其体质，为幼儿全面发展奠定良好的基础。

二、幼儿园卫生保健和安全管理的内容

（一）创造良好的生活与教育环境

幼儿园管理者应根据各地实际和园、所条件，因地制宜地为幼儿创设净化、绿化、美化和儿童化的环境，使园舍、场地、设施等符合安全、卫生和教育的要求；有目的、有计划地将教育要素渗透到环境之中，让幼儿在与物质环境相适应的基础上，潜移默化地接受教育。

（二）制订和执行科学的生活制度

科学的生活制度是幼儿健康发展的重要保证。要根据幼儿身心发展特点合理安排幼儿生活，使幼儿的生活既丰富多彩又劳逸结合。同时，还应制订合理的作息制度，既有利于培养幼儿良好的生活习惯，也有利于培养幼儿积极、迅速、及时地完成每日任务的习惯，促进幼儿心理健康发展。

幼儿生活制度的制订和执行应参照教育行政部门和卫生部门制订的卫生保健制度，合理地安排幼儿一日生活中各项活动的顺序和时间，以防止神经细胞和肌肉的疲劳。

（三）完善卫生制度，预防疾病

完善卫生制度，做好疾病预防工作是幼儿园健康管理的重要内容。幼儿园要贯彻"预防为主"的卫生工作方针，建立预防接种、消毒隔离、体格检查、环境和个人卫生等制度，完善各种防病措施，降低发病率，提高幼儿的免疫力，保护幼儿的生命和健康。

（四）开展体格锻炼

增强幼儿体质最积极、最有效的措施就是开展体格锻炼。开展体格锻炼能促使幼儿身体正常发育和机能协调发展，提高幼儿的身体素质和基本活动能力。幼儿园应有计划、有组织、经常性地开展体育活动，如早操、体育课以及户外体育活动等常规的锻炼方式。

对幼儿进行体格锻炼要循序渐进，合理掌握运动量和运动强度。幼儿园管

理者要提供充足的材料、时间和空间,为幼儿户外活动创造便利条件。在组织形式上,要将集体活动和自由活动相结合,为幼儿提供活动和表现的机会;体格锻炼方式要多样化,综合运用多种锻炼方式,将专门的锻炼与生活中的锻炼相结合,动作训练与游戏活动并举。

(五)重视安全工作

幼儿年龄小,喜欢活动,可是他们的身体发育还不完善,又缺乏生活经验,容易发生事故。因此,保教人员必须把幼儿的安全放在第一位,在确保幼儿安全的基础上,结合幼儿的年龄特点进行适当的安全教育和指导,增强其自我保护的意识和能力。

(六)重视幼儿的心理健康

创设良好的精神环境,是培养幼儿健康心理的关键。

教师与幼儿的关系是幼儿重要的人际关系,也是精神环境创设的重要组成部分。相互信任、相互尊重、相互平等的师生关系,能使幼儿感到安全、温暖、宽松、愉快,有利于幼儿的学习和成长,还能使教育发挥最大的效益和功能,促进幼儿的全面发展。另外,良好的同伴关系也是精神环境的要素,教师应注意引导幼儿间建立友好的同伴关系,让幼儿学会尊重他人,要培养幼儿团结友爱、助人为乐的好品质,让幼儿学会关心他人。这些都有利于幼儿心理健康地发展。

三、幼儿园卫生保健和安全管理的方法

(一)坚持"预防为主"的方针

"预防为主"是我国卫生与安全工作的根本方针。幼儿园的卫生保健与安全工作必须坚持贯彻"预防为主"的方针,对疾病与事故做到防患于未然。同时,还要贯彻保教结合的原则,开展积极的体格锻炼,保证儿童身体健康,促进其生长发育。

(二)建立健全的组织和制度

建立健全的组织和制度是做好卫生保健和安全工作的保障。幼儿园领导要主管卫生保健和安全工作,同时还应建立一支包括班级保教、后勤炊事、保卫等人员在内的队伍。幼儿园卫生保健和安全工作的完成需要全园教职工的共同努力,因此,园长在统筹全局时,要注意发挥专、兼职保健人员的专长,并使班级保教工作与专职人员的工作紧密结合。同时,幼儿园应将有关卫生保健和安全方面的要求、执行步骤、考核标准等制度化、规范化,用于规范相关的工作和相关的

行为,使每一位职工都清楚地认识到卫生保健和安全工作具有的重要意义,并使各个岗位有章可循,各部门协调一致,共同保证幼儿健康发展。

(三)加强计划性和定期检查指导

计划是管理工作的起点。幼儿园卫生保健和安全工作的落实和执行,也应从计划开始。幼儿园管理者应将卫生保健和安全工作列入幼儿园各级工作计划中。

全园计划要明确卫生保健和安全工作的任务,各个部门和班级的教养工作也要体现卫生保健和安全的要求,并提出具体落实的措施。计划要具有针对性,注意解决工作中的薄弱环节;计划要全面,考虑到卫生保健和安全工作的方方面面;计划要突出重点,任务要明确,措施要具体可行。

制订计划后,还应制订计划检查标准,定期检查,加强监督、指导力度。在这方面,要注意发挥幼儿园专职保健人员的作用和群众性卫生组织的监督作用。为了更全面地了解卫生保健工作的情况,客观地反映卫生保健和安全工作的状况,幼儿园要将阶段检查与平时、全面检查与单项检查结合起来。以此发现问题,改进工作。

(四)注重班级日常性保健和安全工作

幼儿园应重视班级日常性卫生保健和安全工作,使幼儿在日常生活与活动中,得到无微不至的养护与照顾,受到科学的教育。

班级保教人员应每天早、午、晚三次认真地检查各项工作是否到位,是否符合标准,以保证日常卫生常规工作和重点工作的质量。保教人员要严格执行日常消毒制度,并认真填写消毒记录,对幼儿活动室、寝室、洗手间、饮水间等场所每日的消毒达到要求次数,保证消毒时间;幼儿的餐具餐餐消毒,餐巾、毛巾一人一巾,使用后及时清洗消毒;水杯随用随清洗并消毒;幼儿图书、玩具等每天消毒,每周两次将玩具彻底清洗干净并消毒;每天严格执行晨午检查制度,发现异常,及时处理。保教人员教育幼儿知道耳、鼻、眼的用途,不用口衔或吞咽异物,不往耳道、鼻孔里塞异物;注重安全教育,培养幼儿良好的自我保护意识;严格执行接送制度,教育幼儿不擅自离开成人和集体,增强其安全意识。

▶阅读推荐◀

[美]帕特丽夏.幼儿园管理:儿童发展中心管理学.严冷译.上海:华东师范大学出版社,2007.

▶思考与探索◀

1. 幼儿园为什么要注重资料档案建设？如何做好这项工作？
2. 幼儿园财务和财产管理应执行哪些制度？
3. 幼儿园应从哪些方面做好幼儿膳食管理工作？
4. 幼儿园如何实施卫生保健和安全工作？
5. 结合实践，谈谈幼儿园卫生保健和安全工作应如何坚持"预防为主"的方针。

＃ 第三章
幼儿园危机管理

【内容提要】 本章阐释了幼儿园危机及幼儿园危机管理的基本内涵;阐述我国幼儿园危机管理中存在的相关问题;并对幼儿园危机管理的基本原则与流程进行分析。

【学习目标】 正确理解幼儿园危机管理的内涵;了解我国幼儿园管理中存在的基本问题;联系实际领会幼儿园危机管理的基本原则及其流程。

第一节 幼儿园危机与危机管理

近年来,幼儿园安全事故频发,给幼儿的生命和健康安全带来严重的危害。幼儿园的安全问题越来越成为社会关注的焦点,幼儿园在安全管理工作中承担的责任也越来越重大。因此,要对幼儿园教职工加强危机管理的意识,提高其危机管理的水平,保障幼儿的生命和健康安全。

一、幼儿园危机

(一)危机的含义

《现代汉语词典》中对危机有两个解释,一是指潜伏的危险,二是指严重困难的关头。因而,危机一方面预示着存在危险的可能,另一方面也预示着规避危险的可能,即机遇的存在。在对危机进行解释的时候,研究者更侧重于前者,即一定几率的危险发生的可能及其产生的负面影响和严重后果。不少国内的学者在认可危机的威胁性、不确定性之外,更强调了危机的突发性。

（二）幼儿园危机的定义和类别

幼儿园危机是指发生在幼儿园内或者与幼儿园成员有关的，严重威胁到幼儿园的正常教育秩序及成员利益的突发事件、意外事故。① 构成幼儿园危机事件必须满足三个条件：第一，危机事件或者事故必须发生在幼儿园内或者与幼儿园成员有关。这是对幼儿园危机出现或者发生的范围的限定。第二，危机事件或者事故一旦发生，会严重威胁到幼儿园的正常教学秩序或者幼儿园成员的利益。幼儿园危机最终造成的影响，往往很难准确预计，但是一旦出现，就有可能威胁到幼儿的生命和健康。第三，危机事件具有突发性和不可预期性。这是危机事件的性质，也是危机事件具有极大危害性的原因所在。

除了上述三个条件之外，幼儿园危机还必须涵盖下面两种状况中的任意一种，第一，危机事件可能已经在园内或者在园外爆发，即"明显危机"；第二，危机事件潜伏着但是尚未爆发，即"隐蔽危机"。

根据幼儿园危机产生原因来划分，幼儿园危机主要包括如下类型。

第一，由不可抗拒的自然灾害所造成的危机，包括地震、洪水、台风、雷电等。

第二，由社会因素引起的危机，比如校园暴力事件、车祸、恐怖袭击、火灾等。

第三，由人的因素导致的危机。这类危机的形成可能是由管理者管理不善造成的，也可能是由幼儿自身的因素造成的。

第四，幼儿园发展危机，主要是指幼儿园在发展过程中需要的一些必要条件出现的危机，例如财务危机、人事危机、信任危机、形象危机等。

二、幼儿园危机管理

（一）危机管理的含义

关于危机管理的概念，国内外学者都从不同的角度提出自己的看法。最早从事危机管理研究的学者之一、世界著名的组织与危机管理的专职顾问罗伯特·希斯认为："从最广泛意义上说，危机管理包含对危机事前、事中、事后所有方面的管理。有效的危机管理需要做到如下方面：转移或缩减危机的来源、范围和影响；提高危机初始管理的地位；改进对危机冲击的反应管理；完善修复管理，以迅速有效地减轻危机造成的损害。"对于组织而言，危机管理是指组织在正常的生存和发展过程中针对可能面临的或正在面临的危机，为了预防和消除系统内的不平衡状态所进行的一系列管理活动的总称，目的在于消除或降低危机所带来

---

① 摘自陶金玲：《民办幼儿园管理概论》，天津：天津教育出版社，2010年，第300页。

第三章 幼儿园危机管理

的威胁和损失,变危险为机会。

由此可见,危机管理主要包括以下几个方面。

第一,危机管理在过程上包括对危机事前、事中以及事后所有工作的管理,每个阶段的管理侧重点不同。危机事前阶段需充分意识到危机管理的重要性,提高组织成员的危机意识,制订处理危机的计划;危机事中阶段需迅速应对危机,争取各方力量的配合,消除或者降低危机的危害性;危机事后阶段要及时善后处理,减轻危机造成的危害,并注意及时总结经验教训,完善危机保障系统。

第二,危机管理过程的重中之重是预防。有效的预防可以在危机发生之前降低危机的危害性或发生的可能性,防患于未然是危机管理最明确的目标。

第三,危机管理的成效基于对危机信息的分析和了解之上。危机之前、之中和之后的管理,都是建立在对危机事件或者危机状态的分析和了解基础之上的,如果不深入分析危机产生的根源、表现形式及危害,盲目进行管理,就难以取得预期的效果,还可能带来负面的影响。

(二)幼儿园危机管理

根据幼儿园危机的定义、特点以及对危机管理的要素分析,幼儿园危机管理一般是指幼儿园管理者通过对危机信息的分析,发挥管理的职能,对危机事件和危机状态进行事前预防、事中控制、事后修复,以最大程度降低危机的危害性而采取的一系列行为。幼儿园管理者在危机管理的过程中,一定要结合幼儿园和幼儿的特点,对各种潜在的危机或者已经存在的危机进行探究分析,了解其发生的原因及规律,以便有效应对。危机管理是幼儿园管理的一部分,各项管理职能要充分发挥其管理效用,注重计划、组织、协调、控制等,采取有效对策积极应对,以最大程度降低危机的危害性为目标。

幼儿园危机管理与其他组织的危机管理一样,需要不断完善流程,幼儿园管理者都不能忽视任何一个阶段的危机管理。幼儿年龄很小,自我保护能力以及危险的应对能力都很差,一旦危机爆发,后果往往非常严重。因此,与其他组织的危机管理相比,幼儿园危机管理更加强调预防、提前消除隐患。

(三)我国幼儿园危机管理中存在的问题

1.幼儿园危机管理意识淡薄

对很多幼儿园管理者和教职工来说,工作的中心往往是教学。他们不了解危机管理的任务、对象、方法和目标,也意识不到幼儿园有哪些潜在的危机。这种对危机管理"知之甚少",甚至是"无知"的状态必然导致其幼儿园危机管理意识不强。

2.幼儿园危机管理组织体系缺失

危机管理不是园长一个人的事情,应该由相应的组织机构专门负责。事实上,幼儿园的危机管理组织往往是等危机事件爆发或者危机状态出现后才组建的,是临时机构,它只能对危机过程中发生的事或者危机之后的结果进行一定程度的补救。这种组织的工作效率、协同配合程度远远低于常规性的组织,难以预防危害的爆发,即使对于危机的处理也难以取得理想的效果。

3.幼儿园危机管理重事后补救,轻事先预防

幼儿园危机管理长期以来都体现为危机之后的补救。幼儿园一旦发生安全事故,很可能威胁到幼儿的生命,事后补救是难以弥补的。

4.幼儿园危机管理反馈机制缺乏

幼儿园危机管理是在不断吸取经验教训的过程中提高和完善的,还可以通过总结与反馈推动幼儿园提高预防和处理危机的能力。但是从目前幼儿园危机管理的现状来看,其反馈机制很不健全。对于有些幼儿园管理者来说,危机事件都是孤立的,处理好一个就结束一个,总结经验和教训时往往脱离事件本身。危机预防也与反馈机制有密切的关系,只有后者建立起来,才能真正保证危机预防的有效。

5.幼儿园危机管理信息沟通不畅

这里的信息主要是指危机发生之后的信息。信息不能及时传递,往往会贻误危机管理的有效时机,让原本可以减少的损失扩大化,幼儿园和家长、幼儿、教职工之间的信任感也会受到影响,进而使得幼儿园的声誉受损。

6.幼儿园危机管理"孤立无援"

幼儿园是社会机构,幼儿园危机管理也是社会危机管理的一部分。因此,幼儿园危机管理参与的人员不仅包括幼儿园管理者和幼儿园教职工,还应该包括社区、地方行政部门以及家长等各方力量。就目前来看,幼儿园并很少在危机管理上与各方力量进行沟通,相互之间了解很少。往往是地方行政部门根据地方危机管理的需要下达行政命令,幼儿园接受命令并执行,其他危机管理的预案基本上由幼儿园自行确定目标、自行计划和实施。

在探讨幼儿园危机管理的同时也要把"幼儿园危机管理"与"幼儿园安全管理区分"开来,"幼儿园危机管理"因近年来幼儿园危机事件频发而出现在人们视野中,而"幼儿园安全管理"一词使用已久。二者之间究竟是什么关系呢?一般来说,危机管理是安全管理的一部分,危机管理侧重于说明危机事件或者危机状态,安全管理侧重于说明管理的目标。不能把安全管理理解为狭义的幼儿安全管理,幼儿园的安全也是管理者需要兼顾的。可见,危机管理是安全管理的重要内容。长期以来,我们一直重视对幼儿园安全管理的探究,而对于可能威胁幼儿

园以及幼儿的危机事件和状态却没有给予足够的重视和了解。

第二节 幼儿园危机管理的原则与流程

幼儿园是幼儿高度密集的场所,和其他组织相比,是危机高发的机构。幼儿园安全问题历来是需幼儿园管理者关注的头等大事。因此,幼儿园管理者要将危机管理作为幼儿园日常管理的一个重要组成部分,积极探索管理的方法,建立健全幼儿园安全保障机制和体系。

一、幼儿园危机管理的原则

幼儿园危机管理最主要的目的是为幼儿园创设一个安全有序的活动环境,在进行幼儿园危机管理的过程中,只有遵循科学的原则,才能最大限度地取得管理成效。

（一）以人为本的原则

以人为本是幼儿园危机管理的首要原则。幼儿园所有工作都要以保护人员安全尤其是幼儿的安全为第一要务。幼儿园危机管理的首要任务就是保障生命,在危机管理的预防、处理以及修复等各个阶段,都要把生命安全放在其他事宜的前面。其次,在危机管理的各个阶段,都要对人的生理、心理健康问题给予充分的关注,并及时提供帮助。

（二）预防为主的原则

危机管理要迅速从正常情况转换到紧急情况,也就是从常态转换到非常态。成功的转换得益于预防机制的健全。幼儿园如果能事先做好预防的方案和面对危机时需要采取的措施,就能减少危机发生的几率,在危机发生的时候也能从容应对。预防包括两个方面。

第一,幼儿园要完善预警机制。预警机制能够比较灵敏、准确地为风险前兆及时提供警示,让幼儿园管理者对危险的到来做好准备危机,或降低危机发生的可能性,并能按照不同的危机采用不同的应对方法措施。

第二,幼儿园要进行日常防灾训练。幼儿园危机管理最终的成效,体现在教职工、幼儿以及管理者在事件中对防灾、减灾和保护生命健康安全意识和基本技能的熟练掌握上。所以,幼儿园要有针对性地建立危机应对的日常训练机制,有组织、有计划、有步骤地将处理危机的程序和要求转化为教育的内容,培养大家的危机意识,提升大家处理危机的能力。

(三)统一指挥、分层负责的原则

"幼儿园危机管理的顺利有效进行,首先需要在幼儿园中组建专门的危机管理机构作为危机管理的领导核心,这是做好幼儿园危机管理的基本前提和组织保证。"[1]在危机管理机构建立之后,一定要保证该机构的领导核心地位。同时该组织也应该层层分工、明确责任,防止出现相互推诿及责任链条断裂的现象,确保有效、有序地应对危机。

(四)有效沟通的原则

危机管理中的有效沟通原则需要处理好几种关系:一是处理好和上级职能部门之间的关系。幼儿园要及时上报信息,不要阻碍了信息的畅通,同时也要重视上级职能部门所传达的相关信息。二是协调好和其他幼儿园之间的关系。在危机面前,幼儿园间应该互通有无,同舟共济。三是处理好幼儿园和社会的关系。幼儿园本来就是社会大系统的一部分,社会信息的及时反馈,有助于幼儿园预警机制的完善。四是幼儿园内部也要进行有效沟通。幼儿园管理者要尊重家长、教职工以及幼儿的知情权,及时和他们交流信息,广泛调动家长、教职工甚至幼儿参与危机管理。力求各方力量相互配合,共同面对可能出现的或已出现的危机。

(五)制度化、法制化的原则

幼儿园危机管理要实现制度化、法制化。就制度化而言,幼儿园管理者为了更好进行危机的预防和应对,要建立健全危机管理的制度。制度是依据对危机的知识、经验进行科学分析和探索而建立的,是关于从危机预防到应对直至恢复的一整套管理规章体系,有助于科学、规范、有效地应对危机。就法制化来说,幼儿园的任何决策和活动,都要遵循国家相关的法律法规,依法保障幼儿园、教职工及幼儿的最大利益。在面对危机和危机修复的过程中,一定要理性判断,不要感情用事,决不能违背国家的法律法规,避免给危机的应对带来干扰,扩大危机的危害程度。

二、幼儿园危机管理的流程

幼儿园危机管理的流程一般划分为三个阶段:危机的预防和准备、危机的处理、危机的修复。

---

[1] 陶金玲:《民办幼儿园管理概论》,天津:天津教育出版社,2010年,第308页。

(一)危机的预防和准备

危机的预防是危机管理的第一阶段,目的是有效地预防和避免危机事件的发生和危机状态的出现,而危机的准备应与危机的预防同时进行,目的是树立危机意识,做好人、财、物等准备,统筹协调资源,以应对危机事件和状态,降低危机的危害性。在危机的预防和准备阶段可以做如下事情。

第一,提高危机意识。目前我国幼儿园的危机管理效能不高的首要原因是幼儿园管理者及教职工甚至相关主管部门缺乏危机意识。因此,幼儿园管理者要首先加强自身的危机意识,充分认识到危机管理对幼儿园的生存及幼儿安全健康的重要性。

第二,进行幼儿园危机风险评估。幼儿园危机风险评估可以对危机出现的可能性,危机的大小、规模以及危机对幼儿园、社会以及幼儿的影响作出预测,是预防和准备工作的起点。预先的风险评估能最大限度地降低危机带来的负面影响,能从小问题中发现潜在的大危机,使大危机得到及时的遏制。

幼儿园里任何危机的出现不可能没有征兆。如果幼儿园内部出现一定的异常,或者社会环境出现一定的异常,比方说某种危机在社会机构中已经出现,或者幼儿园刚刚经历过某种危机,之后会不会重复出现或者以其他的方式出现,在这种情况下就需要有专门的人员对幼儿园进行风险评估。

第三,选择并训练幼儿园危机管理小组。幼儿园成立危机管理小组主要的目的是协调和利用幼儿园内外的多种资源,降低幼儿园危机带来的损失。幼儿园危机管理小组的成立一定是在危机发生之前,甚至在风险评估之前就可以成立危机管理小组。另外幼儿园危机管理小组成员的构成及分工要明确,各司其职,注意相互配合,协调工作。

幼儿园危机管理小组的组成人员包括:危机管理负责人、教职工联络人、通信和记录员、后勤保障员、家长联系人、媒体代言人、校外联络人、咨询员。一些小型的幼儿园可以选择最重要的几个职位配备人员,不需要进行长时间训练的职位可以临时从教职工中抽调。

幼儿园危机管理小组一旦成立就要制订详细的危机管理计划、危机管理规章制度,对相关人员进行日常的训练,以提高教职工的危机意识和应对危机的能力。

第四,建立幼儿园危机预警系统。幼儿园危机预警系统主要有电子预警系统和指标预警系统两种。电子预警系统是幼儿园通过一些电子装置来进行信息采集、分析、决策并发布警报的自动预警系统。指标预警系统主要是针对突发事件设置的,它是通过专门的信息收集和整理工作,制订评估突发事件的发生以及危害性的指标，对危机事件是否发生、危机状态是否存在以及究竟会造成多大的危害进行预测。

不管是电子预警系统还是指标预警系统，都要通过信息的收集和加工，从而形成一定的信息指标，最终来建立。具体来说主要包括以下几个步骤：一是明确因何而预警。即幼儿园管理者要明确预警系统建立的目标。二是明确预警监测内容与危机事件之间的关系。监测内容主要是危机事件的风险源和危机征兆，要能与危机发生的可能性及危害性明确对应，否则预警系统的预测可能不准确。三是确定预警需要监测的内容和指标。这是在第二步的基础上完成的。四是确定和评估危机预警系统。首先明确危机系统怎么建立，需要哪些技术手段、设施设备以及操作程序等等，然后聘请专家对预警系统进行评估和完善。五是确定预警标准。幼儿园可以用不同的标准来表示危机的不同等级，对不同的危机等级采用不同的应对方法。六是设置预警机构，配备人员并制订预警工作的相关规章制度，使预警工作人员的责、权、利得到保障和维护。七是宣传并使用预警系统，使全体教职工及时接受预警信息，采取应对措施。

第五，培养危机事件应对能力。很多幼儿园危机之所以造成极严重的后果，除了幼儿园危机预防机制和应对机制不健全之外，最主要的原因是幼儿园教职工以及幼儿甚至家长的危机应对能力都比较差。通过采取措施，提高幼儿园教职工和幼儿、家长危机应对能力，能有效降低危机的危害性。

危机事件应对能力主要包括教职工和幼儿的自我防护、救护的知识和技能，以及面对危机和危机后果的心理承受能力。培养危机事件应对能力的主要措施是培训和演习。培训的目标主要是锻炼心理承受能力，提高危机意识，让教职工以及幼儿、家长了解危机的特征，从而具有防范危机和承受危机的心理准备，对教职工和家长的培训可采用讲座、研讨、督促自学等形式，而对幼儿则需采用教学活动和日常渗透等方式，传递相关知识和技能。在培训阶段是要注重与危机管理小组和危机预警系统协调配合的培训，让幼儿园教职工、家长甚至幼儿理解设置危机管理小组以及危机预警系统的必要性，并知道该如何配合危机管理小组以及危机预警系统的工作。

(二)危机的处理

除了积极预防危机之外，幼儿园管理者还要在危机到来之时积极应对，将危机造成的损失降到最低。

1. 抓紧时间，启动危机预案

幼儿园管理者要在危机到来的第一时间启动危机预案，为应对危机赢取时间。危机管理小组要全面负责和指挥，协调所有人力、物力、财力，小组成员要按照预先分工和危机状态调整工作任务,立即投入危机处理工作。

2. 收集信息,制订危机处理计划

危机管理小组启动工作之后,需要根据危机的具体情况,调整危机处理计划。根据危机特点的不同,在收集整理相关信息之后,需要第一时间召开危机管理小组会议,结合预案调整计划,制订出针对性更强的危机管理计划和行动计划。

3. 全员参与,实施计划

计划制订之后,相关人员要服从危机管理小组的指挥,各司其职。在危机时刻,幼儿园里所有的教职工包括幼儿和家长都是可以利用的资源,危机管理小组要注意统筹安排。另外在危机发生后,幼儿的安抚工作是非常重要的,要安排人员专门照顾幼儿,幼儿熟悉的教师是最佳人选。

4. 以人为本,依法管理

在危机处理过程中,人是最重要的因素,幼儿园管理者要优先考虑危机的受害者和参与危机管理的工作人员的安全和救治问题。此外,在危机处理中,幼儿园管理者一定要头脑清晰,依法管理,带领大家科学应对,千万不能不顾大局,做出违法乱纪的事情。

5. 灵活应变,注意沟通

对危机在发展过程中出现的变化,危机管理负责人要安排人员持续追踪,理智分析和判断,随时对计划做出调整,及时做出决策。有效的沟通在危机管理过程中非常重要。在危机应对过程中,危机管理小组需要与上级主管部门、政府部门、家长、社会进行沟通,取得他们的支持;需要与媒体沟通,把危机对幼儿园的负面影响降到最低,并通过媒体获得更加广泛的支持;需要与幼儿园内部所有人员进行沟通,让大家了解真相,一起应对危机。

(三)危机的修复

在危机基本上得到控制和解决后,幼儿园管理者就需要转移工作重心,进行危机的修复、反思和总结。

1. 危机事件的评估和检讨

危机管理领导小组在完成危机应对后,要成立危机修复管理小组。该小组要全面调查和掌握危机事件,对整个事件进行回顾和总结,并将危机调查和处理报告公布于众。主要内容包括:对危机发生的原因、应对的过程以及结果的详细记录,人员伤亡、财物损失状况的统计数据,对危机管理过程的全面反思以及对危机预案调整的举措等。

2. 事件责任人的问责

危机修复管理小组的报告对在危机应对过程中表现积极突出、做出杰出贡献的人要进行肯定和表扬。对于事件的责任人,也要追究其责任,尤其是对制造危机、失职、渎职以及妨碍危机应对的人员,要依据法律、法规及相关政策,追究其责任。

3. 预案修正

在对危机进行全面调查和报告的基础上,危机管理小组要结合危机过程中的新情况进行研讨,调整和完善危机预案,使危机预案能更好应对危机管理活动。

4. 幼儿园重建和改进

危机事件之后,幼儿园要抓紧时间进行幼儿园的重建和改进工作,使幼儿园师生员工尽快恢复正常状态。这里需要重建和改进的也包括幼儿园的声誉和形象。

在危机的修复阶段,要格外注意对相关人员尤其是幼儿的心理安抚。因为幼儿年龄较小,心理承受能力较弱,所以在修复阶段,要重视幼儿的心理健康教育,使其尽快从危机的阴影中走出来。

▶阅读推荐◀

1. 陈群. 幼儿园危机管理实务. 北京:中国轻工业出版社,2009
2. 陶金玲. 民办幼儿园管理概论. 天津:天津教育出版社,2010

▶思考与探索◀

1. 什么是幼儿园危机?什么是幼儿园危机管理?
2. 我国幼儿园危机管理存在哪些问题?
3. 幼儿园危机管理的原则有哪些?
4. 简析幼儿园危机管理的流程。

第四章
幼儿园人力资源管理

【内容提要】 本章主要任务是介绍幼儿园人力资源管理的基本内容；阐述在市场经济条件下，幼儿园管理者在保教队伍人员的选聘和任用、考核和激励、规划和培训过程中应遵循的原则和方法。

【学习目标】 正确理解市场经济条件下幼儿园人力资源管理的重要性；了解保教队伍应具备的素质和保教队伍选聘和任用的原则；理解幼儿园保教队伍的考核和激励制度；联系实际，领会保教队伍职业发展规划和培训的重要意义。

第一节 幼儿园保教队伍的选聘与任用

一、保教队伍的素质

提高幼儿教师素质、加强保教队伍建设是办好幼儿园、提高服务水平的重要途径。保教队伍应具备如下素质。

（一）教师应具备的素质

第一，拥有高尚的职业道德。热爱幼教事业，对幼儿充满爱心，对教育充满热情。

第二，身体健康，形象良好。教师只有身体健康，才能全身心地投入到教学工作中。孩子们喜欢举止大方、亲切活泼、穿着得体的教师，因此教师要严格要求自己，注意自己的仪表和举止，塑造良好的自身形象。

第三，现代化的教育观，科学的儿童观。现代化的幼儿教育观念符合社会发展对幼儿教育的根本看法和态度。它涉及幼儿教育的价值观、目的观、课程观、教学观、评价观等观念。幼儿教师必须树立现代的教育观和科学的儿童观。

第四,较高的教育技能。幼儿教师应充分重视教育技能,并通过多种途径加以提高。教育技能主要包括了解幼儿、创设环境、组织教育活动、与幼儿和家长的交往等技能。

第五,健康的人格和品德。幼儿正处在个性形成时期,可塑性最大、模仿性最强,教师在他们心目中具有相当高的威信,幼儿教师的人格对幼儿的影响尤为重要。这就要求幼儿教师必须具有健全的人格特征和高尚的品德,并体现在具体的行动中,以言传身教为孩子做出表率。

(二)保育员应具备的素质

保育员应具备如下素质。

第一,较高的职业道德水平。保育员要有坚定的职业信念,要热爱自己的职业,并且有职业自豪感;保育员要有爱心和责任心。有爱心才能真正做到处处为幼儿着想、理解幼儿,从而促进幼儿的成长;高度的责任心是促使保育员尽心尽责做好工作的内在动力。

第二,身心健康。保育员要想在高质量地完成本职工作的同时,又能以充沛的精力、亲切的态度照顾好幼儿,拥有健康的身体是关键。保育员还要有健康、积极的心理品质。保育员的心理品质,如自信、情绪控制等,不但影响幼儿园保育工作的正常进行,而且影响着幼儿的性格形成和心理成长。

第三,较为丰富的科学文化知识。合格的保育员要有教育、卫生保健、营养以及法律等方面的知识。这些科学知识是指导保育工作的理论基础。

第四,先进的保教观念。保教观念主要包括儿童观、保育观和教育观。第一,保育员应和幼儿教师一样,树立科学、正确的儿童观和教育观。第二,保育观是指保育员对保育工作内涵的认识,它决定了保育员对保育工作的基本态度和行为倾向。

第五,具有较高的专业技能。保育工作技能是保育员开展保育活动必备的素质。保育员的技能操作主要包括:清洁消毒、生活管理、配合教育活动、安全工作等。

二、保教队伍的选聘与任用

保教人员的选聘和任用影响着幼儿园内部风气与人际关系的形成,关系着管理效率的高低,并最终决定着保教质量。因此,幼儿园管理者在选聘员工时,除了执行相关规定外,还应遵循以下现代管理的用人理念和科学的用人原则。

(一)按需设岗,因岗用人

幼儿园管理者在招聘保教人员之前,首先要做岗位分析,根据幼儿园的实际情况,对岗位的工作内容、要求和任职者应具备的基本素质和条件加以分析,选择合适的人员来承担相应的工作。切忌因人设岗,让工作迁就个人的需要,导致人浮于事、工作效率低下。

(二)用人唯贤,重视绩效

幼儿园的工作需要有才干的人,只要其在实际的工作中取得了良好的成绩,不论其年龄、资历如何,就该大胆启用,委以重任,使其最大限度地施展才能。在保教人员的选聘和任用中要坚决克服和避免感情用事、不坚持原则等现象。

(三)用人不疑,委以责任

用人不疑,就是要充分信任选聘的职工,相信他们有热情、有能力做好自己的本职工作。职工受到信任,就能体会到自己的价值,会加倍努力工作,以回报幼儿园管理者。

委以责任就是幼儿园管理者根据幼儿园实际情况分配工作给职工。应给予职工一定的权力,且尊重职工的自主权,发挥职工的积极性、主动性,使其产生强烈的责任感和使命感,以此增强职工的工作热情和动力。

(四)用人之长,避其所短

扬长避短是用人的一项基本原则。幼儿园管理者首先应该充分了解职工的优势特长和缺点不足,然后把职工的特点与岗位要求进行吻合度分析。如果其长处占优势,且其长处正是岗位必需的,其缺点又不会影响工作,就可以大胆选用。切忌任人唯全,求全责备。

(五)优势互补,结构合理

一个组织的效率如何,不仅要看个体的素质,还要看组织成员组合的科学性。幼儿园管理者要根据保教队伍的个人气质和能力等个性特点组建班组,提高工作效率。

(六)建立动态的用人机制

人员的任用应该是一个动态的过程。幼儿园建立动态的用人机制,一方面可以优胜劣汰,使职工时刻有危机意识,从而促使其不断提高;另一个方面,可以为职工提供成长的机会,使职工在不同的岗位上得到锻炼,获得提高,并找到适合自己的最佳位置。

第二节 幼儿园保教队伍的考核与激励

一、保教队伍的考核制度

保教队伍绩效考核是通过系统的方法、原理对保教人员的工作业绩、能力、岗位适应度等进行全面的观察、记录、分析和评价,考核结果是幼儿园实施绩效改进、保教人员培训、人事调整、薪酬调整的依据。幼儿园保教人员的绩效考核包括业绩考核、能力考核和态度考核。业绩考核是对保教人员承担岗位工作的成果进行评定和估价;能力考核是依据岗位说明书规定的岗位要求,考核保教人员在岗位工作过程中显示和发挥出来的能力;态度考核的重点是考核保教人员工作的认真度、责任度、工作的努力程度,即工作干劲、热情、忠于职守和服从命令等方面的情况。

(一)保教人员绩效考核程序

保教人员绩效考核是一项非常细致的工作,必须按步骤进行。

1. 科学地制订考核目标

首先根据幼儿园目标以及保教人员工作计划中的可操作性绩效目标,并依据保教人员的岗位工作要求,确定工作要项。其次将工作要项逐一分解,以完成工作所达到的、可接受的条件形成绩效考核标准,原则上要求其具体化、客观化、定时定量化。另外,绩效目标和标准应具有层次性,不宜定得过高,以确保保教人员经过一定努力可达到。

2. 评价实施

将保教人员工作的实际情况与考核标准逐一对照,评判绩效的等级。评价实施是绩效考核的中间环节,也是耗时最长、最关键的一个环节,直接影响到绩效考核的成败。此阶段主要的工作就是通过不断的绩效沟通、收集数据来形成考核依据,依据其中可信度高的数据对保教人员的绩效完成情况进行评价。常见的评价方式包括:工作标准法、叙述评价法、量表评测法、关键事件记录评价法、目标管理法、强制比例分布法和配对比较法等。以上方法在具体操作过程中往往不单独使用,而是几种方式混合在一起使用。

3. 绩效面谈

在现代人力资源管理中,没有反馈的绩效管理将失去存在的意义。为了改进和提高绩效,幼儿园管理者应当及时进行有效的考评结果反馈,开展与保教人员的绩效面谈。幼儿园绩效面谈是指幼儿园管理者根据周期绩效表现和绩效结果,与保教人员做一对一、面对面的绩效沟通,将保教人员的绩效表现通过正式的渠道反馈给他们,让保教人员对自己的表现有一个全面的认识,以便在下一绩效周期做得更好,达到改善绩效的目的。幼儿园管理者要明确面谈的主题,拟定面谈计划,预先告知保教人员面谈的时间、地点,收集各种与绩效相关的信息资料。采取"一对一"的面谈方式,与保教人员开诚布公地交换意见,求同存异,提高绩效考核的有效性和针对性。

绩效面谈为管理者和保教人员讨论工作、挖掘保教人员的潜能和拓展其发展空间提供了良好的机会。同时,面谈能够使幼儿园管理者更全面地了解保教人员的态度与感受,加深双方的沟通和了解。在绩效面谈中,管理者应当坚持面谈的针对性、真实性和及时性,掌握绩效面谈的技巧,选择确定有理、有利、有节的面谈策略,依据保教人员的个性特点以及心理承受能力,采用灵活多变的绩效面谈方式,循循善诱,使保教人员认识到自己工作中的不足,鼓励保教人员自己发现和分析问题,即使有些问题难以达成共识,也应当允许保教人员保留自己的意见。幼儿园管理者应当充分发挥绩效面谈的作用,实现绩效管理的公开化,使保教人员以积极的心态对待过去,满怀信心地面对未来,努力工作。

4. 制订绩效改进计划

幼儿园管理者和保教人员在绩效面谈时,对于双方达成的共识应当及时记录下来。面谈结束后,双方要将达成共识的结论性意见、双方确认的关键事件或数据,及时予以记录、整理,填写在考核表中。对于达成共识的下一阶段绩效目标也要进行整理,形成考核指标和考核标准。

5. 指导绩效的改进

幼儿园管理者要对保教人员的工作改进作出正确指导,并在精神上、物质上给予其必要的支持,保证保教人员工作的有效性。

(二)保教人员绩效考评策略

绩效管理是一种连续性的管理过程,既是对保教人员能力、工作态度的评价,也是对保教人员潜质的考查,更是对保教人员未来行为表现的一种预测。幼儿园管理者只有程序化、制度化地进行绩效管理,才能真正了解保教人员的潜能,发现园所管理中存在的问题。

保教人员绩效优劣具有多因性,受保教人员的激励、技能、环境和机会等主客观因素影响,需要从多个维度去分析和考评。同时保教人员的工作还具有动态性,绩效随着时间的推移会发生变化。管理者应该全面地、发展地、多角度地、全方位地考查保教人员的绩效,保证绩效考核的准确性和公正性。绩效考评的公开、公平、公正性直接影响到考评的效果和保教人员对其的认可度。只有取得保教人员对绩效考核的认同,科学的管理才能顺利进行。

对保教人员进行绩效考核的具体方法有如下几种。

1. 上级考评

上级主管对被考评者承担着直接的领导、管理和监督责任,对下属人员比较熟悉、了解,而且在思想上也没有更多的顾忌,能较客观地进行考评。所以在绩效管理中,一般以上级主管的考评为主,可占总体评价的50%左右。

2. 同事考评

同事与被考评者共同处事、密切联系、相互协作、相互配合,比被考评者的上级主管更能了解被考评者,对其潜质、工作能力、工作态度和工作业绩比较清楚,但他们在参与考评时常受人际关系的影响。所以在绩效管理中,同事考评一般控制在总体评价的20%左右。

3. 家长考评

家长对被考评保教人员的工作作风、行为方式和工作态度有比较深入的了解,且有独特的观察视角,但他们对考评保教人员心存顾虑,容易导致考评的结果缺乏客观公正性,所以家长考评在总体评价中的比例一般占10%左右。

4. 自我考评

被考评者对自己的绩效进行自我考评,能充分调动被考评者的积极性,对那些以实现自我为目标的保教人员更显重要。但由于自我考评容易受到个人多种因素的影响,有一定局限性,所以在总体评价中一般占10%左右。

5. 幼儿考评

幼儿和保教人员朝夕相处,对老师的一言一行有深切的感受,但由于幼儿易把现实与想象混淆,使其考评结果的准确性和可靠性大打折扣。在实际考评中,采用幼儿考评要慎重,在总体评价中的比例一般不超过10%。

二、保教队伍的激励

(一)保教队伍激励的含义

激励就是针对人的生理与心理需要,有计划地通过某些刺激引起其内部心理变化,使其行为反应有助于目标的达成。保教队伍的激励是指幼儿园管理者在幼儿园管理过程中,运用激励理论,有计划地对幼儿园保教队伍予以有效的刺激、引导与鼓励,以促进其发生内在心理变化,提高从事保教工作的积极性与创造性,进而提高保教质量和办园整体水平。

第四章　幼儿园人力资源管理

（二）保教人员的阶段性激励策略

1. 适应期（第1～3年）

刚走进社会的新保教人员在这一时期，一方面要面对自身角色转换的不适应，另一方面又有着初为人师的兴奋。他们想把自己学到的技能全部用到保教中，急需得到幼儿园各方面的认可，融入所属幼儿园。但现实与理想的差距，容易使他们产生无所适从感。在这个阶段，有两个因素对保教人员有重大影响：一个是富有挑战性的工作留给保教人员的"工作初期感受"，它有助于保教人员在整个工作生涯中保持旺盛的工作热情和竞争意识；另一个是鼓励保教人员向理想目标进发而产生的"工作初期抱负"，它有助于激发保教人员的工作积极性，使其在今后工作中不断获得成功。幼儿园管理者可以根据这一特点采取激励措施，帮助新入职的保教人员尽早进入状态。

（1）文化激励。幼儿园文化是一所幼儿园的灵魂。优秀的幼儿园文化能不断激励幼儿园教职工为幼儿园的发展而努力。对于新进保教人员，幼儿园管理者应帮助其认识自我，认识、了解进而认同所在幼儿园的文化氛围，从而形成并增强其归属感和自豪感，使其初步规划合适的职业发展道路，从而安心工作。这个过程被称为保教人员的幼儿园"组织化"过程。文化激励在规范保教人员的日常工作行为的同时，也让新进保教人员在不知不觉中实现身份的改变。

（2）行为激励。行为激励是指用某种富有情感的行为来激励他人，从而达到调动人的积极性的目的。在新进保教人员急需实现身份改变、找到有效教学技能、得到幼儿园认可时，幼儿园管理者可以安排师德高尚、专业素养好的老保教人员与新进保教人员结成对，通过老保教人员的言传身教，帮助新进保教人员成长。

2. 稳定期（第4～7年）

在稳定期，幼儿园管理者应积极创造条件，帮助保教人员确定职业发展方向。成功实现角色转变后，保教人员的职业生涯便进入稳定期，这一时期的保教人员已经具有有效从事保教工作的基本技能，对于保教活动也能适应，同时又对新知识、新技能有着强烈的需求，努力寻找并形成带有个性特征的保教风格。

处于稳定期的保教人员对保教工作富有热情，对工作比较投入。他们处于形成带有个人保教风格的探索中，他们需要更新知识结构、提高保教技能，因此，知识激励可以满足保教人员对知识的渴求，而竞争激励又可以使保教人员更充分地利用资源。

（1）知识激励。处于稳定期的保教人员对新知识的接受比较主动，幼儿园管理者在这个时候要为保教人员的成长提供一些支持性措施，如对保教人员进行在职培训等。知识激励能够满足保教人员对于新知识、新技能的需求,帮助他们提高自身素质,努力从事保教工作,使他们在幼儿园的保教工作中体会到成就感和自我满足感,体会到工作的乐趣和挑战性。

(2)竞争激励。幼儿园在用人上要引入竞争机制,实行聘任制和层级薪酬制,竞争上岗,促使更多优秀人才脱颖而出,施展才华。这样,不仅给保教人员带来责任感、紧迫感和危机感,还为保教人员的发展提供了平台,能者上,平者让,庸者下,帮助保教人员提高保教水平和综合素质,不断提高保教人员队伍的整体素质。

3.职业危险期(第8~23年)

经过长期的教育工作,保教人员进入职业生涯的中期后,可能会产生职业倦怠。这个时期是保教人员职业生涯的关键时期,走出这个时期,保教人员可以突破自己的局限,探索出自己的保教风格。许多优秀保教人员都是在这个时期产生的,所以,幼儿园有责任和义务帮助保教人员突破这一"瓶颈"。

(1)思想政治激励。思想政治激励指通过宣传教育和思想政治工作的开展激发职工的工作热情。一个人只要树立了正确的世界观、人生观和价值观,就可以在任何条件和任何环境下拥有饱满的工作热情。因此,在保教人员对教育工作的认识发生变化的时候,适时的思想政治教育是必要的。

(2)信任激励。信任激励是指幼儿园管理者要平等地对待保教人员,尊重保教人员的劳动成果,放手让保教人员在自己的职权范围内独立地处理问题,创造性地开展工作,合理地改变工作内容。

4.保守时期(第24~31年)

这时的保教人员大多经验丰富、已经形成自己独特的保教风格。在行业中,他们也成了资深人士,对自己的保教工作充满自信。但他们容易产生自满情绪,沉醉于已经取得的成就中,看待问题带有较强的主观偏见,并安于现状,囿于自己的保教模式,不愿意探索新的保教模式。减少保教人员在这一阶段的自满和退缩是幼儿园管理者所要解决的主要问题。

(1)目标激励。目标激励就是指确定科学合理的目标,诱发人的动机和行为,从而达到调动个人的积极性、满足个人自我实现需求的目的。对于处于保守期的保教人员,幼儿园可以引导他们设立新的、有挑战性的目标。通过目标的设置,让保教人员突破自己已有的保教模式,发现自己新的职业生长点,重燃职业发展的热情。

(2)情感激励。情感激励是指强化感情交流和沟通,协调领导与员工的关系,让员工获得精神上的满足,激发员工工作积极性的一种激励方式。这一年龄阶段的保教人员压力最大,幼儿园管理者要多与他们交流沟通,了解他们的工作和生活状况,在满足保教人员物质需要的同时,还要关心保教人员的精神生活和心理健康,增进彼此之间的理解和信任,增强保教人员对幼儿园的归属感,激发保教人员的工作热情。

5.退休期(第32～39年)

在这一阶段,由于年龄等原因,保教人员即将退出保教岗位。处在这一阶段的保教人员情绪比较低落,容易产生失落感。因此幼儿园管理者要给保教人员适时的鼓舞,让这些即将退休的老保教人员仍能以饱满的热情站好最后一班岗。

幼儿园管理者对老保教人员要实行荣誉激励,充分重视他们的心理需要,即对其工作成绩要给予充分肯定,让他们承担指导、教育青年保教人员的工作,有效地利用他们的智力、经验、知识和技术优势来培养年轻保教人员,为幼儿园的教育教学工作留下宝贵的财产,这样既可以使他们保持工作热情,又可以使他们的心理需要得到满足,让退休的保教人员带着满足和眷恋离开保教岗位。

综上所述,激励是一项系统工程,要想起到激发动机的作用,必须从满足不同职业阶段保教人员的特殊需要出发,帮助保教人员建立合理期望,设置合理目标,提高保教人员的公平体验,多角度、全方位地进行规划和设计。

第三节 幼儿园保教队伍的职业发展及培训

一、保教队伍的职业发展

(一)保教人员职业发展规划

职业发展规划是指个人与组织相结合,在对职业发展的主客观条件进行测定、分析、总结的基础上,对自己的兴趣、爱好、能力、特长进行综合分析和权衡,结合时代特点,根据自己的职业倾向,确定最佳的职业奋斗目标,并为实现这一目标做出行之有效的安排。制订职业发展规划可以帮助保教人员真正了解自己,筹划未来,拟定一生的发展方向。保教人员职业发展规划的本质不仅是实现保教人员专业发展的目标,还是保教人员人生快乐与幸福的源泉。

保教人员职业发展规划不仅是帮助保教人员成长的手段,还逐渐成为有远见的幼儿园的关键性战略资产。制订发展规划,主要从组织和个体双方来采取措施,以减少盲目性和模糊性,提高针对性和有效性,改善保教人员的职业发展状况。

幼儿园保教队伍建设是一项长期工作。幼儿园管理者应用发展的观念,处理好幼儿园现实工作与长远利益的关系,根据幼儿园工作的实际情况,将保教工作发展的长期规划与工作安排结合起来,制订保教队伍培训发展规划,并将其纳入全园总体发展的目标规划体系。幼儿园管理者要根据幼儿保教人员的不同情况,将保教人员划分层次,对不同层次的保教人员提出不同的培养目标。在管理实践活动中,还要充分利用现有的条件,结合各阶段的工作重点,对不同岗位人员提出不同要求,在明确目标的情况下,采取各培养措施,有计划地展开培训工作,逐步建设一支高质量的保教队伍。

(二)保教人员职业发展策略

影响保教人员发展的因素是多方面的,有个人水平、能力等方面的因素,也有幼儿园及社会大环境的因素。在保教人员制订职业发展规划时,要充分考虑这些影响因素,从而最大限度地发挥职业发展规划的可执行性。

1. 提高保教人员对职业发展的认识

幼儿园管理者首先应该认识到,职业发展规划设计、开发和管理是吸引人才、培养人才、留住人才的一种有效方法。因而,应以人性化的方式提高保教人员的职业发展意识,使他们认识到,一个人在职业发展中应该有目标、有规划,并在目标实现和规划执行过程中通过增加知识、提高技能、增强竞争力来获得发展,进而提高自己的职业生活质量。

2. 加强幼儿园人力资源需求的分析

保教人员要想进行切实可行的职业发展设计,必须了解幼儿园的人力资源需求,包括岗位变动、岗位空缺、岗位要求等状况,将自己的职业发展设计与幼儿园的发展需要相结合。因此,幼儿园管理者必须加强人力资源需求分析工作,并将组织的发展方向、职业需求状况、职位能力要求等信息传递给广大员工。

3. 提供职业发展的咨询和指导

保教人员的职业发展规划和职业发展开发不是仅靠保教人员个人力量就能解决的,而是需得到幼儿园管理部门的支持,这种支持的重要体现,就在于能为保教人员提供必要的咨询和指导。因为,只有幼儿园管理者才能充分认识到岗位的特征和要求,清楚保教人员的职业兴趣和职业能力,能够真正帮助其确定切实的职业发展目标和制订有效的职业发展规划。

4. 加强职业发展的培训与开发工作

职业发展管理不是简单地对"人们如何做事"的管理,而是对"人们如何发展"的管理。从培训的角度来说,幼儿园管理者至少应该掌握以下三条原则:一是培训必须贯穿个体职业发展之始终,必须根据个体职业发展不同阶段的不同发展任务,对其进行持续而有针对性的培训。二是培训务必关注专业素质的综合提升,包括专业知识、专业技能等方面。三是培训务必科学化,即减少培训工作中出现的随意性。在培训需求分析、培训目标选择、培训战略制订、培训过程控制、评选活动评估等方面,提高科学化程度,以对职工的职业发展进程真正起到推进作用。

5. 确定不同职业发展道路和不同职业发展策略

幼儿园中存在一些性质、内容、特点各不相同的工作和岗位。在制订工作计划时,幼儿园管理者应依据保教人员的专业发展水平和职业优势,使人员配置达到最佳状态,并给予保教人员升迁和工作变换的机会。保教人员的职业发展是有阶段性的,不同阶段的保教人员具有不同的专业能力、心态和目标。幼儿园要正确认识各阶段保教人员的特点,有针对性地采用合理的激励措施和激励策略,最大限度地激发保教人员的潜能,调动保教人员的积极性,引导保教人员向正确和持续的方向发展,帮助保教人员顺利度过入职的适应期和调整期,避免职中期的停滞和倦怠,减少职业发展后期的退缩和低落,使其职业得到更加完善的发展。

二、保教队伍的培训

(一)幼儿园保教人员培训的内容

1. 职业道德教育

幼儿园管理者通过思想政治工作,引导幼儿园职工正确认识保教人员职业的社会价值,树立保教人员神圣的职业观念。培养敬业精神。强化角色意识,自觉以保教人员的身份去规范和指导自身行为。

幼儿园管理者要根据国家的有关规定,参照地方行政部门颁发的《幼儿园教职工职业道德规范》,结合本园实际,制订出更为具体、详细的幼儿园工作规范,并通过多种途径广泛宣传,使保教人员切实掌握并执行。

2. 业务水平培训

幼儿园保教人员的业务水平与保教质量密切相关,要加强业务培训,强化职业能力,包括文化科学知识的学习,教育观、儿童观的更新,学前教育理论的学习,教育技能、技巧的提高等。

(二)幼儿园保教人员培训的方法

对保教队伍的业务培训要注意结合本园保教工作实际,提高实效。培训工作要本着"业余为主、自学为主、重视岗位培训"的原则,采取多种形式进行。其中岗位培训是幼儿园保教人员业务培训的重要形式。它能够将教职工的进修学习与工作实践结合起来,学以致用。幼儿园管理者应鼓励职工进修,形成风气,并努力为教职工自学进修创造条件,同时建立和完善进修学习考核制度,将进修学习成绩纳入教职工业务档案。

1. 鼓励自学进修,提高学历

学前教育的发展要求幼儿园保教人员提高学历。因此,幼儿园管理者应提供培训机会和条件,使他们能够全面系统地学习有关教育理论、技能技巧以及必要的科学文化知识,鼓励他们参加相应的自学或函授学习,提高学历。幼儿园管理者也可以根据实际情况有计划地安排有进一步深造愿望的保教人员脱产、半脱产学习,取得更高学历。

2. 进行岗位培训,提高职业能力

幼儿园基本没有富余人员,一人一岗,脱产、半脱产进修只能让少数保教人员参加,否则会影响幼儿园保教工作的正常开展。因此,岗位培训、在职提高是幼儿园提高师资水平的根本途径。岗位培训的专业性强,可有效提高幼儿园教职工的职业能力。

幼儿园岗位培训的方式主要有以下几种。

(1)组织教研活动。教研活动是提高保教质量和保教人员职业能力的有效途径。幼儿园教研活动内容非常丰富,可涉及幼儿园保教工作的各方面。除了本幼儿园的教研活动外,幼儿园保教人员还可参加所在片区、地区,甚至全国的教研活动。

(2)组织观摩活动。观摩活动即职工之间互相参观保教活动,相互交流,以起到岗位练兵、提高职工职业能力的作用。观摩活动除在幼儿园内部进行外,还可以扩展到别的幼儿园。在幼儿园内部的观摩活动可以依日常工作有计划地开展,也可以进行专题性的观摩。在观摩活动结束后,被观摩者自己先"说课",即对自己组织的活动做一个说明,再进行"评课",即由全部参加观摩活动者进行研讨。通过观摩研讨,肯定优点,找出问题,进行分析,改进工作,从而提高业务水平。

(3)组织专题讲座。针对幼儿园工作中的实际问题和需要,可以不定期聘请专家学者或有丰富经验的幼儿园保教人员进行专题讲座,也可以有计划、有系统地定期组织保教人员进行专业技能的学习。

(4)组织保教人员参加研习会。幼儿园管理者根据幼儿园实际,分批组织保教人员参加各地、各类型的保教人员研习会,获取最新的保教改革信息,以不断提高保教质量。

(5)以老带新,以强带弱,加快年轻保教人员的成长。刚参加工作或参加工作不久的年轻保教人员实践经验不够,能力偏弱,有一个经验积累、不断成熟的过程。通过以老带新,由经验丰富的保教人员与之搭配组合;通过以强带弱,形成互补,加快他们的成长。实践证明,这种培训方式是一种行之有效的方法。

(6)开展竞赛评比活动,激发进取向上的精神。竞赛评比活动既可以促进保教人员之间的相互交流学习,也可以激发他们积极向上的进取精神,形成良好的园风。

(7)为保教人员进修创造必需的时空条件。幼儿园要重视教职工业务进修室或图书资料室的建设,有计划地订购书籍及刊物,收集、整理最新幼教资讯,鼓励阅读和交流心得,同时为保教人员安排并保证进修时间。

▶阅读推荐◀

朱家雄,张亚军.给幼儿园园长的建议.上海:华东师范大学出版社,2010

▶思考与探索◀

1. 保教队伍的选聘与任用应遵循哪些原则?
2. 保教队伍的绩效考核包括哪些程序?
3. 举例说明针对不同职业阶段的保教人员的不同激励措施。
4. 保教人员职业发展管理有哪些策略?
5. 谈谈你对幼儿园岗位培训的认识。
6. 作为一名未来的幼儿教师,请你为自己制订一份个人职业发展规划。

第五章
幼儿园班级管理

【内容提要】 本章介绍了幼儿园班级和班级管理的含义及幼儿园班级保教工作的特点，详细阐述了幼儿园班级管理的各个环节，并对不同类型班级的管理进行分析，旨在促进幼儿园班级管理的科学性。

【学习目标】 了解幼儿园班级管理的内涵；掌握幼儿园班级管理的基本环节、班级教师的职责，并能运用到实践中；正确理解各年龄班管理的不同特征。

第一节 幼儿园班级管理概述

一、幼儿园班级和班级管理

（一）幼儿园班级的含义

幼儿园班级是幼儿园的基层组织，是实施幼儿园保教任务、实现教育目标的基本单位。它是幼儿园组织、安排教育活动和生活活动的重要场所与途径，整个幼儿园的工作都是通过各个班级工作来实现的。它是幼儿园中最贴近幼儿的环境和最具体的生活场所，对幼儿的发展具有最直接的影响。

（二）幼儿园班级管理的含义

幼儿园班级管理是指班级教师通过组织、计划、实施、调整等环节，把幼儿园的人、财、物、时间、空间、信息等资源充分运用起来，以达到预定的目的。这一概念中包含了几层意思：班级管理是由人去实施的；班级管理是通过组织、计划、实施、调整等环节来实现的;班级管理的对象是幼儿园的人、财、物、时间、空间、信息等;班级管理是有目标的活动,管理的最终目的是实现管理目标。

二、幼儿园班级的基本结构

幼儿园班级是对幼儿进行保教活动的基本单位,其基本结构主要包括:人员结构、组织结构、物质设施和保教任务四个方面。

班级的保教人员是幼儿园班级管理的主要承担者,肩负着对幼儿进行教育和保育的双重任务。幼儿是幼儿园教育的对象,是班级的主体。

幼儿园班级作为一个正规化的组织,必然要通过日常教育教学活动运转起来,其基本形式有以下三种。

一是班集体。班集体是幼儿园的基本组织形式。开展班集体活动是我国幼儿园教育的主要方式之一。

二是小组。教师根据幼儿的情况及教育需要将班级划分为若干个小组,幼儿在小组里可以有较多的互动机会,更易于合作以及对活动目的达成共识。

三是个体。幼儿园班级管理一方面要发挥儿童的自主性、独立性;另一方面又要求个体努力适应集体的活动和生活,适应规则,努力成为集体的一员。

三、幼儿园班级管理的内容

幼儿园班级管理一般由生活管理、教育管理、家园交流管理、班级间交流管理、幼儿社区活动管理等几方面组成。幼儿园班级中的管理人员包括保教人员、幼儿、幼儿家长。其他方面的管理工作服务于幼儿的生活、教育管理。

幼儿园班级的生活管理是为了保证幼儿的身体正常发育、心理健康成长,保教人员围绕幼儿在园内的起居、饮食等生活方面的需要而从事的管理工作。

幼儿园班级的教育管理是指班级保教人员在班主任的带领下对班级幼儿进行调查研究,对教育过程精心设计、组织,对教育结果进行细致评估等方面的工作。

第二节 幼儿园班级管理的环节

幼儿园班级工作管理的环节可以分为:幼儿园班级计划的制订、幼儿园班级工作的组织与实施、幼儿园班级工作的检查与计划调整、幼儿园班级工作的总结与评估。这四个环节相互联系、环环相扣,共同促进幼儿园工作质量的提高。

一、幼儿园班级工作计划的制订

计划是确定行动的纲领和方案,促使行为趋向于目标的管理活动。幼儿园班级工作计划是班级管理者为班级的未来确立目标并提出达到这一目标的方法和步骤的管理活动。

制订班级工作计划时要考虑如下几点。

一是园务工作计划。园务工作计划受上级教育行政部门的指导,既保证了幼儿园工作的方向,又具有该幼儿园的特点,对班级工作计划具有指导意义。

二是班级实际情况。班级工作计划要以前一阶段的工作总结为基础,并且要考虑本班幼儿身心发展的特点和本班人、财、物等方面的实际情况。

三是教师综合素质及其他条件。班级计划必须根据本班教师自身的业务能力、文化素质、工作态度、专业水平等来制订,这样才能保证班级工作计划能切实有效地实施。

班级工作计划的基本结构包括:基本情况分析,班级工作主要目标、措施和重点工作的日程安排。

二、幼儿园班级工作的组织与实施

幼儿园班级工作的组织与实施是指将班级中的保教人员、幼儿、材料、物品、空间、时间等要素进行合理安排,使之具有一定的系统性和整体性。

(一)教保人员间要有明确分工

1. 保育员的职责

①负责本班房舍、设备、环境的清洁卫生工作。

②在本班教师指导下,管理幼儿生活,并配合本班教师组织教育活动。

③在医务人员和本班教师指导下,严格执行幼儿园安全、卫生保健制度。

④妥善保管幼儿衣物和本班的设备、用具。[1]

2. 教师的职责

①根据国家规定的幼儿园教育纲要、结合本班幼儿的特点和个体差异,制订教育工作计划,并组织实施。

②观察、分析并记录幼儿发展情况。

③严格执行幼儿园工作安排、卫生保健制度,指导并配合保育员管理本班幼儿生活、做好卫生保健工作。

---

[1] 摘自丛中笑:《幼儿园管理》,北京:中国劳动社会保障出版社,1999年,第29页。

④了解幼儿家庭的教育环境,与家长保持经常性的联系,商讨符合幼儿个体特点的教育措施,共同配合完成教育任务。

⑤参加业务学习和幼儿教育研究活动。

⑥定期向园长汇报,接受其检查和指导。

3.主班的职责

①协调本班幼儿教育、安全、卫生保健、财物保管等工作,保证全班工作的一致性,主持班务会,研究、改进本班工作。

②负责安排本班教师相互观摩,主持研究全班每个儿童的情况,针对每个儿童的特点,采取合适的教育措施。

③帮助本班保育员改进教育、配合工作和卫生保健工作。班上教师要相互配合,既有分工,又有合作,共同搞好班级工作。

④及时传达和贯彻园领导的决定,向园领导汇报本班工作。

(二)合理安排好幼儿在园时间

合理安排好幼儿在园时间有利于班级工作计划的操作和落实。可以制订学期计划、月计划、周计划和一日活动计划,来安排幼儿在园时间。

(三)合理安排班级物品的保管和使用

人、财、物等是班级管理的要素,班级物品摆放得当,能给幼儿一个整齐有序的环境,有利于幼儿园各项活动的开展和幼儿的成长,同时也方便教师的使用。班级物品的使用要注意以下几个方面。

第一,建立一个班级物品清单,作为交接、检查的依据。清单可以包括以下几项内容:类别(幼儿生活用品、幼儿学习用品、教师教学用品)、物品名称、物品数量、型号、责任人、备注等。

第二,班级物品摆放的位置和高度要适宜。需要幼儿自己取放的玩具、游戏材料和其他学习用品要与幼儿的身高相匹配,并且摆放在幼儿的视线之内安全的地方。物品的摆放不能影响幼儿的活动。

第三,班级物品应有专人保管。班级是一个整体,班级老师应共同参与班级物品的管理,按照工作需要和民主的原则,共同管好班级。

三、幼儿园班级工作的检查与计划调整

检查是为实现目标、完成计划而对管理过程施加影响的一种手段。它是班级管理不可缺少的一个环节。班级工作效果的检查就是对计划执行情况的检查。通

过检查进一步了解计划是否合理,执行情况如何,是否需要对计划进行修改。

（一）检查计划的落实情况

班级工作效果的检查要以班级计划为标准和尺度,有目的、有计划、有步骤地进行,对比计划与执行情况之间的差距,并进行反思。针对班级工作表现突出的班级要大力表扬。对于应该完成而未完成班级计划的,应追究责任,以体现计划的严肃性。

（二）分析计划的可行性

针对班级工作检查结果分析班级计划制订的合理与否,若出现因为难度、工作量太大等原因致使计划无法完成的情况,应对计划进行及时调整,这将为以后制订计划积累丰富的经验基础。

根据检查结果分析班级计划的可行性,还有利于班级教师客观公正地评估自己的班级情况,提高教师的工作能力。

四、幼儿园班级工作的总结和评估

班级工作的总结要对班级工作计划的执行情况进行全面检查与评估,发现成绩和缺点,总结经验和教训。总结的过程也是一个对以往工作进行全面检查、分析和研究的过程。班级工作总结的主要内容有如下几种。

一是班级工作人员的劳动纪律、敬业精神、团结协作的情况。

二是班级计划的完成情况。对没有完成计划的,要分析原因,是因为工作量大、难度大,还是因为工作人员不够努力；如果提前完成,也要分析原因,是因为工作量太小,计划难度太小,还是因为工作人员效率高。

三是班级工作的质量评估。儿童健康状况,如全年出勤、发病人数,身高、体重、血色素的达标情况；教育工作状况,如儿童文明行为习惯培养状况和各科教学计划完成的情况；家长工作,包括与家长配合情况,家访次数,家长学校和家长开放日的质量,家长反映的问题等。

班级工作评估的方法有如下几种。

一是自我评价法和他人评价法。自我评价法就是评价者对自己工作作评价；他人评价法就是他人作为评价主体,如园长、其他班级的老师对班级工作进行评价。

二是数量化方法和非数量化方法。数量化方法亦称定量法,是指在评价的过程中采用数学的方法,评估对象本身也可以用数值表示；非数值化方法亦称定性法,在评价过程中可以用等级法、评定法、评语法等。

综上所述,幼儿园班级管理涉及计划、实施、检查、总结环节。这四个环节紧密相连,任何一个环节的松懈都会阻碍整个管理过程的有效运转。

第三节 不同类型班级的管理工作

幼儿园各年龄段班的特点不同,因此班级管理的内容和方法也应不同,教师应根据不同年龄段班级幼儿的特征设相应的管理内容,以科学有效地进行班级管理。

一、幼儿园小班的管理

小班幼儿一般在3~4周岁的幼儿。小班幼儿能够行走自如、操纵物体、进行初步的言语交际。这些能力为进入小班的幼儿奠定了身心发展的基础。

(一)小班幼儿的发展特点

小班幼儿的行为受情绪支配作用大,常为了一件小事大哭大闹。这个年龄段的孩子十分依恋父母或教师,尤其需要得到微笑、拥抱等爱抚性动作;他们的认识活动基本上是在行动过程中进行的;他们具有极强的好奇心,模仿性强,喜欢向成人提出各种各样的问题;产生了美术表现的愿望,并能唱简单的歌曲。

(二)小班入园管理

3周岁的幼儿无论从生理上还是心理上都具备了参加集体生活、进行多种活动的条件。3周岁的幼儿入园对其身心发展意义重大。

1. 常见入园不适应现象

由于环境和要求都发生了很大变化,幼儿刚入园会有不适应现象,并伴有不同程度的"分离焦虑",情绪不稳定,初期会有以下表现:不愿意上幼儿园;不善于与小朋友友好相处,争执、攻击行为较多;生活不习惯,生活自理能力差,不善于管理自己的行为。而且小班幼儿语言和行为的发展还很不完善,有一定的管理难度。小班的管理重点应放在培养幼儿逐步适应幼儿园环境与集体生活上,加强与家长的沟通合作。

2. 入园引导

为了让幼儿尽快适应幼儿园的集体生活,教师与家长应该团结一致,积极配合,共同努力,做好幼儿的入园引导工作。

(1) 入园前的家访。入园前家访的目的在于了解孩子的家庭环境、孩子的特点,以便教师有的放矢地制订符合本班幼儿发展的班级计划。家访的形式多种多样,如电话联系、填写表格、见面交谈等。

(2) 召开家长会。入园前幼儿园应召开家长会或者开设专题讲座,向家长介绍幼儿园的办园理念、新入园幼儿的常见问题及处理办法、班级的配备情况等,旨在让家长对幼儿园有更深入的了解,从而能更好地配合幼儿园的工作。

(3) 参观幼儿园。教师可以请家长带领幼儿入园参观、玩耍,让家长观察幼儿园的环境及幼儿在园的一日生活,观察小朋友如何自己吃饭、如厕、盥洗、午睡、游戏,积累一定的感性经验;也可以组织半日亲子活动,通过游戏形式让幼儿了解幼儿园生活,从而产生对幼儿园的向往之情。

(4) 合理安排幼儿入园之初的活动。幼儿入园后,教师可以根据幼儿身心发展的特点组织一些趣味性强的游戏,让他们在游戏中缓解紧张情绪。教师要用亲切的态度、温和的语言、温暖的爱抚与孩子相处,让他们有安全感,尽快使幼儿把对家长的依恋转移到自己身上来。

(三) 小班的常规管理

幼儿园常规是指幼儿在幼儿园日常生活中所要遵守的行为规则。小班常规管理大致可以划分为生活常规管理和教育常规管理。

生活常规包括盥洗活动常规、饮食活动常规、睡眠活动常规、卫生习惯常规、入园离园常规、散步常规等。生活常规的养成不是一朝一夕可以完成的,教师要讲究方法,对幼儿要有耐心,可以用示范、模仿或游戏活动帮助幼儿养成良好的习惯。

教育常规包括教学活动常规、游戏活动常规、班级环境管理常规、家园活动管理常规等。每种教育活动都有自身的规律,教师要根据规律对幼儿进行管理。

二、幼儿园中班的管理

中班幼儿一般在4～5周岁。幼儿园中班是幼儿3年学前教育中承上启下的阶段,也是幼儿身心发展的重要时期。

(一) 中班幼儿的发展特点

1. 身体发展特点

幼儿进入中班以后,生长速度明显减慢,进入一个相对平稳的生长阶段。这个年龄段的幼儿在运动的速度、灵活性和控制性方面已经有了一定的发展。幼

第五章 幼儿园班级管理

儿的精细动作能力也进入了发展最快的时期,如自己系鞋带、使用筷子等。这些都为幼儿机体动作的进一步发展打下了良好的基础。

2. 心理发展特点

中班幼儿主要依靠事物的具体形象、表象及对表象的联想进行思考,比如幼儿对数概念的理解必须建立在头脑中物体形象的基础上。中班幼儿的词汇量增长最快,但对词义的理解带有明显的形象性与动作性特点。中班幼儿由于认知能力的提高和情绪体验的积累,积极健康的情感和初步的情感能力得到发展。如对灾区的小朋友表示同情,并能用表情、语言、动作来表示内心的情绪。此外,活泼好动的特点在中班幼儿身上尤为突出。

(二)中班幼儿心理特征

中班幼儿身心发展有其特殊性。幼儿的这些特殊性在生活和学习活动中又表现为中班班级的特征。班级的保教人员要了解和分析这些特征,才能在工作中采取相应的措施加以引导,使班集体积极健康地发展。

1. 正面特征

幼儿骨骼肌肉和神经系统不断发展,他们的动作能力随之逐渐发展,自我服务的愿望和能力明显提高;会自己穿衣服、吃饭等;有很强的集体服务意识。中班幼儿的注意力、观察力及语言表达能力都提高了,游戏活动的内容也更丰富了,与同伴交往的能力更强了。中班幼儿的任务意识开始萌芽,能有意识地完成教师交代的任务。

2. 负面特征

中班幼儿身心发展的特点也致使班级存在一些不利的管理因素。如幼儿爱告状、攻击性行为严重,导致班级冲突行为较多。根据这些特点,教师要为幼儿创设良好的教育环境,用有趣的活动吸引他们的注意力,同时要将幼儿园的一日活动各环节安排好,确保幼儿的有序活动,以减少幼儿攻击性行为的发生。

(三)中班幼儿的常规管理

中班幼儿的常规管理也包括生活常规管理和教育常规管理两部分。

1. 生活常规管理

生活常规管理的内容包括:①培养良好的清洁卫生习惯,如饭前便后要洗手、大小便自理、会使用手帕、不咬指甲、保持衣着整洁等。②培养良好的饮食习惯,如正确使用餐具、安静地进餐、不挑食等。③培养良好的睡眠习惯,如睡姿正确、独立穿或脱衣裤、整理床铺等。④来园、离园的常规要求,如穿着整齐、整理自己的东西等。

2. 教育常规管理

教育活动常规管理的内容包括:①集体活动常规,如上课注意力要集中(10~15分钟),独立思考,回答问题要举手,有正确的坐、写、画姿势,会用语言表达参观的内容,自己的事情自己做,参加多种体育活动等。②游戏常规,按规则开展游戏、学会合作、爱护玩具、会制作简单玩具、在游戏中使用礼貌用语等。③其他常规,如掌握阅读技巧、散步时运用感官观察事物、按顺序观察等。

三、幼儿园大班的管理

大班幼儿一般是在5~6周岁。大班幼儿处于学前晚期,是由学前教育过渡到小学教育的承上启下的时期。

(一)大班幼儿的发展特点

1. 身体发展特点

大班幼儿的骨骼骨化过程较强,富于弹性,可塑性大,易受弯曲或骨折,要特别注意坐、书写姿势和安全。大班幼儿动作发展很快,走、跑、跳跃、钻、攀登、投掷、平衡等动作都能轻松而协调。

2. 心理发展特点

①语言的发展,大班幼儿语言表达能力明显提高,词汇量显著增加,能系统地叙述见闻,生动地描述事物,还能围绕主题编故事。②抽象思维的萌芽,大班幼儿的思维是具体的,但是明显地出现了抽象思维的萌芽,他们能够根据概念分类,已经掌握了部分与整体的关系,有初步的逻辑推理能力。③开始掌握学习的方法,大班幼儿观察事物的目的性、准确性、概括性都有了一定的增长,能够自觉调节自己的心理活动,做事情时能够预先计划自己的思维过程和行动过程。④情绪、情感的发展,大班幼儿的情绪过程越来越细化,社会性情感也越来越深刻,表现为自豪、成就感、害羞等。情感逐渐内隐,所以教师要善于和幼儿交流,了解其内心世界。

(二)大班幼儿特征

1. 有强烈的求知欲和好奇心

大班幼儿的知识面扩大,语言表达能力增强,他们对许多事情都表现出强烈的兴趣,不再满足于"是什么",更追问"为什么"。

2.集体感增强

知道热爱自己的班级,为班集体增光。能够和集体中的其他成员协作完成某项任务,并且能为集体的利益约束自己的行为。

3.责任感增强

能认真对待教师布置的任务,并努力完成。大班幼儿特别重视结果,如比赛结果、评比结果、获奖结果等。

(三)大班幼儿的常规管理

大班幼儿经过两年的幼儿园教育,已经养成一些良好的行为习惯。随着年龄的增长,他们的自制能力有所提高,辨别是非的能力有所增强,这些都为大班教师帮助幼儿养成更多、更好的常规习惯提供了有利的条件。

1.生活常规管理

大班生活常规管理的内容包括:①帮助幼儿养成良好的饮食、睡眠、盥洗和排便等习惯。②指导幼儿保护眼、耳、口、鼻等器官,保持身体清洁和仪表整洁等卫生知识。③帮助幼儿养成文明、友好的交往习惯,乐于倾听别人的意见。④帮助幼儿形成初步的安全意识。

2.教育常规管理

大班是学前期的最后一个阶段,它最大的特点是承上启下。大班的教育一方面是中班培养目标的提高,另一方面要做好幼小衔接。大班教育常规管理的内容应包括:①社会领域方面,包括引导幼儿正确处理自己与集体之间的关系,意识到自己是集体中一员,应该遵守集体规则与纪律,增加责任感。②科学领域方面,包括学习10以内数的分解、组成和加减;会按两个或两个以上特征对物体进行分类;会从不同角度、不同方面观察思考问题。③健康领域方面,包括能够保持个人卫生、认识身体的主要器官及功能、认识安全标志、热爱体育活动。④语言领域方面,包括能主动、积极、专注地倾听别人谈话,能够合理使用反义词、量词、连词;能够感受作品的情感,能表述自己的观点。⑤艺术领域方面,包括初步学会齐唱、领唱等多种歌唱表演形式,能够做稍复杂的舞蹈动作,能够学习多种打击乐器的基本奏法,能利用多种绘画工具和材料画画。⑥入学准备,包括培养幼儿正确的入学动机和良好的学习习惯;适应教学方法和教学形式上的"突变"现象;安排好"坡度",使幼儿的生活制度和环境布置逐渐向小学靠近。

四、托班的管理

随着教育对象的低龄化,我国的教养研究也步入了一个新的领域,一些幼儿园开设了托班,专门招收1.5~3周岁的幼儿。托班孩子在入托前主要生活在家庭中,上托班是孩子从家庭走向学校生活的第一步。

（一）托班幼儿的发展特点

儿童心理学的研究告诉我们,1.5～3周岁幼儿的发展特点是生长发育快,直觉行动思维占优势,但动作协调性差,对家人有较深的依恋情结,以自我为中心,情绪不稳定。托班幼儿的这一特点决定了他们的生活、游戏、运动、学习是融合在一起的,而良好的、适宜的环境是激发幼儿行为的主要动因。幼儿在自己喜欢的环境中,才会有相应的行为跟进,才能在与环境的积极互动中积累经验、快乐成长。

（二）托班幼儿的常规管理

1.5～3周岁幼儿入托以后,其生活环境发生了很大变化,从原来熟悉、自由、宽松的家庭生活来到陌生的环境,教师应从以下几方面入手,帮助孩子尽快适应托班生活,从而建立良好的班级常规。

1. 创设环境,稳定情绪

幼儿刚入托,对陌生的环境很排斥,教师不要急于求成,可允许他们保留原有的生活习惯。教师还可以设计新颖有趣的游戏,以吸引幼儿的注意力,使他们在宽松、自由的氛围中愉快地生活,顺利地完成从家庭生活到托班生活的过渡。

2. 循序渐进,逐步渗透

入托初期,幼儿没有常规概念,有玩具乱扔、吃饭不坐固定座位、拒绝睡午觉等行为。教师要先从听指令开始锻炼幼儿,等他们情绪稳定下来后,再有针对性地逐步对幼儿提出要求。

3. 创设机会,巩固锻炼

托班幼儿建立常规并不是一蹴而就的,而是通过生活中的每个大小环节（饮食、睡眠、盥洗和交往等）不断反复地学习和体验,才能逐渐帮助幼儿养成良好的行为习惯。因此,教师要最大限度地创设条件,为幼儿提供锻炼的机会。

4. 语言精练,和蔼可亲

由于托班幼儿年龄较小,他们学习常规的方式要从少到多,从简单到复杂,教师在向托班幼儿讲解规则和要求时,要注意发音准确,音量要适中,速度应稍放慢,而且要突出重点。教师除了用语言外,还可以用手势指导幼儿,帮助他们更好地理解教师的语言。另外,教师的语言要尽量有趣味性和情景化,让幼儿在游戏的情境下学习常规。

▶阅读推荐◀

唐淑,虞永平.幼儿园班级管理.南京:南京师范大学出版社,2011

▶思考与探索◀

1.简述幼儿园班级管理的含义。
2.简述幼儿园班级管理的环节。
3.结合实例,谈谈如何对各种类型班级进行常规管理。

第六章
幼儿园科研管理

【内容提要】 本章主要任务是介绍幼儿园科学研究的含义、特点及意义;介绍幼儿园科学研究的历史和幼儿园科研活动的任务、原则、研究论文及其分类;阐述幼儿园科研活动的选题、幼儿园进行科研的方法以及研究论文的基本结构与写作要求等重要问题。

【学习目标】 正确理解幼儿园科研工作的含义、特点及重要意义;明确幼儿园科研工作的任务和原则;联系实际领会幼儿园进行科研工作的方法和手段,学会研究成果的撰写。

第一节 幼儿园科研概述

幼儿园教师应具备幼教科研能力,这是社会发展、幼教改革不断深入的要求。幼儿园的科研工作主要以教室为研究空间,以幼儿教育活动为研究内容,从幼儿教师熟悉擅长的日常工作出发,在教学中探究,在探究中反思,在反思中成长。

一、幼儿园为什么要进行科研活动

社会发展趋势要求教师从"教书匠型"转变为"专家型",在研究中学习,在学习中成长。

科研工作能够进一步改善教师的实践行为,帮助教师解决身边的实际问题,提高教育质量,在促进教师专业成长的同时,也能促进幼儿的学习和发展。幼儿园教职工要更新观念、解放思想、立足实际、勇于探究、积极反思,把科研工作当作是一种发现问题、分析问题、解决问题的过程来对待。幼儿园管理者应为教师搭建平台,创造更多的学习机会,采用多渠道、多形式让教师参与科研讨论、开阔视野,使教师树立科研意识;让科研工作经常化、制度化,做到以科研促教研,以教研促教改,让教师主动、积极地投身到教育改革中。

二、幼儿园科研的历史

随着社会经济的发展,人们对幼儿教育的重视程度与日俱增。幼教在实践中的发展急需幼教理论的指导;相关学科的诞生,如教育学、教育科学研究方法等,都为幼儿教育的研究做好了充足的支持;科学技术的发展、研究方法的更新,为整个幼教研究领域增添了新工具。可以看出,幼儿园科研是来自于幼教实践的需要和幼教研究理论的需要。

(一)幼儿教育实验促进了国际学前科研工作的兴起

1879年,冯特在德国莱比锡大学创立了心理实验室,用自然科学的研究手段来研究教育,也为学前教育研究树立了榜样。最先将实验方法引进到教育的理论和实践之中的是教育学家拉伊和梅伊曼,他们创立了实验教育学,运用观察、统计和实验的方法来研究、解释教育现象,是教育研究史在方法论上的一大进步。

在学前教育方面,德国儿童教育家福禄贝尔在1840年创立了第一所幼儿园,从此人们开始关注幼儿教育理论和实践理论的探讨,幼儿教育学也从教育学中分离出来。同时,受到实验心理学和实验教育学思想的影响,心理学家和教育学家运用实验的手法对幼儿教育进行各种研究,并取得了大量的成果。

1901年,蒙台梭利在离开意大利国立特殊儿童学校后,致力于正常儿童教育,成立了第一个"儿童之家",并开始了系统的教育实验,设计出一整套教材和教具,提出了系列方法,创立了闻名于世的蒙台梭利教育体系。1909年,她出版了《蒙台梭利方法》,将自己的研究结果、独创的教育方法推向全世界。她提倡用科学的方法了解儿童,只有了解儿童,才能教育他们;教师只有培养自己观察儿童的愿望和能力,才能理解和追随儿童的成长。蒙台梭利要求教师详细观察儿童的学习、儿童的行为、儿童的意志力和自律能力等。蒙台梭利的教育研究方法和指导为幼儿教育者提供了一个科学的借鉴,对后人研究儿童提供了有意义的启示。

(二)我国幼儿园科研工作的开展

陈鹤琴先生被誉为"中国幼教实验的先驱者"。1920年陈鹤琴先生开始对自己的孩子进行跟踪观察实验研究,用文字和影像的方式记录其身心变化和对各种刺激的反应,积累了大量的资料,并出版了《儿童心理之研究》一书,为后人了解儿童身体、动作、能力、情绪、言语和绘画等方面的发展规律提供了最生动的素材,提出了家庭教育的原理和方法,为探索中国儿童心理的发展提供了详细的资料。陈鹤琴先生通过大量的实验总结幼儿园的课程,整理出一套行之有效的方法,并于1927年将其发表在《幼稚教育》上,这是具有中国特色的研究儿童心理的成果。陈鹤琴先生在南京创办了鼓楼幼稚园。陈鹤琴先生在科学研究方法上的尝试,和在创立幼稚园的过程中同时开展研究的做法,在中国是史无前例的,为后人开拓了广阔的研究天地。

第二节 幼儿园科研的任务、原则和选题

教师要以研究的眼光看待自己的日常工作,将研究工作蕴含其中。这样既不会增加教师的额外负担,又易于达到教研相长的效果。苏霍姆林斯基曾经这样说:"如果你想让教师的劳动能够给他们带来一些乐趣,使天天上课不至于变成一种单调乏味的义务,就应当引导每一位教师走上从事研究这条幸福的道路上来。"

一、幼儿园科研的任务

(一)建立健全科研工作组织

教室是教师天然的实验室,教师的教学过程就是在自己的教室里进行观察与研究的过程。在教室里,对于教师而言,幼儿是熟悉的,环境是熟悉的,工作内容是熟悉的。教室犹如一台摄像机,将幼儿的学习、生活都无一遗漏地呈现在教师面前,自然而真实,便于教师观察、发现、理解。

幼儿园的科研工作有多种展开形式,一般有按年龄班分组的年级教研组,如大班年龄组、中班年龄组、小班年龄组;有按教师的班次分组的,如上午班教研组、下午班教研组;还有以某课题研究为主要目的的课题研究小组。这样的分组形式灵活自如,教研活动主题明确,时间安排便利,促进了教研活动的顺利开展。

(二)建立科研工作机制

建立科研工作机制能够有效地为开展教研活动做保障,具体包括如下制度的建立。

第六章　幼儿园科研管理

1. 学习制度

每学期或学年可以安排教师集体外出学习；有针对性的安排地个别教师外出培训学习；组织教师定期学习教育理论、政策；邀请专家做讲座等。

2. 会议制度

每周安排一次年级组会议，讨论教育计划，解决日常教学活动中存在的问题，确定教学主题；每半个月开展一次课题会议，讨论课题研究进程中出现的问题，总结商讨应对措施；教研组每周集体备课时开碰头会，促进年级之间的交流。

3. 教学观摩制度

定期开展全园性的教学观摩活动，如可由教研组长牵头，运用观摩、评析、反思等形式，针对某一领域或学科开展教研。另外，各年级段由组长组织在小范围内经常性开展教学观摩。

4. 交流、汇报制度

对于近期工作情况，教师通过每周上交一篇区域观摩记录、安全谈话记录，每半个月上交一篇自然观摩记录，每月上交一篇教学笔记、课例分析、学习体会等，来进行交流、汇报。

5. 教育笔记检查制度

即教研组长、年级组长定期检查备课本及教研活动笔记的制度。

幼儿园通过开展以上多种形式的科研活动，能够提高科研工作的实效，从而提高幼儿园的保教质量和教师的整体素质。

二、幼儿园科研工作的原则

幼儿园教育科学研究，须把握研究方向，掌握以下原则，力求较好的研究成果。

（一）理论联系实际

幼儿园科研成果之所以有价值，就是因为它贯彻了理论联系实际的原则。如果研究违反了这个原则，只是从理论到理论，严重脱离实际，就难以找出现实中存在的基本问题。幼儿园科研工作要从实际出发，寻找解决问题的办法。

（二）提高教育质量

幼儿园进行科研的目的不能一概而论。城市幼儿园与农村幼儿园有差别，重点幼儿园与非重点幼儿园有区别。因为幼儿园情况不同，存在的问题不同，因而研究的对象和目的也有所不同。但科研都是旨在提高教育质量。

（三）着重研究现实问题

幼教工作者要着重研究的应是幼儿园经常遇到的最现实的问题。这些问题不解决，就会妨碍孩子的成长。例如小学和幼儿园的衔接问题，幼儿园的内部管理体制改革问题，如何进行家园合作问题，如何预防学生近视、弱视问题等。所以，幼儿园的教育科学研究要抓住本园最主要的问题进行深入研究，直至取得成果为止。

（四）开展教育实验

通过亲自参加教育实践和进行教育实验，得出可靠的数据，用客观事实更好地说明问题，是幼教科研的正确之道。古今中外卓有成就的教育家、教育理论家，如马卡连柯、苏霍姆林斯基、赞可夫、蒙台梭利、福禄贝尔、陈鹤琴等都是在教育实验中进行研究的。

三、幼儿园科研选题的原则

正如人们常说的：正确地选择课题往往是科研成功的一半。课题的选择是科研工作的开端，选题恰当与否，对科研工作的质量具有重大的影响。

（一）价值原则

科研选题既要有社会效益，又要有理论价值和实践意义。研究的目的在于解决现实问题，如有助于提高教学质量、能促进儿童的全面发展、研究结果有经济和社会效益等。同时，科研选题也应注重知识的拓展，如新理论的建构、发展、完善，对原有理论进行检验或突破等。

研究课题可以从以下几个方面选择。

一是以重大的现实问题为主。例如独生子女问题、离异家庭儿童问题、儿童心理健康问题和社区与家庭对幼儿教育的影响等。

二是立足现实又密切关注教育发展的新动态和趋向。例如幼儿园课程改革问题。

三是注意基础研究与应用研究相联系。例如计算机的汉字组合软件与幼儿学习汉字的联结。

（二）创新原则

幼教科研活动应具有时代感，能把握时代的脉搏，从热点上选题，选题应有新意。选题的角度要独特，能从不同的角度看待问题。在原有理论与实践的矛盾中、在不同学派不同观点的矛盾中选题。

创新课题有四种类型。一是新颖性课题,即前人未曾研究过的问题、填补空白的课题;二是跨文化课题,即将国内外不同文化背景下的教育做比较研究的课题;三是移植性课题,即将其他领域的先进技术消化、吸收后引入教育研究领域的课题;四是发展性课题,即前人虽有研究,但需要充实完善,或提出新的依据和认识的课题。

(三)可行原则

可行原则是指所选择的问题应是可以被研究的,存在着被解决的可能性,对完成课题所必须具备的主观条件和客观条件进行仔细的分析,对能否完成课题作出基本估计。

研究的可行性包括三个方面的条件:一是主观条件,涉及研究者的自身条件,包括知识基础、科研能力、实践经验、专业特长、研究兴趣等。二是客观条件,涉及研究的物质条件,包括研究规模和范围、占有资料的完备程度、研究必需的时间、经费、设备、技术、人力等。三是时机条件,涉及与研究有关的理论、工具、技术手段的发展成熟程度等。

总之,选题一定要在客观条件与主观条件统一的基础上进行,如果主客观条件的某些方面不具备,研究就不能进行或有可能半途而废。一个好的课题应同时具备价值、创新、可行三条原则。选题时应对三条原则作综合考虑,不要顾此失彼。

第三节 幼儿园科研的方法

最常见的幼儿园教育科学研究的方法有以下几种。

一、观察法

观察法指通过感官或辅助仪器,有目的、有计划地对自然状态下发生的现象或行为进行系统、连续的考察、记录、分析,从而获取事实材料的研究方法。

在幼儿教育研究中,科学研究始于观察,观察是研究的基础。观察法是最基本、最常用的一种研究方法,特别适合研究幼儿的行为。另外,幼儿对观察较少产生敏感,即使在不相识的观察者面前,幼儿也能表现其自然行为,因而观察所得的资料通常比较真实可靠,尤其适用于对幼儿行为的研究。观察法的种类很多,如观察法、临床法和行为矫正法等。

二、调查法

调查法是教育研究中被运用得最广泛的一种研究方法。调查研究是通过对事实的考察、现状的了解、材料的搜集来认识教育问题或探讨教育现象之间联系的研究方法。调查研究通常按一定的程序,从全体研究对象中抽取一部分样本进行研究,并以访谈、问卷、测验等间接手段获取资料,然后概括全体对象的特征。

(一)调查分类

根据研究课题的性质,教育调查可分为现状调查、跟踪调查、原因调查和相关调查几类。

1. 现状调查

旨在了解幼儿发展现实过程中的某些特征、教育教学中的某些问题或现象。通过两头调查,可把握研究对象的现实状态,发现实际问题,可针对性地施加教育影响,为今后改进教育教学工作、促进儿童发展提供依据。

2. 跟踪调查

旨在探讨幼儿某种特征随时间推移而发展变化的情况,这类调查有助于调查者了解不同年龄阶段幼儿在某些方面的发展特点和规律。

3. 原因调查

旨在探讨某种特征的幼儿或现象的形成原因,将与研究内容有关的可能因素罗列出来,再进行核实、筛选,也可调查两组不同对象,对调查资料分组整理、比较,找出不同的原因。但是,仅凭调查的结果还不足以说明因果关系,要确证因果关系还需其他研究方法的配合与互证。

4. 相关调查

旨在探讨两个变量相互联系的性质和程度。首先要获取两个变量的数据资料,然后计算其相关系数,再根据相关系数的值,来判断两个变量之间存在的关系。

(二)调查方法

调查研究通常不受时间、空间条件的限制,在自然情境中进行数据收集,效率较高,不须控制研究条件或操纵被调查的对象,涉及范围广,手段灵活多样,便于实施,适用于现状研究和描述性的研究,调查方法有以下几类。

1. 问卷调查法

问卷调查法是将一系列事先设计好的问题组合起来,以书面形式征询被调查者的意见,通过对问题答案的回收、整理、分析,获取有关信息的研究方法。

其优点在于方便实用、省时省力、调查面广、信息量大、便于统计、结论客观。

但如果问题不明确或题量过大或被调查者不予合作,就会影响调查结论的可靠性和代表性。需要注意的是在学前教育科学研究中,问卷调查常适用于幼儿教师、幼儿家长或幼教工作者,一般不直接用于对幼儿的调查。

2. 访谈法

访谈法是指通过与研究对象的直接交谈来收集所需资料的调查方法,又叫谈话法。常用于教育调查、心理咨询等领域,适用于向被访者了解心理体验、情感,以及对某一事物的意见、态度、评价等方面的信息。

访谈一般以面对面的个别访谈为主,也可采用小型座谈会、调查会的形式进行团体访谈,还可通过电话进行电话访谈。可以在访谈前设计好提纲和调查表格,包括导语,访谈人的自我介绍、访谈目的、访谈内容的简要说明,被调查者的基本情况,需要调查的主要问题等重要信息。

3. 预测法

预测法是根据研究对象的历史发展过程或现状,对其未来发展趋势或结果作出推测、估计或判定的研究方法。教育本身是指向未来的事业,因此教育预测内容丰富,主要有教育发展的总体预测、教育结构的预测、教育功能的预测、教育形式的预测等。

4. 情境法

情境法是指让被研究对象处于设计好的活动环境或问题情境中,对其进行观察或问卷调查,从而获得有关反应信息的研究方法。情境法常用于思想品德、价值观念、社会行为的研究,特别适合于对幼儿的研究。

三、实验法

实验研究是根据研究假设,运用一定的人为手段,主动干预或控制研究对象的发生、发展过程,并通过观察、测量、比较等方式探索、验证教育现象因果关系的研究方法。

(一)实验法的分类

根据教育实验的特点,可以从不同的方面把教育实验分成不同的类型。

1. 自然实验与实验室实验

(1)自然实验,也叫现场实验,是指在自然的、正常的情况下,根据预定的计划,有意识地引起或创造所要研究的现象。教育实验法多是采用自然实验法进行实验的,它比观察法有组织,所需时间少。因为它不是等待现象出现,而是引起或创造现象,所以可以在短时间内得出结论,并且是更精确的。被试验者并不知道是在做实验,因而他们的活动是自然的。只有在正常的情况下,实验出来的结果才能应用和推广。

（2）实验室实验，也叫模拟实验，是在特设的实验室内进行的，需要同其他教育科学研究方法结合起来应用，才能符合教育实际的要求。由于条件控制得完整，实验室实验所得的结果更为准确。这种实验室实验和教育实际情况的差别是比较大的，因而实验室实验结果的实际效用不如自然实验的效果好。

2. 探索性实验与验证性实验

探索性实验旨在探明造成某种现象的原因究竟有哪些，或者操纵某些条件会引起什么效果。它的特点是因子多，常将许多可能影响结果的因子组合在一起，进行比较、筛选、更新，实验规模小，对实验精度的要求也不高。验证性实验是在研究课题比较明确，已经有了具体的假设和方案的前提下，为了验证假设是否成立、方案有怎样的效果而进行的。它的特点是问题明确，因素不多，实验规模较大，对实验的控制要求也比较高。

3. 双盲实验

双盲实验指的是在一项实验中，实验刺激对于实验对象和实验人员来说都是未知的。即究竟是实验组还是控制组被给予了实验刺激，参与实验的双方（指实验对象和实验人员）都不知道，实验刺激是由实验人员和实验对象以外的第三者任意分派或给定的。

（二）实施步骤

1. 准备阶段

具体步骤包括：选定课题、形成实验假设、确定实验自变量和因变量、下操作定义、制订控制无关变量的措施、选择被试者、分配被试者到实验组或对照组和选定测量方法与工具等，以最终形成具体的实验方案和工作计划。

2. 实施阶段

具体内容包括：执行实验程序、实施实验方案、观察实验对象、观测、记录所需要的资料和数据和对数据进行加工整理。

3. 总结阶段

具体任务包括：对资料数据的分析、概括研究结果、形成研究结论、撰写实验报告、评价及验证研究成果和成果的推广应用。

四、比较法

比较法是研究教育科学的一个重要方法。比较就是为了鉴别。在教育改革和实验中，更离不开比较。但比较要客观、全面，既要有纵向比较，也要有横向比较。例如，在一个班进行某种实验，实验后要和实验前作比较，实验班要和非实验班作比较,甚至中国的要和外国的作比较。从比较中见高低,从比较中找问题,从比较中看发展。

第四节 研究成果的撰写

幼儿园进行科研工作的目的是为了能使其研究成果能在更大范围内应用、推广,从而产生更大的社会效益和经济效益。而研究成果的撰写是传播的重要载体,通常以研究论文的形式表现。

一、研究论文定义及其分类

研究论文是教育工作者对创造性研究成果进行理论分析和科学总结,并得以公开发表或通过答辩的一种文体,它的质量取决于研究本身的质量和研究者的文字表达能力。

根据性质与特点,研究论文可分为教育叙事、研究报告和学术论文三类。

（一）教育叙事

教育叙事又称"故事研究",它是以叙事方式开展的教育研究,是研究者通过对有意义的校园生活、教育教学事件、教育教学实践经验的描述与分析,发掘或揭示内隐于这些生活、事件、经验和行为背后的教育思想、教育理论和教育信念,从而发现教育的本质、规律和价值。

（二）研究报告

研究报告又称"科学论文",它是对研究过程和研究成果的概括与总结,是以事实和数据说明、解释问题的论文。这类论文有比较固定的写作结构,要求对研究方法和材料的描述必须具体、清楚,能客观地呈现研究过程,合理地解释研究结果。这类论文主要有实验报告、调查报告和观察报告等。

（三）学术论文

学术论文又叫"理论性研究报告",它是以议论文的形式,通过理性的分析,用概念、判断、推理等逻辑方法证明和解释研究的问题。这类论文虽然不像研究报告那样具有典型的写作结构,在写作表现上比较灵活、自由,但要求所写论文具有新理论、新见解,论点明确,论据确凿,论证严密,逻辑性强,能清楚地展现理论、观点形成的过程。学术论文通常与思辨性的研究方法相联系,常见形式有经验总结、综述和述评等。

二、研究论文基本结构与写作要求

研究论文的基本结构主要包括：题名、署名、摘要、关键词、引言、正文、结论（或建议）、致谢、参考文献和附录等。

（一）题目部分

题目部分包括题名、署名、摘要、关键词。

1. 题名

题目是论文的眼睛、论文的总纲，是能反映论文最重要的特定内容的最恰当、最简明的词语的逻辑组合，它以简练的语言鲜明地反映出所研究的主要问题。如有必要，可以加副标题来补充说明主标题未能包含的信息，如范围、背景等。

2. 署名

署名的意义在于：①署名作者拥有著作权的声明。②署名是作者表示文责自负的承诺。③署名便于读者同作者联系。

3. 摘要

摘要是对论文的内容不加注释和评论的简短陈述。一篇完整的论文要有摘要。其作用是：第一，让读者尽快了解论文的主要内容，以补充题名的不足；第二，为学术情报人员和计算机的检索提供方便。

(1)摘要可以分为报道性摘要、指示性摘要和报道—指示性摘要三类。

(2)摘要的内容一般包括研究工作的目的、方法、结果和结论，其中，结果和结论是重点。

(3)摘要的写作要求有：用第三人称；简短、精练、明确、具体；格式要规范；语言通顺、结构严谨、标点符号准确。

4. 关键词

关键词是为了满足文献标引或检索工作的需要而从论文中选取出的词或词组。每篇论文都应列出能反映主题内容的3～8个关键词。关键词作为论文的组成部分，列于摘要之后。

（二）绪论部分

绪论部分用于说明研究目的、意义、研究方法等内容，是论文的引子。主要包括引言的内容和写作要求。

（三）本论部分

本论部分是论文的主体，是作者表达研究成果的部分。写作的基本要素是论点、论据、论证,论证是关键。

1. 主题

主题是学术论文的灵魂。写作方法要能清楚地表现研究主题,作者应根据主题需要确定写作的方式、方法。

2. 材料

材料是学术论文的血肉,是理论论证的基础。作者应根据主题来收集材料,使观点与材料尽可能完美地结合。

3. 结构

结构是学术论文的骨架。结构指写作的谋篇布局,层次安排。作者在写作中要运用理论和逻辑推理,抓住本质,分清主次,条理清楚,注意意义的衔接。

(四)结论部分

结论又称"结束语""结语",是研究者对研究结果做出的推论,即总结部分。作者在对内容进行总体的定性、定量分析的基础上,归纳、概括出事物的内在联系,并提出、新见解和建议、意见。

(五)结尾部分

结尾部分主要涉及参考文献和附录。如果作者在研究和撰写过程中,参考了别人的研究或观点,就要在文后列出来,参考文献可以帮助读者了解有关课题的研究历史和已有成就,以作为进一步研究的依据;反映了作者对他人研究成果的尊重和严谨的治学态度;为他人提供查证线索,避免因转引他人研究观点而产生的误解或歧义。

▶阅读推荐◀

刘电芝.现代学前教育研究方法.重庆:西南师范大学出版社,2007.

▶思考与探索◀

1. 幼儿园进行教育科研工作的意义是什么?
2. 幼儿园科研选题的标准有哪些?
3. 简述幼儿园进行科研工作的方法。
4. 结合当前幼儿园教育中的热点问题,撰写一篇研究论文。

第七章
幼儿园公共关系管理

【内容提要】 本章主要介绍了幼儿园公共关系的含义,幼儿园开展家长工作的意义和任务;分析了幼儿园公共关系的对象、内容和原则,以及家长工作的形式与管理;阐述了社区教育的概念及意义,幼儿园与社区合作的形式与途径等。

【学习目标】 正确理解幼儿园公共关系的含义,理解幼儿园公共关系的对象、内容、原则,明确幼儿园开展家长工作的意义、任务,掌握家长工作、幼儿园与社区合作的形式与途径,并在实践中加以运用。

第一节 幼儿园公共关系管理概述

一、幼儿园公共关系的概念

(一)什么是公共关系

公共关系简称为"公关"。艾维·李被尊称为"现代公共关系之父"。他开办了第一家正式的公共关系咨询事务所,专门为企业和其他社会组织提供传播沟通服务,协助客户建立和维持与公众的联系,成为公共关系工作职业化的第一人。1906年,艾维·李发表了公共关系活动的原则宣言,提出"讲真话"的基本原则。他主张要准确无误地向公众提供信息,如果真实的披露给组织带来不利影响,就应该根据公众的反应和评价来调整组织的政策和行为。

第七章 幼儿园公共关系管理

公共关系是指某一组织为改善与社会公众的关系，促进公众对组织的认识、理解和支持，树立良好组织形象、实现组织目标而进行的一系列公共管理活动。

(二) 什么是幼儿园公共关系

幼儿园公共关系是幼儿园为实现教育目标，有组织、有计划地运用多种传播手段和外部联系，与幼儿园外部的个体和群体之间建立和发展相互理解、支持与合作的关系，以塑造幼儿园的良好形象和创造最佳教育环境的社会实践活动。

幼儿园公共关系是社会关系的一种表现形态。任何一个社会组织都不是孤立存在的，都是社会这个大系统中的一个有机组成部分。成功的幼儿园管理离不开良好的内部环境和外部环境，幼儿园良好的公共关系是其得以生存和发展的重要手段。幼儿园只有主动加强与外部的沟通和联系，了解多方面信息，积极宣传自己，与家长、幼儿、社区等社会公众之间建立起良好的关系，才能在公众中树立良好的形象，求得自身的生存和发展。

二、幼儿园公共关系的对象和内容

(一) 幼儿园公共关系的对象

幼儿园公共关系的对象即公众，是指那些与幼儿园发生直接或间接联系的，并具有重要影响作用的个人、群体和组织。依据公众与幼儿园有无归属关系可将幼儿园公共关系的对象内部公众和外部公众两个部分。

幼儿园的内部公众是指幼儿园内部人员，包括幼儿园的全体工作成员，这是幼儿园公共关系的主体。外部公众包括幼儿、幼儿家长、幼儿园的上级领导、幼儿园所在地区的领导部门、社区及附近居民等，是幼儿园公共关系的客体。

(二) 幼儿园公共关系的内容

1. 内部公众的管理

幼儿园内部公众的管理首先要处理好幼儿园内部关系，加强内部公众之间的沟通与交流，创设良好的工作、生活和学习环境，使幼儿园成为团结协作、积极向上的集体，树立良好的形象，扩大影响力。

2. 外部公众的管理

幼儿园外部公众的管理要加强幼儿园与幼儿家长、上级领导、所在地领导、社区及附近居民等外部公众的联系，加强自身优势的宣传，扩大知名度，重视与外部公众的协调，与社会公众建立广泛而密切的联系，争取社会各界的支持与帮助，增强竞争实力。

三、幼儿园公共关系的原则

幼儿园公共关系的原则是指幼儿园公共关系主体开展公共关系活动时，应当遵循的基本准则和基本要求。幼儿园公共关系的原则是多角度的，从不同的角度可以提出不同的原则。从幼儿园公共关系的总体原则和总体要求角度，幼儿园公共关系有以下四个基本原则。

（一）客观性原则

客观性原则是指幼儿园在开展公共关系活动时，收集、传播的信息要做到客观、真实、全面、公正，这是幼儿园公共关系的基本原则，也是对公关人员的基本道德要求。幼儿园要从事实出发开展公关活动，必须树立先有事实、后有公关活动的思想，只有如实地向公众传达信息，才能取信于公众。

（二）互惠性原则

互惠性原则是指幼儿园在开展公共关系活动时，既要考虑幼儿园自身的利益，又要考虑公众利益，根据双方利益的共同点，开展平等互利的真诚合作，共同发展，实现双赢。幼儿园在开展公共关系活动时，要坚持教育发展的正确方向，立足长远，树立公众利益第一原则，以公众需求为导向，要始终把公众利益放在首位，为社会公众提供有效服务，同时认真听取公众意见，积极做好自身宣传，赢得良好的信誉，为自身的发展创造良好的条件。

（三）全员性原则

全员性原则就是幼儿园的全体人员都要树立公共关系意识，能按照公关的要求，把日常工作与树立幼儿园良好形象联系起来。当前，我国大部分幼儿园都没有专门的公关机构和专业的公关人员，因此，全员公关是幼儿园开展公关工作成功的保证。幼儿园要积极引导和激发全体员工的主人翁意识和公关意识，全员配合，团结协作，共同维护幼儿园的利益。

（四）开拓创新原则

幼儿园在开展公共关系活动时，要具有开拓精神和创新的意识，使其所策划和实施的每一项公共关系活动都有新意，能够最大限度地展现出幼儿园的创新活力和吸引力。

四、幼儿园公共关系的意义

良好的公共关系有利于幼儿园树立良好形象,提高竞争力。在市场经济条件下,幼儿园必须适应市场经济发展的特点,努力在公众中树立幼儿园的良好形象,赢得良好口碑。以幼儿园的良好声誉和信誉吸引幼儿入园,保障幼儿园的生存与发展。因此,幼儿园在提高师资水平、办出自身特色的同时,还要采用公共关系手段加强宣传,提高幼儿园的知名度,增强公众对幼儿园的信心,提高幼儿园自身的竞争力。

良好的公共关系有利于优化育人环境,提高办园质量。幼儿的发展受到来自幼儿园、家庭和社区等多方面因素的影响。幼儿园开展公共关系活动,与家长、社区加强信息交流和情感沟通,宣传幼儿园的教育思想、教育目标、教育措施,赢得家长、社区的理解、支持与配合,以此形成教育合力,促进幼儿健康成长。

良好的公共关系有利于引导和组织家长、社区参与幼儿园的教育与管理活动。幼儿园作为社会的一个重要组成部分,处于社会大系统之中,它与家庭、社区虽然彼此独立,但又互相联系,而且联系越来越密切。搞好幼儿园与家庭、社区之间的合作,引导和组织家长、社区公众参与到幼儿园的教育与管理活动中来,有益于幼儿身心的健康发展。

第二节　幼儿园与家长工作的管理

家长不仅是幼儿园的重要公众,还是幼儿的第一任老师,家长对幼儿的影响非常大。幼儿园应该充分发挥家长在教育中的作用,取得家长的配合和支持,增强幼儿园教育效果。

一、幼儿园家长工作的意义

家庭从产生的那一天起,就具有多种功能,其中教育是它的基本功能之一。做好家长工作对幼儿园教育有如下作用。

(一)家长是幼儿的第一任教师,也是幼儿园教育的重要力量

人们从小养成的行为习惯,对人的一生都会产生深刻而长远的影响。从家庭到幼儿园是幼儿进入社会的第一步,幼儿能否顺利地适应新生活、新环境,对幼儿的生活习惯、态度、人格的健康发展会产生重要的影响。《幼儿园工作规程》(1996年)中指出:"幼儿园应主动与家长配合,帮助家长创设良好的家庭环境,向家长宣传科学教育幼儿的知识,共同担负幼儿教育的任务。"因此,家长参与幼

儿园教育,能够极大地促进幼儿身心全面发展。

(二)充分发挥家庭教育的优势,促进幼儿园教育的发展

家庭教育与其他的教育形式相比,具有自己的优势。它具有启蒙性、深刻性、长期性、感染性、针对性、示范性等特点,与幼儿园教育可以相互补充。充分发挥家庭教育的优势,可以促进幼儿园教育的发展。

(三)充分调动家长的积极性,帮助和促进幼儿园改进工作

促进幼儿身心的健康发展是幼儿园与家长的共同愿望,幼儿园教育要想取得好的效果,必须争取家长的理解、支持和配合。从总体上看,幼儿园教育同家庭教育的目标、方向、任务是一致的。幼儿园应该让家长了解幼儿园的发展目标、教养方法、规章制度等,并得到他们的理解、支持和配合,充分调动家长的积极性,形成以幼儿园教育为主体,以家庭教育为基础,以社会教育为依托的"三结合教育"格局,形成教育的巨大合力。另外,家长的宣传影响着幼儿园的声誉,家长的感受与评价直接影响着幼儿园在社会公众中的形象。因此,幼儿园应充分挖掘和发挥家长的资源优势,充分调动家长的积极性,以促进幼儿园改进工作。

二、幼儿园家长工作的任务

家庭是幼儿园重要的合作伙伴,只有家园共同配合与合作,才能为幼儿身心的健康发展创造有利的条件。

(一)让家长了解幼儿园教育工作

幼儿园应充分发挥教育的主导作用,加强家庭与幼儿园的合作,促进幼儿的健康发展,如幼儿园可以召开家长会,向家长介绍幼儿园的基本情况、发展思路、规划与目标,让家长充分认识幼儿园的规划与幼儿发展的关系,了解幼儿园教育工作。为了给家长留下更深的印象,幼儿园还可以印发一些资料,或在宣传栏中重点宣传,同时请家长积极主动地为幼儿园的建设与发展出谋划策,取得家长的支持和合作。

(二)组织家园同乐活动

家园同乐活动能够给家长提供参与幼儿园活动的机会。家园同乐的活动有很多,活动既可以调动家长的积极性,又可以让家长了解自己的孩子在园中的表现。通过参与幼儿园的活动,家长对幼儿园的自己的孩子会有进一步的认识。

第七章 幼儿园公共关系管理

（三）吸引家长参与幼儿教育方面的讨论

幼儿园可以针对家长感到困惑的问题展开讨论。讨论可以用专题讨论会的形式，也可以请家长写书面材料。许多家长不是专业教育人员，不了解幼儿身心发展特点及发展规律，缺乏科学的教育方法，在教育观念和教养方式上存在着很多误区和偏差。讨论可以让更多的家长了解幼儿身心发展特点及规律，引导和帮助家长树立正确的教育观和教养态度，掌握科学的教育方法，改进家庭教育，给幼儿以积极良好的影响，从而更好地协助幼儿园工作。

（四）成立家长委员会，制订相应的工作计划

家长委员会由园长、教师代表、家长代表等组成，并定期召开会议。一般每学期开学后就应马上成立，并制订出本学期家长工作计划。幼儿园的家长工作是幼儿园工作不可缺少的重要组成部分。因此，幼儿园要根据幼儿园工作计划展开家长工作。制订家长工作计划应多听取家长的意见，并不断调整，使其实用、有效。

三、幼儿园开展家长工作的形式与管理

幼儿园开展家长工作需要一定的形式和管理手段，只有这样，家长工作才能落到实处。

（一）幼儿园开展家长工作的形式

1. 家访

家访是"家庭访问"的简称。家访是幼儿园进行家长工作常用的有效的方式，是一种以访问、谈话为主要方式的个别交流形式。这种形式比较灵活机动、方便，更有针对性。家访的主要目的是了解幼儿家庭的思想、经济、文化等具体情况，了解幼儿的个性特征、行为习惯及其形成的原因，了解幼儿在家里的表现；同时也让家长了解幼儿在园的表现，使教师与家长交流教育经验，加强沟通，共同促进幼儿的发展。教师可分批、分类进行家访，分阶段、有重点地进行家访。

教师进行家访要有一定的目的性，家访中要围绕事先确定的目的进行。家访要事先与家长约定时间，不做"不速之客"。教师向家长汇报幼儿情况时，应首先充分肯定幼儿的优点和进步，切忌只谈幼儿的缺点和不足的"告状式"家访，而应让家长全面地了解幼儿在幼儿园中的表现，使家长能够更好地配合幼儿园的教育工作，以达到促进幼儿全面发展的目的。因此，教师在与家长谈话时，态度应诚恳、友好、自然，注意讲话方式；要考虑家长的接受水平和家庭条件，不要

超越家长和家庭的接受范围,不要损伤家长的自尊心;对于幼儿已经形成的不良习惯,教师可以以建议的方式请求家长帮助幼儿改正。

2. 召开家长会

家长会是教师根据幼儿的具体情况,向家长集体介绍或讨论幼儿园和家庭中教育幼儿的内容与方法,解决幼儿普遍存在的问题的一种方式。这是幼儿园家长工作常用的方式之一,分为班或年级家长会和全园家长会两种形式。家长会大多由家长集体参加,主要是针对大家普遍关心的问题组织内容。家长会的类型多种多样,主要有家庭教育专题讲座、教育经验交流、家庭教育专题讨论或报告、节日或期末联欢等。

家长会效果的好坏和会议的准备、安排有直接关系。幼儿园召开家长会要制订详细计划,包括目标、主持人、时间与地点、对象、内容、形式、准备、具体步骤与过程等。会后还要对活动的效果进行评价,可以是教师的自我评价,也可以通过家长的意见反馈来评价。

3. 便条或电话

便条是教师和幼儿家长进行交流的一种有效手段,教师通过寥寥数语,就可以把幼儿在园的情况传达给家长。便条可以加强教师与幼儿家长之间的交流,增强幼儿学习和家长教育的信心。需要注意的是,便条的内容要自然、真诚而有意义,否则,便条会流于形式,失去与家长沟通、交流的价值。

电话联系是借助现代通讯工具来进行的一种交流方式。它不仅可以传递幼儿的行为表现,还可以把幼儿在园的情况或出现的问题随时反馈给家长,方便教师及时地与家长商讨解决方法,因此,电话联系比便条更为方便、快捷。

4. 设置"家长开放日"

家长开放日可定期举行,也可在节假日举行,内容可以是一日或半日活动的参观与听课。家长开放日可以让家长从整体上了解孩子在园里的表现以及幼儿园的教育内容与方法,从而进一步了解幼儿园的工作。在家长开放日前,幼儿园应做好各项准备工作,包括事先向家长介绍开放日的目的和完整的活动计划,指导家长充分发挥积极参与精神,广泛听取家长对活动的意见和建议,总结经验,避免走过场、搞形式。

5. 重视"家长园地"

家长园地是幼儿园与家长沟通的一个重要窗口。家长园地的内容丰富多彩,家庭教育方面包括幼儿身体和心理的发展、家庭营养知识、家庭教育方法、新的教育观念等;幼儿园方面包括幼儿园近期的教育活动或重大活动、幼儿的作品等,也可以是家长的教育心得、体会等。

家长园地要定期更换。随着家长整体文化水平的提高,教师更应该重视家长园地。有条件的幼儿园,可以运用传播媒介,积极宣传,引导家庭教育科学化。

6.请家长参与幼儿园的教育活动

家长是幼儿园的重要资源之一。幼儿园可以充分利用家长中的教育资源,弥补幼儿园教育资源的不足,通过邀请家长参与幼儿园的教育活动,唤起家长的主人翁意识,发挥家长参与幼儿园教育活动的积极性和主动性,使家长真正成为幼儿园的合作伙伴,共同促进幼儿的发展。

家长参与幼儿园的教育活动包括两种类型。一是请不同职业、不同爱好特长的家长参与幼儿园教育活动。如聘请家长到幼儿园做临时教师,给幼儿上课;带幼儿到家长工作的单位学习、参观;组织一些讨论会,请家长参加,发表意见等。二是幼儿园亲子同乐活动。如请家长携子女参加幼儿园组织的郊游活动、游戏活动、节庆活动等。

请家长参与幼儿园的教育活动之前,教师必须先确定教育活动的类型,拟订教育活动方案。活动方案主要由活动名称、活动主持者、活动对象、活动时间、活动地点、活动目标、活动准备、活动过程、活动效果评价等几个方面组成。

(二)幼儿园开展家长工作的管理

1.成立家长委员会

家长参与幼儿园管理最常见的形式是组织家长委员会。家长委员会是幼儿园家长工作的重要组织,它将幼儿园与家长紧密联系起来,是幼儿园与家长联系的桥梁。家长委员可由家长互相推荐,也可由教师推荐。所推选的家长委员要有一定的代表性,愿意为家长服务,有一定的教育能力、组织能力,教育子女效果好,为人正派,有威信,对幼儿园的工作热心。此外,特别要物色好家长委员会的主要负责人。

家长委员会可以有不同的层次,有园级的、年级的和班级的。不同层次的家长委员会分别参与相应的管理工作。

2.让家长成为幼儿园的管理者

重视家长工作,把家长工作作为幼儿园管理工作的重要内容之一。幼儿园可以通过向家长发放家长问卷、家园报,通过家长接待日、家长委员会和家长会等多种渠道,了解和搜集家长对幼儿园管理、教育教学、师德师风、幼儿膳食等方面的意见和建议,参与幼儿园的管理,以便更好地为家长服务、为幼儿服务,不断地提高幼儿园的办园质量和管理水平。

3.加强计划性

为了加强对幼儿家长工作的管理,幼儿园应把家长工作列入议事日程,在每学期的园务计划和班级保教计划中,考虑安排家长工作的内容。同时,幼儿园对教师的家长工作要定出明确的指标,如必须对每个幼儿进行家访、每学期应该组织数次家长活动等。定的指标要容易操作、符合实际。

4.建立监督机制

幼儿园家长工作关系到幼儿的发展,关系到幼儿园的教育质量,因此,对教师开展的家长工作要建立长效监督机制,可以随时记录、随时抽查。一旦发现教师没按要求做,就应给予相应的处罚;对做得好的教师要给予鼓励。

第三节 幼儿园与社区工作的管理

幼儿教育是涵盖幼儿园、家庭、社会的全方位教育,它以园内教育活动为主,充分利用和开发社区幼儿教育资源,以社区幼儿教育作为幼儿园与社会之间的桥梁,关注社会因素对幼儿产生的巨大影响,为幼儿的社会化发展创造条件,促进幼儿全面和谐发展。因此,幼儿园必须与社区紧密联系,使幼儿园在与社区的互动中不断发展,促使幼儿教育的形式更加多样化,促进幼儿全面发展。

一、社区教育的概念及意义

(一)社区教育的概念

"社区"是一种区域性或地区性的概念,是指由居住在一定区域范围内的人们所结成的文化生活共同体。随着我国社区建设的发展,社区的功能越来越向综合化方向发展,教育已成为社区重要的功能之一。社区教育是由社区内为儿童或全体居民提供的文化教育设施和开展的教育活动组成的,是多层次的、多内容的、多种类型的社会教育。

(二)社区教育的意义

1.优化幼儿的生活环境

社区丰富的资源对幼儿园是极大的支持。社区是幼儿走出家庭直接接触的"社会"。生活在同一个区域里的人们,拥有共同的社会习俗,受共同文化氛围的影响,社区成员易形成共同的观念与意识,长期积累形成的民风民俗、道德风貌等,都会对幼儿产生潜移默化的影响。通过社区教育,实现社区全体成员整体素质和文明程度的提高,有助于提升社区成员的生活质量,有利于倡导文明、良好的家庭气氛,改善社区的自然居住环境和人文居住环境,更有利于儿童的健康成长。

2. 为幼儿提供更多的受教育机会

一般城市社区的资源很丰富,有多种经济实体、文化教育中心和医疗保健中心等。幼儿园可充分利用社区的设备和资源,为幼儿提供更多的受教育机会。

3. 为构建终身教育体系、建设和谐社会打下良好的物质基础

社区教育是实现终身教育的重要形式,是构建终身教育体系必不可少的物质平台。社区教育作为与学校教育、家庭教育并列的社会教育的一种,能充分发掘和统筹社区资源,使得多种学习型组织不断涌现,终身教育体系逐步建立。发展社区教育,构建终身教育体系,可以弥补普通国民教育体系的不足,最终实现终身教育体系与普通国民教育体系的有机结合,为建设和谐社会打下良好的基础。

二、幼儿园与社区合作

社区是幼儿园教育的重要资源和支持力量,是幼儿社会化发展的重要条件。幼儿园应加强与社区的联系,主动寻求社区的支持,积极开展与社区的合作,促进幼儿园自身建设和社区建设,为幼儿的全面和谐发展创造条件。

幼儿园与社区合作的方式主要有如下几种。

(一)立足实际,为社区居民服务,解决社区居民的后顾之忧

幼儿园地处社区,为社区居民服务是义不容辞的责任。幼儿园应本着优先照顾、优惠入园的政策,及时了解社区居民的需要,不断改善幼儿园的工作。为了更好地为家长服务,幼儿园必须与社区建立紧密的联系,想社区居民之所想,急社区居民之所急。努力为社区居民创造良好的幼教条件,及时满足家长和幼儿合理的需要。

(二)促进社区学前教育网络的形成

幼儿园是专门的幼儿教育机构,在幼儿教育方面具有明显的优势。为了加强与社区的联系,幼儿园应主动向社区延伸,发挥幼儿教育的主导作用,带动社区幼儿教育的发展。通过与社区的联系,增加相应的设备,积极组织同台活动等,形成社区幼儿教育网络,共同促进幼儿的发展。

(三)通过家庭,推动幼儿园与社区合作

幼儿园与家庭的合作,也是幼儿园与社区合作的一种形式。通过为家长提供多种服务和请家长参与幼儿园的教育活动,可以加强家长与家长之间的沟通交流,促进社区居民的相互了解与沟通,共同促进幼儿的身心发展。

三、建立幼儿园、家庭、社区三结合教育体系

幼儿园与家庭教育、社区教育的融合互动不是幼儿园和家庭、社区的简单相加,而是把家庭、社区作为幼儿园教育过程中有效的社会教育资源,使家长、社区成为教师的积极合作者参与到教育中去。这不仅意味着幼儿园教育资源的扩大,还蕴含着幼儿园办园理念和制度的重大变革。坚持"以人为本"的原则,充分利用家庭与社区的丰富教育资源,重组幼儿园的教育资源,扩大教育的空间,拓展教育的途径,构建以幼儿园为主导,家庭、社区联动的教育合作共同体,形成幼儿园教育、家庭教育与社区教育共同促进幼儿健康成长与全面发展的合力。同时,幼儿园应积极地构建吸引家庭、社区参与的机制,主动参与家庭、社区文明创建活动,创造性地为家庭教育和社区幼儿教育服务,在服务中求生存、求支持、求发展。

▶ **阅读推荐** ◀

1. 李生兰.学前儿童家庭教育.修订版.上海:华东师范大学出版社,2006
2. 秦明华,张欣.幼儿园组织与管理.上海:复旦大学出版社,2008

▶ **思考与探索** ◀

1. 什么是幼儿园公共关系?在市场经济条件下,幼儿园公共关系有何作用?
2. 简述幼儿园公共关系的原则。
3. 试述幼儿园开展家长工作的意义和任务。
4. 简述幼儿园家长工作的不同形式。
5. 试述幼儿园与社区合作的途径。
6. 运用所学知识,制订一个家园合作活动方案,并试行。
7. 了解一所幼儿园与家庭、社区合作的成功实例并总结经验。

第八章
学前教育工作评价

【内容提要】 本章的主要内容是阐述学前教育评价工作的含义、功能、特点与类型；阐述学前教育评价工作中应遵循的基本原则与内容，并初步对学前教育评价方案的设计与实施进行介绍。

【学习目标】 理解学前教育评价的内涵与特点，了解学前教育评价的基本类型；掌握学前教育评价工作中应该遵循的基本原则，并能在联系实践的过程中，初步掌握学前教育评价方案的制订与实施的基本步骤与方法。

学前教育评价是学前教育管理工作中一个重要的环节和组成部分，对于学前教育管理与决策，都有至关重要的作用，因而受到学前教育工作者和教育行政部门的重视。《幼儿园教育指导纲要（试行）》明确指出："教育评价是幼儿园教育工作的重要组成部分，是了解教育的适宜性、有效性，调整和改进工作，促进每一个幼儿发展，提高教育质量的必要手段。"因此，对于什么是学前教育评价、学前教育评价的类型有哪些、学前教育评价的功能是什么等基本理论问题进行探讨和研究，将有助于幼儿园及学前教育工作者进行检查、反思并主动改进学前教育管理工作，从而有助于提高保教质量。

第一节　学前教育工作评价的含义、功能与类型

一、学前教育评价的含义

(一)评价与教育评价

要对评价及教育评价有比较深入的了解,首先就要充分了解什么是价值和教育价值。"价值"是指客体与主体需要之间的关系,即通过主体和客体的关系而体现的,这种关系涉及主体对客体的需要和客体的客观属性。只有当主体具有某种需要,而同时客体本身也满足主体需要的客观属性时,才能体现出价值。缺少主体的需要,或客体本身没有满足主体的客观属性,那么主客体就没有形成关系的可能性,也就无法谈论价值。

教育价值是指教育能够满足人和社会需要的程度,即教育这一社会活动或社会现象中的客体及其属性与其主体的尺度和需要相一致、相符合或相接近的程度。就教育价值结构而言,其基本要素与一般价值要素是相同的,即主体及其需要和客体及其属性两个方面,缺少其中的任何一项都不能构成教育价值。

教育活动或教育现象的客体及其属性是教育价值关系存在的前提或先决条件,没有客体存在这一事实为前提,教育价值关系这一事实就无法存在;而教育活动或现象的主体及其需要则是教育价值关系的基础或核心,没有主体及其需要,就无所谓价值关系和价值,客体及其属性的客观存在也只是一种存在。由此可知,教育价值主要体现在两个方面:教育对人发展的价值和社会的价值。

"教育评价"是美国教育家泰勒在1929年首次提出的,他认为,在本质上,教育评价过程乃是一种测量课程和教学方案在多大程度上达到了教育目标的过程。自泰勒之后,教育评价至今还没有形成一个确切的、严谨的、被一致接受的科学定义。对"教育评价"的定义,国内代表性的观点有以下几个:

"教育评价是对教育活动满足社会与个体需要的程度作出判断的活动,是对教育活动现实的(已经取得的)或潜在的(还未取得的,但有可能取得的)价值作出判断,以期达到教育价值增值的过程"。[①]

"教育评价是根据一定的教育价值观或者教育目标,运用可操作的科学手段,通过系统地收集信息、资料并进行分析、整理,对教育活动、教育过程和教育

---

① 陈玉琨:《教育评价学》,北京:人民教育出版社,1999年,第7页。

结果进行价值判断,从而为不断完善自我和教育决策提供可靠信息的过程"。①

"教育评价是指在一定教育价值观的指导下,依据确立的教育目标,通过使用一定的技术和方法,对所实施的各种教育活动、教育过程和教育结果进行科学判定的过程"。②

从上述几个定义可以看出,教育评价至少包括三个方面的特点。

一是教育评价是有目的、有计划的活动过程。教育评价是以教育目标为基础进行的有目的、有计划的价值判断活动,教育活动目标是教育评价的出发点。

二是教育评价活动的最终目的是为教育管理与教学活动提供决策依据,用于改进教育活动。教育评价的最终目标在于通过价值判断为教育决策提供信息,不断改进教育质量。早期的教育评价主要目的是为了选拔,尤其是用以选拔适合社会需求的儿童,现代教育评价的目的是为了不断改进和完善教育过程、提供高质量的教育。

三是教育评价涉及对教育价值的判断,是在对教育情景或现象描述的基础上,作出的评价判断。教育现象既包括教育活动的过程,又包括教育活动过程中的教育事件乃至事件的背景。从宏观角度看,还包括对一个地区,甚至国家的教育发展、教育改革等进行评价。

(二)学前教育评价

关于"学前教育评价"的含义,国内学者张燕认为,学前教育评价是对学前教育现象与学前教育活动各个方面进行系统描述和作出价值判断的过程。也就是依据学前教育目标,对幼儿园教育活动和教育行为发生的变化进行的价值判断,并采取有效的举措以提高幼儿园保教质量、教学科研水平和教育教学改革成效。

教育评价是学前教育活动的有机组成部分,也是学前教育管理的重要内容与手段。就学前教育工作而言,评价就需要依据一定的标准和程序,有目的、有计划、有组织地对学前教育机构的教育活动及相关的工作进行深入的调查与研究。例如对托幼机构教育目标的评价;对课程的评价;对教育内容、形式与手段方法的评价;对学前教育质量与效果的评价;对保教人员工作质量的评价;对教师素质的评价;对学前教育环境的评价;对幼儿园管理工作的评价;对幼儿发展评价等;这些都属于学前教育评价的范畴。在此基础上作出价值判断,以便为改进幼儿园教育活动和幼儿园管理工作提供依据。

---

① 袁振国:《当代教育学》,北京:教育科学出版社,2004年,第260页。
② 全国十二所重点师范大学联合编写:《教育学基础》,北京:教育科学出版社,2002年,第265页。

二、学前教育评价的功能与特点

(一)学前教育评价的功能

学前教育评价的功能是指学前教育评价所具有的效能、意义与作用。一般而言,学前教育评价具有鉴定功能、导向功能、激励功能、反馈与改进功能。

1. 鉴定功能

鉴定功能是指学前教育评价认定、判断评价对象合格与否、优劣程度、水平高低等实际价值的功效和能力。鉴定的对象可以是教育对象,也可以是教育活动方案或者是教育机构。需要明确的是,鉴定功能是学前教育评价的功能之一,而不是评价的终极目的,评价的根本目的在于改进和提高学前教育工作的质量。

2. 导向功能

导向功能是指教育评价本身所具有的引导评价对象朝着理想目标前进的功效和能力。在学前教育评价中,对任何被评价对象所作的价值判断,都是根据一定的评价目标、评价标准进行的。因此,有什么样的评价内容,被评价对象就会注重哪个方面的工作;有什么样的评价标准,被评价对象就会向什么方向努力。也就是说,评什么、怎样评,将有力地引导被评价者在工作中做什么、怎么做。因此,为了更好地发挥教育评价的导向功能,就必须依据幼儿教育目标制订恰当的评价内容和标准,对教育效果实行全面的评价。

3. 激励功能

激励,即激发人的动机,调动人的积极性,使人有一股内在的动力,向所期望的目标前进的心理过程。对学前教育管理者、幼儿教师与幼儿的评价是教育评价的重要内容。对幼儿园管理人员和教师的评价,可以激发其内在需要和动机,增强其工作、学习的热情和信心,推动其积极地行动,从而使其行为处于一种积极的状态,以保证工作目标和学习目标的达成。通过评价可以总结经验与教训,可以激励上进并鞭策后进,不断调整个人和集体的工作方式,以达到提高教育质量这一目标。

4. 反馈与改进功能

反馈与改进功能是指教育评价本身所具有的促进评价对象为实现理想目标不断改进和完善行动的功效和能力。反馈与改进功能主要运用"反馈原理",通过评价及时获得教育过程、教育结果的信息,及时强化正确的、有利于教育目标实现的教育行为,及时调节和矫正不良的、不利于教育目标实现的教育行为,从而控制教育活动和教育工作的过程,促使其不断完善和优化。幼儿园评价是判断组织职能发挥的程度,即幼儿园的人力、物力、财力等的使用、分配是否合理有效,管理过程是否正常运转,并对管理工作质量进行全面分析判断。幼儿园管理工作是按照"计划——实施——检查——总结"的顺序循环开展的。其中总结环节实际上就是阶段性的总结性评价。因此,评价是幼儿园管理的基本环节,评价的反馈作用特别体现为它能推动幼儿园管理水平的不断提高。

(二)学前教育评价的特点

1. 学前教育评价的整体性

学前教育活动是由许多要素组成的一个整体,这些要素在学前教育工作中的地位和作用是不同的。因此,学前教育评价需要对幼儿园的方方面面进行评价。与此相应,学前教育评价目标的确定和分解、指标体系的构成,都需要从整体出发。

2. 学前教育评价的协同性

学前教育评价涉及范围广、内容多、参与主体众多。它不仅仅是管理者的事情,还需要广大教职员工积极参与,以及地方和地区的教育管理者、教育专家和幼儿家长协助进行。

3. 学前教育评价主体的多元性

学前教育评价关系到幼儿园教育管理、教育教学活动,为了避免传统学前教育评价主体的单一性,应尽可能将学前教育活动的重要当事人作为评价的主体,充分发挥教师、幼儿、家长及教育管理者的积极性、主动性,从而更好地实施教育,促进幼儿发展。评价主体多元化的本质是将教育过程中的重要当事人都纳入评价活动中,增强其参与性,与此相联系的是对自我评价的重视。

三、学前教育评价的类型

由于学前教育评价涉及的内容较多,依据不同的分类标准,学前教育评价可以划分为不同的类型。

(一)依据评价的功能的不同,划分为诊断性评价、形成性评价与终结性评价

1. 诊断性评价

诊断性评价是指在幼儿园教育活动或某项工作开展之前,为使计划更有效地实施而进行的预测性、测定性评价;或对评价对象的基础、条件作初步了解,为解决问题搜集资料,找到解决问题的办法,以便指导。

2. 形成性评价

形成性评价又称"过程评价",是指在学前教育活动或其他工作计划实施的

过程中,对计划、方案执行的情况进行的评价。其目的是为了了解动态过程的效果,及时反馈信息,使计划、方案不断完善,以便顺利达到预期目的。

3. 终结性评价

终结性评价是指幼儿园某一教育、教学活动项目告一段落或完成后进行的评价。其目的是为了了解这项活动达到预期目标的情况,是在教育活动发生后关于教育效果的判断。终结性评价是外部导向的,主要是为各级管理者提供决策依据。

诊断性评价与终结性评价主要发挥的是鉴定可行性和效果的功效,而形成性评价主要是发挥改进功能。三者之间的划分不是绝对的,在实际评价过程中是相互关联和渗透的。

(二)依据参照标准的不同,划分为相对评价、绝对评价与个体内差异评价

1. 相对评价

相对评价是以被评价对象集合内部的某一状态或标准样组的水平为参照标准来进行比较。具体地讲,就是在一组评价对象内部进行互相比较,通过比较来确定每一评价对象在集合中的相对位置。由于这种评价标准来自被评集合内部,本身具有一种强烈的竞争机制,因此适用于以鉴别和选拔为目的的评价。

2. 绝对评价

绝对评价是指在评价对象集合之外,根据一定目标和准则确定一个标准,在评价时,将每一个评价对象与确定的标准进行比较而作出评价结论的评价。在幼儿园评价中,常见的有上级教育主管部门对幼儿园办园水平、保教质量等方面的评价。当下各地教育部门在幼儿园开展的分类分级验收就是一种绝对评价。

3. 个体内差异评价

个体内差异评价是把团体内被评价对象个体的过去与现在加以比较,或以个体的某一方面为参考比较该个体的其他方面,这类评价的参照对象不是外在的标准或者他人的水平,而是被评价者自身,例如幼儿园的自我评价、幼儿园教职工的自我评价等。

(三)依据评价主体的不同,划分为自我评价与他人评价

1. 自我评价

自我评价是评价者根据一定的评价目的、标准,对自己的工作、学习等方面进行的评价。自我评价按照规模大小可以分为团体自我评价与个人自我评价。自我评价是学前教育评价中常见的评价形式。组织有效的自我评价,有助于评

第八章 学前教育工作评价

价者进行自我认识、自我教育、自我提高和自我完善。

2. 他人评价

他人评价是指被评价者以外的人对其进行的评价,又称"外部评价"。这种评价包括各级教育行政部门所做的检查与督导评价、专家评价、同事同行评价、社会评价、教师对幼儿的评价等。在他人评价中,如果是上级对下级的评价,评价过程就是一个指导与被指导的过程;如果是同级间的评价,其评价过程就是一个相互学习的过程。他人评价一般较严格、慎重,也比较客观,可信度较高,具有一定的权威性,自我评价只有经过他人评价才能得到有关方面的认可,但组织工作较为复杂,耗费的人力和时间较多。

此外,依据评价的方法可以划分为定性评价与定量评价,依据评价内容可以划分为单项评价与综合评价等。

第二节 学前教育工作评价的原则与内容

学前教育评价原则是根据学前教育评价的目的,对评价组织者和评价者提出来的统一评价工作的指导思想和行动必须遵循的准则。它是衡量学前教育评价工作是否沿着正确价值取向发展的主要标尺。

一、学前教育评价的原则

(一)方向性原则

学前教育评价作为一种价值判断活动,首先应当考虑的是它把学前教育引向何处。所以,方向性充分体现了评价对教育的宏观指导作用,贯穿于评价过程的始终。在我国,方向性原则指的是整个教育评价必须体现我国社会主义的教育方向和教育的改革、发展和提高。

(二)科学性原则

科学性原则是指开展学前教育评价工作一定要按客观规律办事。无论是制订评价方案、建立评价指标体系,还是实施评价,评价者都要本着实事求是的态度,利用科学的方法和手段,全面正确地进行事实分析和价值判断。

学前教育评价的科学性一方面是指评价的内容、指标系统要建立在现代教育理论基础上,符合教育学、儿童发展心理学、管理学等的基本原理;另一方面是指在获取信息和处理信息中要采用科学的方法,在建立指标系统和标准时要考虑评价对象的实际情况,要有层次性、区分性,评价标准要多元化。

(三)整体性原则

学前教育本身就是由多种因素、多种层次构成的一个大系统,各个因素从不同的角度来看,具有相对独立性,如幼儿园的保教工作、教师的教学、幼儿的学习都是子系统,这些相对独立的子系统又是由不同因素、不同变量构成的相对整体。学前教育评价的整体性原则体现了系统论中所说的,事物是一个合乎规律的由各要素构成的有机整体,并且各个要素间相互作用。在评价时需注意在对各层次进行单项评价基础上要对其进行综合评价,同时要注意,评价不只是评结果,还要评工作过程,要从评价对象工作的开始、发展变化、结果等全过程来考查整体效能。

整体性原则还包括在学前教育评价过程中,注意评价工作的整体性、综合性,做到自评与他评相结合,形成性评价与终结性评价相结合,定性评价与定量评价相结合,动态评价与静态评价相结合,达到整体上的最佳判断和效益,使教育评价的导向、鉴定、激励和改进功能得到更好的发挥。

(四)发展性原则

在幼儿园管理工作中,坚持用发展变化的视角来对待办园基础和条件差异比较大的被评价对象。只有用发展变化的观点,确定被评价幼儿园在同类幼儿园中的合理地位,才能调动各类幼儿园办园的积极性,也才能有针对性地促进各类幼儿园管理工作的改善。在评价儿童和教师的过程中,也要用发展的观点来看待。

二、学前教育评价的内容与范围

广义的"学前教育评价"是以学前教育涵盖的整个领域为对象,评价内容涉及学前教育的一切方面,如幼儿园发展评价、幼儿发展评价、课程方案评价、教师评价、教育质量与机构管理评价、家长与社区教育需求评价、学前教育政策的分析与评价等方面。从狭义层面而言,主要包括幼儿园保教工作评价、教师评价与幼儿发展评价等方面。这些方面的评价工作也是教育行政部门对学前教育工作进行宏观指导和管理的重要手段。这里主要从狭义层面的幼儿园工作、教师与幼儿发展评价三个方面进行阐述。

(一)幼儿园工作评价

幼儿园工作评价具体包括幼儿园管理评价、幼儿园人员评价、幼儿园保教质量评价等方面。

1. 幼儿园管理评价

幼儿园管理评价包括幼儿园的办园水平、办园理念、办园条件、领导队伍、保教队伍、保教工作、总务后勤工作以及幼儿园制度建设等方面。要重点考查以下三个方面：教育的内容、方式、策略、环境条件是否能调动幼儿学习的积极性；教育过程是否能为幼儿提供有益的学习经验，并符合其发展需要；教育内容、要求能否兼顾群体需要和个体差异，使每个幼儿都能得到发展，获得成功感。通过对这些方面工作的质量和效果的评价，搜集相关信息，提出改进的策略与方法，从而提高幼儿园教育教学质量。

此外，幼儿园园务管理中的队伍建设、制度建设、保教工作与行政管理等方面尤为重要。幼儿园队伍建设包括园长素质和领导意识、领导班子和职能发挥，幼儿园教师队伍结构和梯队建设等；制度建设主要是幼儿园各项常规制度是否健全，各项制度执行的力度如何；保教工作主要是指保教工作的常规工作、教育活动的组织与实施、幼儿园教育教学改革与教育科研和园本教研等；行政管理主要包括幼儿园管理过程的运作状态、民主制度建设、幼儿园发展目标制订等。

2. 幼儿园人员评价

要全面了解幼儿园工作效能，就需要考查幼儿园管理组织中的人的素质及其工作效果。园长是幼儿园的领导核心，是决定幼儿园办园质量的关键，评价应注重考查园长及整个领导班子如何发挥管理主体作用。教师队伍的专业素质是决定保教质量的关键，因此，评价应注重考查教师队伍的建设与发展状况，包括人员任用状况、教师梯队建设、教师专业发展以及园所文化建设等。

3. 幼儿园保教质量评价

保教工作是幼儿园教育工作的核心和主体部分，包括教育活动环境的创设、教师对幼儿一日活动的组织与管理、游戏与教学活动的开展与安排等。

2008年上海市颁发的《上海市幼儿园保教质量评价指南（征求意见稿）》指出：幼儿园试用《质量评价指南》，要重在帮助幼教工作者建立质量意识，关注保教实施的过程与质量，增强行为的自觉性。要鼓励和引导教师经常对自己的保教工作进行自评，同时，也可组织教师间、管理层与教师间，或邀请姐妹园、专业人士，以诊断和改进工作为目的开展互评和他评。在研究和实践过程中，幼儿园逐步建立起"自我认识、自我监测、自我发展"的机制，使评价工作成为提高和促进幼儿园保教质量不断提高的有效平台。

考查幼儿园保教质量必然涉及幼儿的发展，在《上海市幼儿园保教质量评价指南（征求意见稿）》中"幼儿发展"评价指标包括"体能""习惯""自我意识与自理""认知""语言能力""社会性""美感与表达"七个方面，每个方面又有若干评价重点与标准。

（二）幼儿教师评价

幼儿教师评价主要是依据相关法规与政策，对幼儿教师的素质与能力进行评价。教师的素质评价内容主要包括教师的专业知识、专业技能、专业责任感、自我反思与改进等。对幼儿园教师素质进行评价时，除了要考虑上面的内容外，还要考虑幼儿园教师应该具备的其他素质，如对幼儿教育事业要有很强的敬业精神，热爱幼儿教育事业，具备良好的艺术技能等。教师能力是指教师在从事教育教学活动中所具有的基本能力。对教师能力的具体要求是：有创造性工作的能力，有敏锐、准确的观察能力，具有教育教学工作的能力和教育科学研究的能力等。

（三）幼儿发展评价

促进幼儿和谐发展是幼儿教育的基本价值诉求，幼儿发展评价一方面涉及作为个体的幼儿各个方面发展情况的评价，例如对幼儿个体发展的某一方面或者某些方面的分析与研究；另一方面涉及幼儿群体发展状况的评价，例如对全园或者某些班级的幼儿发展状况进行评价。

幼儿的行为表现和发展变化具有评价意义，教师应视之为重要的评价信息和改进工作的重要依据。幼儿发展评价过程中，教师通过观察、作品分析、问卷调查、档案分析等方式分析并记录幼儿的发展，并对此作出有意义的判断，这是现代幼儿教师应当具备的基本技能。

第三节 学前教育工作评价方案的设计与实施

评价方案是评价活动的先行组织者，它是依据一定的评价目的，根据教育活动的一般规律，对评价的内容、范围、方法、手段和程序等方面加以规范的基本文本。学前教育评价方案的设计与实施主要包括明确评价目的、确定评价内容、建立评价指标体系、实施评价方案四个部分。

一、明确评价目的

确定教育评价的目的，认清被评对象应该达到的目标，这是在制订任何一个教育评价方案的初期都必须首先解决的问题，即"为什么评价"。学前教育评价的主要目的来自我国颁发的相关教育法规、教育政策，同时评价不能脱离幼儿教育的规律和幼儿园自身发展的实际水平。

二、确定评价内容

在明确评价目的的基础上,要确定评价的内容和对象,即"评价什么"。幼儿园工作评价的内容很广,既包括幼儿园的教育活动,如正常的教学工作、保育工作等,也包括幼儿园运作与管理的组织工作。确定评价内容一定要结合评价的目的与针对性,也就是必须要明确评价所要达到的目标,这就需要认真研究评价对象的性质,明确评价问题的核心和关键。

评价具有导向性,尤其是在"评价什么"与"为什么评价"方面,需要结合评价的目的,对评价内容进行综合考虑。

三、建立评价指标体系

评价指标体系的建立旨在解决"怎么评价"的问题,评价方案的设计主要是建立评价指标体系。指标是一种具体的、可测量的、行为化的评价准则,是根据可测或可观察的要求而确定的评价内容。指标作为一种评价的准则,用外在的行为来反映内在的思想,用具体的项目来反映抽象的内容,为人们的测量提供了一种便利的途径。

一个好的指标体系应具备三个特征:一是完整性,各项标准各有所长,互相补充,共同构成一个完整的整体;二是协调性,各项标准能相互衔接,协同一致,反映出标准的统一性与和谐性;三是比例性,标准之间应有一定的数量和权重关系,体现量的统一性和关联性。

建立评价指标体系需要从以下三个方面考虑。

(一)明确评价的目标与问题,形成评价的基本概念体系

在明确评价问题的内涵与外延的基础上,对评价的问题进行细化和分解。也就是明确"评价谁""评价什么""要达到什么目的和要求",接着就可以确定教育评价对象的整体目标。明确目标一般分两步进行,一是确定目标项目,即明确"评价什么";二是确定目标强度,即达到目标要求的程度。

(二)确定评价的项目要素并进行分解,将评价内容具体化,建立评价指标体系

把高度概括的总体目标分解成具有不同层次的子目标,也就是把整体目标具体化。分解时常用"头脑风暴法",即组织学前教育领域的专家与有经验的教师,把构成整体目标和影响整体目标实现的所有因素罗列出来。

在建立评价指标体系时,应该注意三个方面:指标要全面、客观地反映所要

评价内容或对象的实质,不要有遗漏,以便保证必要的内容效度和完备性;各要素或分类别应是可以相互区分的,要尽可能避免指标内涵的相互交叉、包含;要逐层分解,指标应尽可能具体化,以便观测和操作。①

(三)选择评价方式

幼儿园评价的方法有多种,比较常用的方法有以下几种。

1. 程度表示法

程度表示法也称"等级评定法",就是把各项指标按照评价指标的重要程度分为不同等级,用不同的符号。

2. 数量表示法

用百分制方式或者按照 1~6 分的量表对评定项目进行打分,或者标示出百分比。

3. 加权求和法

依据各项目的重要程度,赋予不同的权重或系数,表明其占总体的百分比。例如幼儿园在评价办园品质的过程中,幼儿园办园理念与园务管理占总体的百分比为 25%,卫生保健与安全防护占总体的百分比为 20%,环境创设与教育教学占总体的百分比为 20%,幼儿发展与办园效果占总体的百分比为 35%。

四、实施评价方案

实施评价方案包括选择实施评价的手段、整理评价信息与撰写评价报告等。

(一)选择实施评价的手段

评价的手段与方法主要是指获得评价信息的方式。收集评价信息是教育评价的基础,评价信息收集得越多,评价结果就越准确合理,越具有客观性、科学性。要注意评价信息的全面性、可靠性与有效性。

收集评价信息的方法有多种,主要有文献法、观察法、调查访谈法、问卷法、个案研究等方法。

(二)整理评价信息

整理评价信息,主要是指对评价信息的全面性、准确性、适应性以及收集资料方法的可靠性反复加以核实,将收集到的全部评价信息进行检查、分类,便于

---

① 摘自张燕,《学前教育管理学》,北京:北京师范大学出版社,2009 年,第 316~317 页。

使用。整理评价信息的方法有以下三种。

1. 归类

归类就是将收集到的信息资料汇集，以便进行分类。

2. 审核

审核就是将归类的评价信息逐一核实，展开去伪存真、去粗取精的鉴别和筛选，对缺少、遗漏的信息，要及时补充收集。

3. 建档

建档就是将审核后的评价信息，根据评价指标体系，分门别类地制成表格或卡片，进行编号建档，为评价做好准备。

(三) 撰写评价报告

评价报告是整个评价工作阶段性的报告成果，可以采用文字或者图表的方式表示。评价报告的撰写要求内容完整、依据充分、逻辑清晰、格式规范；撰写者对评价的过程、阶段性结论进行全面、客观的描述，并提出相关建议。相对而言，幼儿园工作评价报告就是对幼儿园评价过程与结论进行比较客观、全面的描述，提出合理化的建议。一份完整的评价报告包括封面、前言或序言、正文与结尾。

▶阅读推荐◀

1. 霍力岩. 学前教育评价. 北京：北京师范大学出版社，2007
2. 鄢超云. 学前教育评价. 北京：高等教育出版社，2010

▶思考与探索◀

1. 如何认识学前教育评价的功能与意义？
2. 学前教育评价应遵循哪些原则？你是如何认识和理解这些原则的？
3. 设计一个幼儿园教育评价方案，并撰写一份评价报告。

第九章
民办学前教育机构的创办和管理

【内容提要】 本章主要介绍中国民办学前教育发展历程，民办学前教育在我国社会经济发展中的积极作用及我国民办幼教机构的类型和办园模式，民办幼儿园创办的基本条件，审批程序内容；阐述了幼儿园园长的基本素质、要求和民办幼儿园园长的创业素质，并对现阶段的民办幼儿园管理进行了探索。

【学习目标】 了解中国民办学前教育的发展历程，了解民办幼教机构的类型和办园模式；理解民办学前教育在我国社会经济发展中的积极作用，熟悉民办幼儿园所需的基本条件、相关审批机关需要的材料、审批程序；明确幼儿园园长的基本素质和民办幼儿园园长的创业素质；掌握《国家中长期教育改革和发展规划纲要（2010～2020年）》精神，联系实际探索民办幼儿园管理的有效途径。

实施学前教育的正式场所是学前教育机构，通名为"幼儿园"。随着全民教育时代的到来，研究者发出了"幼儿教育不等于幼儿园教育"的呼吁，提出了"必须把长期以来只关心幼儿园的目光同时投放到幼儿园之外的幼儿身上"等以科研结果为基础的建议。研究者们认为，我国幼儿教育集体教养机构的形式和内部条件，应该是多种层次的。

然而，民办学前教育机构无论是在数量上还是在质量上都不能满足社会日益增长的对学前教育的需要。有不少人对设立学前教育机构的程序和要求缺乏了解，民办学前教育机构的管理也有待进一步研究，并加以改善。

第一节　民办学前教育机构概述

一、政策指导与作用

(一)学前教育发展的总政策指导

《国家中长期教育改革和发展规划纲要(2010～2020年)》指出:"到2020年,全面普及学前一年教育,基本普及学前两年教育,有条件的地区普及学前三年教育。重视0～3岁婴幼儿教育。""建立政府主导、社会参与、公办民办并举的办园体制。积极发展公办幼儿园,大力扶持民办幼儿园。""充分调动各方面力量发展学前教育。""坚持教育公益性原则,健全政府主导、社会参与、办学主体多元、办学形式多样、充满生机活力的办学体制,形成以政府办学为主体、全社会积极参与、公办教育和民办教育共同发展的格局。""各级政府要把发展民办教育作为重要的工作职责,鼓励出资办学,促进社会力量以独立举办、共同举办等多种形式兴办教育。"

(二)民办学前教育的作用

在党和国家的重视和支持下,在改革开放时代精神的鼓舞下,一大批民办教育工作者殚精竭虑、奋力拼搏、开拓创新、积极奉献,使中国民办学前教育取得了重要的成就,积累了宝贵的经验,对加快教育大国的崛起和落实人才强国战略、建设社会主义和谐社会作出了重要的贡献。

1. 民办学前教育机构已成为学前教育机构的主体

从世界学前教育的发展趋势来看,不论是发展中国家,还是发达国家或地区,学前教育机构大部分都是民办的。我国未来学前教育的发展方向是社会化,民办幼儿园将成为幼儿园的主体。

2. 民办学前教育机构丰富了学前教育的办园特色

经过多年的发展,我国各地已经拥有一批注重办园质量和发展,精心打造品牌与特色的民办教育机构,形成了可以与公办幼儿园相竞争的办学优势。学前教育市场出现了具有品牌影响力的民办幼儿教育机构,有的已成为集幼儿教育研究、幼儿教育发展、幼儿社区教育和幼教优质资源供给于一体的多功能服务平台。

3. 民办学前教育吸引了大量非财政性教育投资,拉动了投资,扩大了内需,有利于社会的和谐发展

我国还处于社会主义初级阶段,是发展中国家,国家无力包办学前教育,学

前教育经费短缺。我国的学前教育目前属于非义务教育阶段,它兼有教育、公益、服务、产业等多重属性。因此,民办学前教育机构对我国学前教育机构整体是个有益的补充,并产生了积极的影响。

第一,民办学前教育不用国家经费,为几百万名幼儿提供了入园机会,为几百万家庭解决了后顾之忧,为社会发展作出了巨大的贡献。因此,我国学前教育走以公办教育为主体,以民办教育为补充,以国家教育经费投入为主渠道,集体、个人投资教育的多元发展道路,既符合世界民办教育发展的基本规律,又能适应我国社会、经济、教育发展的客观需要。

第二,民办幼儿园利用社会教育资源,为社会提供了大量就业机会。民办学前教育为几十万人提供了就业岗位。相当一部分园长及中层管理者由富有经验的退休教师、园长担任,使他们尽可能地发挥余热。

4.民办幼儿园满足人民群众多样性教育的需求,有效地推进我国教育事业的公平和均衡发展,增加教育机会

民办幼儿园不仅使中等以上收入家庭有了为其子女选择多样性、差异性教育的机会,还满足了城乡一般收入居民子女就读普通幼儿园的需要,还有大量学费低廉的平民幼儿园,招收低收入家庭和农民工子女。

二、我国民办学前教育的发展历程

中国民办学前教育的发展历程可以追溯到中华人民共和国成立之初。1951年8月,第一次全国初等教育会议提出了幼儿教育的工作方针,鼓励私人开办幼儿园并加强对其的领导,做到公私兼顾办园。从1952年开始,教育部门把接管的一部分私立幼儿园改为公立,对办得较好的私立幼儿园,则采取"保护维持、加强领导、逐步改造"的方针。在我国建立"一大二公"的学校教育体制,政府接管了全部私立学校,并使之转制成公立学校。由于学前教育负有教育幼儿和便利母亲工作学习与生产劳动的双重任务,带有福利和教育的双重性质,因此民办幼儿园一直存在。在农村,有的地方采取了亲邻相帮、换工看娃、个别寄托等多种形式,这是民办学前教育的雏形。自20世纪70年代末80年代初,民办学前教育机构出现以来,中国民办学前教育大体上经历了四个发展阶段。

1.恢复起步阶段(1978～1991年)

我国民办教育在20世纪70年代末80年代初迅速崛起。1982年《中华人民共和国宪法》规定:"国家鼓励集体经济组织、国家企业事业组织和其他社会力量依照法律规定举办各种教育事业。"1985年中共中央《关于教育体制改革的决定》明确提出要"鼓励、指导"社会力量办学,要调动社会力量办学的积极性。1986年《中华人民共和国义务教育法》规定:"国家鼓励企业、事业单位和其他社

会力量，在当地人民政府统一管理下，按照国家规定的基本要求，举办本法规定的各类学校。"国家相关部委也先后颁布了《关于社会力量办学的若干暂行规定》《社会力量办学财务管理暂行规定》《社会力量办学教学管理暂行规定》。从此，中国民办学前教育事业快速发展。截至1991年底，全国共有民办幼儿园12091所。

2. 积极探索阶段（1992~1996年）

1992年10月，党的十四大提出"鼓励多渠道、多形式社会集资办学和民间办学，改变国家包办教育的做法"。1993年2月，《中国教育改革和发展纲要》规定："改变政府包揽办学的格局，逐步建立以政府办学为主体、社会各界共同办学的体制。""国家对社会团体和公民个人依法办学，采取积极鼓励、大力支持、正确引导、加强管理的方针。"首次明确了民办教育"十六字"发展方针。1996年颁布的《全国教育事业"九五"计划和2010年发展规划》提出了"公立学校和民办学校共同发展"的思想。截至1996年底，全国共有民办幼儿园24466所。

3. 迅速发展阶段（1997~2001年）

随着社会主义市场经济和体制改革的深入，幼儿园的办园体制和投资体制逐渐多元化。在城市和部分县、镇，幼儿园成为一些企业和个人投资的热点。一些企事业单位的幼儿园因经营、管理不善被或停办，或转制，或变卖；有些地区的教育部门将幼儿园承包给个人经营或卖给个人。

民办教育的快速发展促使有关民办教育的法律、法规出台，使得民办教育日益规范。1997年，《社会力量办学条例》全面、系统地规定了发展民办教育的方针政策。1999年，《面向21世纪教育振兴行动计划》提出"今后3至5年，基本形成以政府办学为主体、社会各界共同参与、公办学校和民办学校共同发展的办学体制"。同年6月，《关于深化教育改革全面推进素质教育的决定》强调要"进一步解放思想、转变观念，积极鼓励和支持社会力量以多种形式办学，满足人民群众日益增长的教育需求，形成以政府办学为主体、公办学校和民办学校共同发展的格局。凡符合国家有关法律法规的办学形式，均可大胆试验"。

4. 规范发展阶段（2002年以来）

2002年，《中华人民共和国民办教育促进法》作出了允许出资人从办学结余中取得合理回报等重大突破性规定，并于2003年9月1日正式施行。《中华人民共和国民办教育促进法实施条例》于2004年4月1日起实施。这标志着中国民办教育进入法制化的新阶段，预示着办学体制正朝着公办教育与民办教育同台竞技、共同发展的格局迈进。随后各省市也纷纷出台了地方性的相关法规，这标志着国家层面上民办教育的法律体系基本完成。

三、民办学前教育机构的类型和办园模式

目前,我国学前教育机构改变了以往办园模式单一化、整齐化的格局,办园模式日益多元化,形成了国家、企业、公民个人、外资共同举办学前教育机构的新格局。

民办学前教育机构的类型多种多样,从形式上看,有幼儿园、托儿所、各类早教机构和培训中心等。

各种形式的学前教育机构在服务的时间上各有不同,有全托制、半托制、全托与半托混合制等类型。在服务上,民办幼儿园的办园形式比较灵活。一些民办幼儿园采取了延长幼儿在园时间、允许幼儿临时在园留宿等形式,大大方便了家长,受到家长的欢迎。

民办学前教育机构收托幼儿年龄的范围也在改变,有面向3～6岁幼儿的,有面向2岁甚至2岁以下乃至数月婴儿的。

民办学前教育机构的模式日益多样化,有公办民助、民办公助、公办转制、协议承办、私人办、中外合作办等。目前民办学前教育机构主办者有以下几种情况。

第一,主办者为公民个人,即集主办者与经营者于一身。

第二,管委会制或董事会下的园长负责制。董事会有行政权,并有权聘任园长和业务园长。这类幼儿园又分为四种情况:一是公司为主办者。这类公司多为民营企业及外资企业。由公司作为主办者,下聘园长等。二是社会民间团体为主办者。三是合作办园,即由政府机构,如教委或教研中心、托幼办,与外资或民营企业公司合办,或是由民间团体与外资或民营企业合办。这种办园模式使得幼儿园资产中有私有的部分,有集体的部分,也有国家的部分或兼有这三者中的两者,这同企业的有限责任公司制大同小异,可称教育混合股份制。四是教育集团,教育集团的运作方式是,园长抓好保教,对集团负责,资金投入、基本建设和幼儿园发展等问题都由教育集团解决。一个教育集团可跨几个幼儿园和多个地区进行投资办园。

第三,公办转制园。实行以园长负责制为核心的新办园体制,即园、所国有,园长承办,自主经营,自我发展。

第四,国有民办。国有民办幼儿园是指由国家和政府提供一定的土地和固定的基础设施、设立并依照法律程序交由具有法人地位的社会团体或公民个人承办的教育机构。承办者享有社会力量办园的政策和办园自主权。国有民办是介于纯政府办园与纯民间办园之间的一种形式。

第五,公办民助。公办民助是指由社会组织与个人参与公办幼儿园的投资、

新建和扩建等,以改善办园条件。办园形式主要有两种:一种是社区联办,即一些部门、单位主动投资,参与建园或改善办园条件;另一种是政企联办,政府与社会团体等部门联合办园。

第二节　民办学前教育机构的审批与管理

一、举办民办学前教育机构的基本条件和审批程序

按照相关法律规定,举办实施学前教育的民办教育机构,由县级以上人民政府教育行政部门按照国家规定的权限审批。

（一）民办学前教育机构设立的基本条件

第一,举办民办学前教育机构的社会组织,应当具有法人资格。创办民办学前教育机构的个人,应当具有政治权利和完全民事行为能力。民办学前教育机构应当具备法人条件。

第二,设立民办学前教育机构应当符合当地教育发展的需求,具备《中华人民共和国教育法》和其他有关法律、法规规定的条件。

第三,民办学前教育机构的设置标准参照同级同类公办学前教育机构的设置标准执行。

（二）申请筹设民办学前教育机构,举办者应当向审批机关提交的材料

第一,申办报告,内容应当主要包括:举办者、培养目标、办学(园)规模、办学(园)层次、办学(园)形式、办学条件、内部管理体制、经费筹措与管理使用等。

第二,举办者的姓名、住址或者名称、地址。

第三,资产来源、资金数额及有效证明文件,并载明产权。

第四,属捐赠性质的校产须提交捐赠协议,载明捐赠人的姓名、所捐资产的数额、用途和管理方法及相关有效证明文件。

（三）申请正式设立民办学前教育机构的,举办者应当向审批机关提交的材料

第一,筹设批准书。

第二,筹设情况报告。

第三,学前教育机构章程、首届理事会、董事会或者其他决策机构组成人员名单。

第四,学前教育机构资产的有效证明文件。

第五,校(园)长、教师、财会人员的资格证明文件。

(四)具备办学条件,达到设置标准的,可以直接申请正式设立学前教育机构的,应当提交的材料

第一,申办报告,内容应当主要包括:举办者、培养目标、办学(园)规模、办学(园)层次、办学(园)形式、办学条件、内部管理体制、经费筹措与管理使用等。

第二,举办者的姓名、住址或者名称、地址。

第三,资产来源、资金数额及有效证明文件,并注明产权。

第四,属捐赠性质的校(园)产须提交捐赠协议,注明捐赠人的姓名,所捐资产的数额、用途、管理方法及相关有效证明文件。

第五,学前教育机构章程、首届理事会、董事会或者其他决策机构组成人员名单。

第六,学前教育机构资产的有效证明文件。

第七,校(园)长、教师、财会人员的资格证明文件。

二、民办幼儿园创办者的素质要求

(一)民办幼儿园园长的基本素质

园长负责制使得园长的办园自主权扩大了,对幼儿园园长的要求也更高了。公办幼儿园是这样,民办幼儿园更是如此。

园长的基本素质包括四个方面:一是思想政治道德素质;二是岗位知识;三是管理能力;四是身心素质。民办幼儿园园长除需具备上述基本素质外,更需要具备创业素质。

(二)民办幼儿园创办者的创业素质

创业素质是包括知识、技能、能力、经验与人格在内的一种综合性的主体因素。并非每一个人都适合走创业、当老板的道路,只有具备创业素质的人才适合创业,才可能取得成功。

创业能力是个体具备的创业素质的中心结构,它直接影响个体创业实践活动的效能。创业能力分为创业专业能力和创业社会能力。创业专业能力是指从事某一领域的创业活动所需要的专业知识应用能力,主要包括自主学习能力、操作能力、经营管理能力、信息收集和处理能力、推理概括能力、反省创新能力等。创业社会能力是指在社会中充当某一创业角色时所应具备的活动能力,包括观

察能力、捕捉机会的能力、表达能力、组建团队能力、组织协调能力、决策能力、适应能力、心理承受能力、创新能力等。

创业意识在创业实践活动中对个体起动力作用，主要包括创业的需要、动机、兴趣、理想、信念和世界观等。它在相当程度上决定着一个人是否敢于投身创业实践活动，支配着人们对创业实践活动的态度和行为，规定着态度和行为的方向和强度，而这些又直接关系着创业能力的形成。

一个人的成才取决于其行为中的两种心理机能系统的相互作用，一是认知机能系统，如感知、记忆、想象和思维；二是非认知心理机能系统，起始动、维持、强化、定向、引导和调节作用，创业心理品质主要属于此类。

创业能力以创业知识为基础。创业能力是一种高层次的综合能力，创业能力的顺利发挥，是以占有并整合多种创业知识为前提的。创业知识系统主要包括三个方面：专业知识、经营与管理知识、综合知识，尤其是有关与社会发生关系、处理社会实际问题的技能技巧的综合性知识，对创业能力的作用至关重要。

三、民办学前教育机构的管理

（一）落实"地方负责，分级管理和有关部门分工负责"的教育管理体制

1. 加强制度建设，不断健全、完善政策法规

我国于1998年把学前教育列入《面向21世纪教育振兴行动计划》；1999年出台的《关于深化教育改革，全面推进素质教育的决定》充分肯定了学前教育在素质教育中第一环的基础地位。《中华人民共和国教育法》《中华人民共和国民办教育促进法》的出台，更使民办学前教育的发展有了法律依据。

但从总体上来看，我国有关学前教育的法规还比较少。健全学前教育的法规是一个长期、连续的过程，要多个法规相配套。同时，在制定法规时，教育部门要与财政、税务、工商等部门共同协商，达成共识，为民办学前教育的发展尽责，避免相互冲突或相互推诿。

2. 依法行政，建立合理有序的民办教育管理新体系

各级政府依法有效行使对民办学前教育的统筹规划、综合协调、宏观管理以及指导、监督的责任，切实维护民办学前教育的法定自主权以及广大师生的权益，充分发挥教育行政部门的主管职能，通过对民办学前教育的规范管理，努力达到管好、管活的目的。《中国教育改革和发展纲要》为社会力量办学确立了16字方针：积极鼓励、大力支持、正确引导、加强管理。教育行政部门要承担起管理职能，将民办学前教育机构纳入统一管理体制，并引导方向，努力创造条件，转变作风，主动服务。

大力加强民办学前教育行业协会建设，根据民办学前教育存在的问题以及国家和地方各阶段民办学前教育中心工作任务，以委托、授权等多种方式，充分发挥其促进民办学前教育规范发展和落实民办学前教育机构自律行为的重要作用，努力形成以政府为主导实施监管和提供有效服务，社会组织全面协助监管和推进行业自律，广大民办学前教育机构依法自主管理、规范有序的民办学前教育管理新体系。

3. 实行园长负责制，依法办园

目前民办园基本为独立实体，但其法人地位不明确。部分园所主办者即投资的公司，实施所谓董事会管理体制，但其董事会的构成、成员资格及章程等均不清晰，由并不了解教育的公司或董事会行使行政权，并决定园所教育模式，园长仅分管业务，未实施园长负责制。这样，园、所缺乏办园自主权，无法依教育规律施教。因此，民办园投资者与经营管理者要明确关系，真正实施园长负责制，并确立民办园的法人地位。

依法设立由园内外利益相关方代表参加的、结构合理的理事会（或董事会）、监事会，保障民办幼儿园享有办园自主权，确保民主决策、科学决策；落实教职工和社会有关方面参与民主管理、公共监督的权利；建设高素质幼儿园领导班子；自觉执行国家法律、法规和政策，全面贯彻国家教育方针，坚持社会主义办园方向和教育公益性原则，维护广大师生权益，尊重教育规律和市场规律，注重办园质量，提高管理水平，建设和谐幼儿园，走科学内涵、持续发展的道路。

（二）建立稳定、高素质的民办幼儿园师资队伍

民办幼儿园教职工主要有以下几种来源：一是面向社会招聘，其档案在人才服务中心，这一类人员占民办幼儿园教职工的比例较大；二是公职人员，包括退休教师、园长及下岗者等，其档案在原工作单位；还有一部分民办幼儿园职工介于二者之间的，即公办转制园、所的教职工，其编制仍在教育系统，承办期间工资自筹。

民办园教职工年龄以中青年居多，其学历、经验水平不一。有的教师毕业于非师范专业，而大多是职高幼师班、幼师和师范相关专业出身；园长中有不少是非教育专业出身还有部分是公办园退休园长。民办幼儿园教师工资水平不高，办理保险的也不多。因此，大多民办园教师流动性大，人员不稳定。

提高民办幼儿园师资队伍的整体素质，稳定师资队伍，要注意以下几方面。

1. 构建民办教师公共服务平台，统筹师资配置，确保教师合理有序流动

建立教师人才库；建立县、区级以上民办幼儿园教师人事代理机构。为符合条件的民办幼儿园教师实行人事代理，统一管理其档案；落实民办园教师资格认

定、职称评定等事项;依法享受与公办幼儿园教师同样的社保政策,所需费用由政府、幼儿园和教师个人合理分担,政府争取承担其中一半左右的比重;鼓励、支持教师在公办幼儿园和民办幼儿园间的合理流动,促进教育系统内部人力资源的合理配置。

2.促进幼儿园师资队伍素质全面提高

一要提升园长队伍素质。进一步完善民办幼儿园园长任职资格培训和持证上岗制度,继续推进园长培训工作,启动专家型园长培养机制,大幅度提高园长队伍整体水平。提升民办幼儿园园长学历层次,培养一批有一定知名度的园长,对有发展潜力的园长进行幼儿园管理、课程改革、教育评价等方面的培训,逐步实现园长专业化。

二要高要求建设保教队伍。加强教师、保育员、保健员三支队伍的建设,切实落实保教并重的原则。要重视教师培训,并在时间和经费上给予支持和保证。

三要重视骨干梯队建设,启动"名师培养工程"。建立面向全体教师的骨干教师选拔与培养机制,将提高保教业务能力、学业深造与教育科研有机结合起来。同时要加大对骨干教师培养、培训力度,明确培养对象,制订培养计划,落实培养措施,为青年教师成才提供支撑性服务,培养出一批优秀园长、骨干教师、优秀教师,形成梯队,发挥带头和辐射作用。

四要逐步完善激励机制。建立与聘任制度相适应的、体现教职工岗位职责与工作绩效的激励机制,引进和留住高素质的教师,稳定幼儿教师队伍。

(三)经费保障

1.筹措幼儿园的开办及启动经费

民办园的开办及启动经费来源有以下几种途径:一是外资投入;二是境外捐助;三是贷款;四是个人投资、集资;五是向家长收取赞助费等。有的民办园是通过以上几种情况结合而获得开办经费的。民办园启动经费来源渠道多样化表明,学前教育事业可以通过广泛吸收社会资金而得以发展。

公办转制型幼儿园无须投入开办费或仅需小数额补充经费,主要靠扩大幼儿园社会服务功能带来教育与经济效益。

2.拓宽学前教育经费渠道

民办园的日常运转经费多来源于家长交纳的保育费、赞助费。各地、各类型幼儿园的保育费标准不同,民办园收取的赞助费的额度也有很大差别。个别民办园或公有转制园经费来源中含政府拨款,包括部分公职人员的工薪及医疗劳保等,且完全无偿使用房舍,因而发展条件相对具有优势。

3. 规范民办幼儿园的收费和使用行为

民办园收费存在失控现象。多数民办园未核算教育成本,只是依照"收支平衡略有余"原则确定收费名目及标准,费用的使用及分配也无公开监督。

民办园目前在保育费、托补费上,基本上是按标准收取,有的收费稍高。然而,高价未必高质。因此,教育行政与财政部门要根据"按质定价,按成本合理收费"的原则,制订各体制园收费标准与细则,由物价部门审批,合理确定民办园收费标准。

(四)民办园的科学定位与合理规划

1. 科学定位,寻求特色支撑

民办幼儿园要与公办幼儿园竞争,就必须考虑到社会的需求,充分利用自身的优势,培育特色。民办幼儿园有权自主制订幼儿园发展规划和发展目标,能自主安排幼儿园的保教工作,自主进行师资队伍建设,自主进行幼儿园招生、财务管理,是真正的自主办园。因此,民办幼儿园更有条件走上特色发展之路。

民办幼儿园应利用这一优势寻找自身发展的特色,注重可持续发展,在分析现状、恰当定位的基础上制订符合本园实际的办园目标,并进行内部改革,寻求理论支持,强化品牌意识,满足社会的需求。

无论是什么样的办园特色,办园目标始终都应该是明确的,那就是以培养幼儿综合素质为目的,重保教过程,重保教互动。办园特色不应仅仅是幼儿园管理与保教中某些显性的表象,还是通过管理者或者保教者从理念到行为的转换所形成的隐性竞争力。民办幼儿园可以充分利用社区教育资源,广泛开展服务社区的多种有益活动,为幼儿、家长提供有益的指导与帮助,促使整个社区形成良好的社会文化和教育氛围,从而使民办幼儿园得到更好的发展。

2. 在科学定位的基础上,重视发展规划

幼儿园发展规划的主要内容如下。

(1)发展背景分析。包括外部环境和内部分析。

(2)发展思路。包括幼儿园发展的理性思考、幼儿园发展的基本定位和幼儿园发展的主攻方向。

(3)发展总目标。包括幼儿园发展总目标、幼儿园发展基本目标(管理、师资、环境、保教)和幼儿园发展的争创目标。

(4)重点发展项目。一是园务管理,包括发展目标、具体措施和预期效果;二是保教工作,包括发展目标、具体措施和预期效果;三是园本课程建设,包括发展目标、具体措施和预期效果;四是师资队伍建设,包括发展目标、具体措施和预期效果;五是幼儿园文化建设,包括发展目标、具体措施和预期效果;六是家园共育,包括发展目标、具体措施和预期效果。

(5)"十二五"主要工作责任表。

(6)监控与评价,包括组织保障、责任保障和评价保障。

(五)注重内涵发展

我国民办幼儿教育机构从初创、迅速扩张、初步稳定,到了现在已进入优胜劣汰的转型期。在这个转型期,民办幼儿园都将面临如下转变:从依靠广告、宣传的造势竞争,向依靠实力竞争转变;从倚重规模扩张,向稳定规模,打造质量、特色、品牌,注重内涵发展转变;从摸着石头过河般的探索,向注重"两大规律"(保教规律和市场规律)、确保持续发展转变;从补充教育资源不足的"卖方市场",向提供选择性、多样性、差异性教育资源(当前主要体现在民办基础教育领域)的"买方市场"转变;从"家族式"或"合伙人"体制,向建立法人治理结构和现代幼儿园制度转变。主动适应和正确把握这个大趋势,是民办幼儿园注重内涵发展的重要切入点,也是把幼儿园做优、做强、做大的前提条件。

(六)重点突破,构建托幼一体化

我国"托幼一体化管理"格局尚未完全形成,托、幼的管理政出多门,教育资源不能合理配置、优化使用。0~3岁的婴幼儿教育问题突出,教育力量薄弱,远不能满足社会多层面的需求。家庭教育、社区早期教育、教育服务机构缺乏,保教质量水平较低。学前教育指导尚未深入每一个家庭,家长参与学前教育的意识还比较淡薄。幼儿园的家长、社区联系工作多流于形式,妨碍了学前教育的进一步发展,严重阻碍了0~6岁教育服务网络的整体形成。因此,要重视以下几点工作的开展。

第一,要重视0~3岁婴幼儿早期教育,逐步建立以社区为依托,以学前教育机构为中心,向家庭辐射的教育指导服务网络,形成多样化的早期教育服务模式,满足家庭对子女接受早期教育的不同需求。

第二,要加强对家庭教育的指导。让3~6岁幼儿的家长接受科学育儿知识和家庭教育知识方面的培训,让更多的家长掌握科学育儿方法。

第三,要建立0~3岁教养业务及教研科研的管理网络,加强"托幼一体化教育模式""托幼园所、社区、家庭教育相结合"的研究,组织编写0~3岁幼儿教学方面的教材。

此外,民办园的管理涉及一系列关系,如与政府的关系、与社区及家长的关系及与教职工的关系等,要制订适宜的管理条例措施、办法,使双方合法权益均得到保障。

以我国目前的经济发展状况,靠国家财政或国营企事业拨款办园是不符合国情的。随着市场经济体制的建立,我国学前教育事业发展必然走向办园主体多元化,渠道来源多途径,多种形式办学模式并存的办园模式,民办学前教育将成为我国学前教育事业的重要组成部分。因此,对民办园的办园形式与管理要认真探索,不断总结,并纳入规范化轨道,确保更好地依规律办教育并提高教育效益,促进学前教育事业可持续发展。

▶阅读推荐◀

萧宗六,余白.学校管理学新编.武汉:华中师范大学出版社,2001

▶思考与探索◀

1. 中国民办学前教育发展经历了哪些阶段?
2. 我国民办学前教育机构有哪些类型?
3. 我国举办民办学前教育机构需要具备哪些基本条件?
4. 我国举办民办学前教育机构有哪些审批程序?
5. 民办幼儿园园长应具备哪些创业素质?
6. 结合《国家中长期教育改革和发展规划纲要(2010～2020年)》,思考如何加强对民办学前教育机构的管理。

参考文献

[1] 陈国钧,陆军.管理学[M].南京:南京师范大学出版社,1997.
[2] 冯东升.管理概论[M].北京:中央广播电视大学出版社,1999.
[3] 丛中笑.幼儿园管理[M].北京:中国劳动社会保障出版社,2006.
[4] 张燕,邢利娅.幼儿园组织与管理[M].北京:北京师范大学出版社,2000.
[5] 张燕.学前教育管理学[M].北京:北京师范大学出版社,2009.
[6] 杨颖秀.学校管理学[M].北京:人民教育出版社,2011.
[7] 王荣德.学校管理新策略[M].北京:科学出版社,2007.
[8] 黄焯.学校管理专题十三讲[M].北京:中国轻工业出版社,2008.
[9] 张济正.学校管理学导论[M].上海:华东师范大学出版社,1990.
[10] 吴志宏.学校管理理论与实践[M].北京:北京师范大学出版社,2002.
[11] 程志龙.现代学校管理学[M].长春:吉林大学出版社,2011.
[12] 陈群.幼儿园危机管理实务[M].北京:中国轻工业出版社,2009.
[13] 唐淑,虞永平.幼儿园班级管理[M].南京:南京师范大学出版社,2011.
[14] 李生兰.学前儿童家庭教育[M].上海:华东师范大学出版社,2006.
[15] 刘电芝.现代学前教育研究方法[M].重庆:西南师范大学出版社,2007.
[16] 鄢超云.学前教育评价[M].北京:高等教育出版社,2010.